はじまりの社会学

問いつづけるためのレッスン

奥村 隆
Okumura Takashi

編著

Introduction to Sociology

ミネルヴァ書房

はじめに

　本書『はじまりの社会学——問いつづけるためのレッスン』は，社会学をはじめて学ぶ人のために，社会学という学問によってなにを問い，なにを考え，なにを知ることができるかを伝える入門書です。みなさんの多くは，大学で社会学の授業を受けることをきっかけに，その教科書や参考書としてこの本を手にしたのではないかと思います。そのなかには，社会学を専攻する学部や学科に所属する人も，大学生活でただ1科目だけ社会学の授業を受けるという人もいるでしょう。でもそれだけでなく，職業に就いたり，家庭を営んだりしていて社会に違和感を覚えている人たちや，社会学に興味をもっているけれどどこから学べばいいかわからない高校生のような若い人たちにも〈はじまりの社会学〉を届けたいという思いから，この本は編まれました。

　社会学はどのようにしてはじまるのか。それはきっと，社会のなかに生きる人が，自分が生きる社会になんらかの問いを抱える，ということからだと思います。みんながわかったような顔をしてやり過ごしていることが，なんだかおかしいぞと感じる。これはどういうことだろう，もっと知ることができたらおもしろそうだと好奇心をもつ。そうした「はじまり」の問いからしか社会学は生まれませんし，そうした問いを発見した人はすでに社会学をはじめているといっていいのだと思います。自分にとって考えなければならない切実な問い，あるいは興味を惹かれてわくわくするような問い。社会学という学問自体が，それぞれの社会学者が自らの「問い」を探究した結果つくりあげられてきたものなのです。
　ですが，「問いはじめる」ということはそう簡単なことではありません。みなさんがまだ幼い子どもだったころ，「これはなに？」「あれはどうして？」と大人たちに尋ねたとき，それはそうなっているからそうなんだ，と嫌な顔をされたことがあるのではないでしょうか。そうなっているからそうなんだ，それ

はもうあたりまえなんだ。これらの言葉は，問いを閉ざす力，終わらせる力をもちます。そして，みなさん自身が少しずつ大人になってきて，かつては疑問に思っていたことを，それは考えてもしかたない，それを口に出すと周りが嫌な顔をする，そうなっているからそうなんだ，と思うようになる（思い込もうとする），ということもあるかもしれません。「問いはじめる」ということとともに（あるいはそれ以上に），「問いつづける」ということはじつに難しいことのように思います。

　社会学はさまざまなことができる学問ですが，そのひとつが自らの「問い」を発見し，その「問い」を手放さずに考えつづけていく力を獲得する，ということだと思います。もちろん，なにかを問い，考えていくことで，これまでになかった「答え」に辿り着くための力を社会学はもっています。ただ，この本では，社会学がどのような「問い」を探究してきたか，それに対してある「答え」を見出したあともいかにして「問いつづける」ことができるか，を伝えることを第一のねらいにしてみました。これからの15章には，それぞれ章の軸になる「問い」が副題として記されています。各章の〈問いつづけるためのレッスン〉を読みながら，その「問い」を書き手と一緒に考え，自分自身の切実な「問い」，わくわくする「問い」を見つけようとすることで，読み手のみなさんが「社会学」の問い方・考え方を身につけていってくだされば，書き手の私たちはたいへんうれしく思います。

＊　＊　＊

　この本を編むのには，ひとつのきっかけがありました。2014年9月に日本学術会議社会学委員会・社会学分野の参照基準検討分科会が発表した『大学教育の分野別質保証のための教育編成上の参照基準　社会学分野』です（以下『参照基準』と略します）。これは，ある学問を大学で学ぶことでどんな能力を身につけられるかを分野ごとに文書化しようとしたプロジェクトで，社会学分野では日本学術会議社会学委員会と日本社会学会社会学教育委員会の協働作業として作成が進められました。

　ちょうどその作業の終盤だった2014年7月に，ミネルヴァ書房編集部の涌井格さんが編者の私に，新しい社会学の教科書を編集しませんかというお誘いを

くださり，そのさい『参照基準』についても話題になりました。このプロジェクトに幹事として参加していた私は，じつに刺激的だった作成作業で一緒に働いた社会学教育委員会のメンバーと，『参照基準』の精神を共有するような教科書をつくることができればきっと魅力的なものになると思って涌井さんに提案し，本書の企画を進めることになりました。

『参照基準』には，「社会学を学ぶすべての学生が身につけることを目指すべき基本的な素養」というパートがあり，このうち「社会を構成する諸領域についての基本的な知識と理解」として，次の14の領域が示されています。

　ア　相互行為と自我や意味の形成についての基本的な知識と理解
　イ　家族などの親密な関係性についての基本的な知識と理解
　ウ　ジェンダーとセクシュアリティについての基本的な知識と理解
　エ　労働・消費などの活動と企業・産業などについての基本的な知識と理解
　オ　人間と自然環境との関係や科学技術の影響についての基本的な知識と理解
　カ　医療・福祉・教育についての基本的な知識と理解
　キ　逸脱行動，社会病理あるいは社会問題についての基本的な知識と理解
　ク　階層・階級・社会的不平等についての基本的な知識と理解
　ケ　都市・農村などの地域社会・コミュニティについての基本的な知識と理解
　コ　グローバリゼーションとエスニシティについての基本的な知識と理解
　サ　文化・表象・宗教についての基本的な知識と理解
　シ　メディア・情報・コミュニケーションについての基本的な知識と理解
　ス　社会運動，NPO・NGOなど社会変革・改革の動きへの基本的な知識と理解
　セ　国家・政治・権力と政策提言についての基本的な知識と理解

また，「社会学の学びを通じて獲得すべき基本的な能力」の「分野に固有な能力」として，次の5つをあげています（各項目冒頭だけ抜粋します）。

ア　問題を発見する能力　社会学を学んだ者は，社会の一員として，社会に生起する問題を発見し，自分自身とその問題との関係をとらえ，自らその問題を考えることができる。

イ　多様性を理解する能力　社会学を学んだ者は，多様な属性や価値観をもつ人々が同じ社会に存在することを認識し，異なる人々が生きる現実を想像し，その人々とひとつの社会をつくる関係性を理解するとともに，自らの立場を相対化して把握することができる。

ウ　実証的調査を行う能力　社会学を学んだ者は，人々の生きる現場に基づいて社会的現実を解明するために，量的調査・質的調査などの調査法を理解して，適切な調査を設計・実施するとともに，調査結果を適切に分析・評価して，証拠に基づいた発見と対応策とを提示することができる。

エ　理論的に思考する能力　社会学を学んだ者は，社会的行為，相互作用，社会構造，社会変動などにかんして社会学が蓄積してきた概念や理論枠組みに基づいて思考し，社会的現実や現場におけるデータをこうした枠組みとの関連において理解することができる。

オ　社会を構想し提言する能力　社会学を学んだ者は，問題を解決に導くための実践的提言を行うとともに，社会が他でもありうる可能性を構想し，他者に伝えることができる。

　本書は第1章「社会と社会学」のあと，いま述べた14の領域に対応する14の章を並べる形で構成されています。おそらく，これを通して社会学がカバーする「問い」の広がりを（ごく一部ですが）知ることができるのではないかと思います。また，各章の執筆者には，『参照基準』を読んで「分野に固有の能力」についても理解してもらったうえで執筆を依頼しましたが，とくにそのうちの「問いを発見する能力」に重点を置いて，必ず「問い」を読み手と共有するところから章を書きはじめるようお願いしました。この〈はじまりの社会学＝Introduction to Sociology〉が，「社会学」によって身につけられることのすべてを伝えることは到底できませんが，ここで開かれた「はじまりの問い」を入り口に，ぜひ多くのみなさんに「社会学」という森の奥へと足を踏み入れてもらえたらと願っています。

* * *

　本書の企画が開始されてから 3 年以上が経ち，ようやく刊行の運びとなりました。これまで辛抱強く伴走くださったミネルヴァ書房・涌井格さんに，厚くお礼を申し上げます。

　この本の寄稿者のうち，土屋葉，三井さよ，工藤保則，奥村隆は，『参照基準』を作成する仕事をともにした日本社会学会社会学教育委員会のメンバーです。笹谷春美先生を委員長とするこの委員会での作業は，学会仕事にもかかわらず（?!）毎回じつに勉強になる貴重な機会で，私たちはこれを「笹谷ゼミ」と呼んでいました。『参照基準』の作成に携わったみなさま，とくに笹谷春美先生に，この場を借りて感謝の言葉を記したいと思います。

　同じく，吉澤夏子，関礼子，岩間暁子，水上徹男，生井英考，高木恒一は，私が2017年 3 月まで14年間勤務した立教大学社会学部での同僚，杉浦浩美，深田耕一郎は同大学院社会学研究科の修了者です。2006年度に社会学をベースにする体制となった立教大学社会学部は，その後「社会学教育のスタンダード化」を熱心に進めてきましたが，この教育実践が本書に活かされていることは間違いありません。この学部で長い間ともに汗をかいてきた元同僚，学びをともにした元大学院生のみなさんと本書を作成できたことは，ほんとうにうれしいことと感じています。どうもありがとうございました。

　最後に，岡崎宏樹，小川伸彦のおふたりには，急遽ピンチヒッターでの執筆をお願いし，『参照基準』の精神に響き合う原稿を完成してくださいました。心より感謝申し上げます。

　では，〈はじまりの社会学〉への扉を開くことにしましょう。どの章から読んでいってもかまいません。これからの15のレッスンを読み終えたとき，みなさんがどんな「問い」を自分のものとして手にしているか，とても楽しみにしています!!

　　　2017年11月

　　　　　　　　　　　　　　　　　　　　　　　　　　　奥村　　隆

はじまりの社会学
——問いつづけるためのレッスン——

【目　次】

はじめに

第1章

社会と社会学
——社会学は社会のどこで生まれるか

奥村　隆

1　社会が姿をあらわすとき

社会学はよくわからない

　社会学とはなにか。それは「社会」についての「学問」である。——でもこんなふうに答えられても，たぶんさっぱりわからない。そもそも「社会」というのがなんのことかよくわからない。私も社会学を20歳ごろから専攻していて，もう35年くらいになるけれど，「社会」というのがなんなのか，やっぱりよくわからないのだ。

　たとえば「経済」とか「政治」だったらずいぶんわかりやすい。「経済」はきっとお金の流れのことだろう。いやもう少し広く，私たちが生きていくのに必要なモノやサービス（難しくいえば「財」）が生産され，流通し，消費され，廃棄される，その全体のことだろう。それがゆたかか不足しているか，平等か偏っているかは私たちの生活に重要な意味をもつ。「政治」は人が人にいうことをきかせる「権力」という仕組みにかかわる。国家にしても自治体にしても，国と国の関係にしても，会社とか家族のような集団のなかでも，これがうまく働いたり働かなかったりする。それぞれの人が自由に自分の意見をいうことができるか，意志決定がスムーズにできるか，これもきっと大切なことだ。そして，「経済」という観点から「社会」を見る，「政治」という観点から「社会」を見る，そうすると社会のある側面がくっきり見える（別の側面は見えにくくなるかもしれないが）ことは，比較的わかりやすいことだろう。だから「経済学」

1

とはなにか，「政治学」とはなにかについては，答える手がかりが見つかりやすいように思う。

　でも「社会」という言葉はそうした全部を含んでいる。「社会学」は，それを見るためのひとつの観点を選んでいるわけではない。「社会」というほんやりした全体を，どこか観点を決めればくっきり見ることができるだろうが，仮に全部の観点から見たらさらにぼやけるだけだろう。「社会学」とはそんなものなのだろうか。よくわからない。

社会はいつ姿をあらわすか

　こんないい方を聞くことがあるだろう。みなさんは「社会」のなかにいる。みなさんひとりひとりが「社会」をつくっている。そして，「社会」はみなさん自身のものである。

　でもこのいい方もいかにも抽象的で，確かにそうかもしれないけれど全然ピンと来なかったり，あまりにあたりまえでそれがどうした，という感覚を生んだりするかもしれない。確かに私は「社会」のなかにいるのだろうけれど，どうも手応えがない。「社会」をつくっているといわれればそうなのだろうが，繰り返すがそもそも「社会」とはなんなのか。

　ちょっと比喩を使って表現してみよう。社会とは「空気」のようなものではないか。私たちの周りには空気があって，私たちを取り囲んでいる。私たちはそれを呼吸して生きているし，その圧力のもとで身体を維持している。でもふだんは空気のことを意識などしない。それはごくあたりまえに周りにある。だが生きるために不可欠だ。空気がなくなれば生きていけないし，少しでも薄くなったり，汚れたりしたら私たちは苦しくなるだろう。それほど大切だが，とてもあたりまえで，ほとんど意識されない，つかみどころのないものだ。

　あるいは社会とは「重力」のようなものではないか。重力もまた私たちにいつも働いていて，私たちは重力のもとでどう立ったり座ったりすればいいかを身につけている。もちろん重力があるのはあまりにあたりまえで，誰も意識しないだろう。でも，なかなか想定しづらいが，重力のあり様が少しでも変われば，私たちの身体は大きな影響を受ける。それを意識するのは，たとえば宇宙空間に行った宇宙飛行士だ。無重力状態を経験した人は，地球に帰ってきて

「重力」の存在をはっきりと感じるだろう。私たちにとって決定的に重要だが，あまりにもあたりまえで，ほぼ気づかれないもの。そのなかでどう生きればいいかをよく知っていて，それが少し変化すると生きづらくなる（あるいは，逆に生きやすくなる）もの。

　「空気」や「重力」が感じられるのはどういうときか。そこから類推してみて，「社会」が感じられるのはどんなときかを考えてみたらどうだろう。その存在にほとんど気づかない「空気」や「重力」が確かにある！と感じるのと同じように，「社会」が確かにここにある！と感じるのはどういうときなのだろうか。社会はいつどのように姿をあらわすのか。

　社会が姿をあらわすとき。——みなさんそれぞれにとっての答えはどうだろうか。ここでは社会学の出発点にいた人たちに遡って，社会がいつ姿をあらわしたかを見てみよう。

「謎」としての社会

　はじめに「社会」はよくわからない，と述べた。これを逆手にとってこう考えてみよう。社会は「よくわからないもの」として姿をあらわすのではないか。思い通りにならないもの，「問題」あるいは「謎」として，社会は「ここにある！」と感じられるのではないか。

　「社会学（sociologie）」という言葉は1839年にフランスのオーギュスト・コントが『実証哲学講義』のなかで初めて用いた，といわれることがある。これ自体はそれほど重要なことではないかもしれないが，フランス革命後50年ほどして「社会学」が生まれたらしい，ということはきっと意味があることだと思う。このとき，「問題」として，「謎」として，よくわからないものとして「社会がここにある！」という経験が広がったと想像されるからだ。

　1789年に勃発したフランス革命は，社会の運営をそれまで虐げられていた人民が主人公として担うようになる経験だった。王や貴族の間違った意志ではなく，人民の正しい意志が社会を運営するようになれば，アンシャンレジーム（旧体制）と違ってきっと社会はうまくいく。しかし，期待に反して革命後の社会は，無秩序と混乱，テロリズムと対外戦争がつづく時代となった。

　王の「悪い意志」を人民の「よい意志」にとりかえればうまくいくのではな

3

いか。でもそんなことはなかった。どうしてか。革命後の社会は「民主化」されたが、これはそれまで意見がいえなかった人々が社会の意志決定に加われることを意味する。以前は王の（単数の）意志が問題だった（それをよい意志にかえればよい）。ところが革命後のいまは多くの意志がそれぞれ自分の意見を主張して、どの意志も決定的ではない。だから誰にもコントロールできない。誰かが無秩序や混乱をつくりだそうと思っているのではなく、みんなもっと民主的な社会を、と思っているのに、誰の意志でも計画でもなく、社会が無秩序になっていく。問題は誰かの意志ではない。複数の意志が集まったとき、誰もコントロールできない意図せざる結果として「社会という謎」が生まれてしまう、これが問題なのだ。

　コントという人は革命後の社会の無秩序を見ながら、なんとか秩序を再建しなければと考えた。もはや王の意志に戻ることはできない。人民の意志は、旧体制を破壊するのには役立ったが、新しい秩序を再建する力はない。コントの言葉だが、「全社会組織を総合的、決定的な形態に一気に作り上げるなどという主張は、微力な人間精神とは絶対に両立しない夢のような幻想である」（Comte 1822＝1980：64）。ではどうすればいいか。できるのは、「社会」を観察して、個人の意志では思い通りにならないその「法則」を知り、それに従って社会の運営をよりましなものにすることだ。「謎」としての社会がここにある。それを観察して、少しずつコントロールできるようにしよう。人間の理性にできるのはそれくらいだ。こうしてコントは「社会の科学」＝「社会学」が必要だと主張するようになった。

　いま述べたのは「民主主義」、つまり「政治」の領域と近い話だったが、このような「個人の意志」では思い通りにならない意図せざる結果としての「社会という謎」の経験は、「近代」のあらゆる領域で広がっていく。近代を支えるもうひとつの仕組み、「資本主義」でもそうだ。王や貴族が土地を所有して農産物を生産し、税を徴収することを軸とした社会から、市民たちが自分の元手で工場や商店を経営し、市場で取り引きして利潤を上げることを軸とした社会に変化する。ここでも誰の意志もコントロールできない「謎」がどんどん大きくなっていく。せっかくモノはゆたかに生産されるようになるのに周期的に不況や恐慌が起き、企業は倒産し、失業者が溢れ、労働者たちは貧しくなる。

誰も望んでいないのにどうしてこんなことが起きるのか。よくわからない「謎」が姿をあらわす。

　この謎に正面から挑んだのがカール・マルクスの『資本論』だった。だが，「経済」にかかわる観点から「社会という謎」と格闘したこの物凄い作品については，名前をあげるだけにしておこう。「空気」や「重力」のように見えなかった「社会」が，「謎」として，「問題」として，よくわからないものとして姿をあらわす。個人の意志では思い通りにならない「意図せざる結果」として，確かにある！と感じられる。——「社会学」はそうした「謎としての社会」を発見しつづけてきた。ではみなさんのまえには，いつ，どんな「謎」として，社会は姿をあらわしているだろうか。そこからみなさんの「社会学」が始まる。

社会は「空気」や「重力」ではない

　ただし，ここでひとつ断っておきたい。これまで社会は「空気」や「重力」のようなものではないかという比喩をもとに話をしてきたが，これは少なくとも一点で完全に間違った比喩である。どこが間違いか。「空気」も「重力」も人間がつくったものではない。しかし「社会」は間違いなく人間がつくったものである。私たちが日々つくりつづけているものである。ここが「空気」や「重力」とは決定的に違う。

　第一に，仮に「空気」や「重力」が謎としてあらわれ，それを観察したり研究したりしようとするとき，観察する私（たち）と対象である「空気」や「重力」はまったく別ものだ。自然科学というのはおおむねそうだが，向こう側にある対象をこちらにいる私（たち）が観察する。ところが，そのなかに私（たち）がいる「社会」については，対象を観察する私（たち）と対象である社会をつくる私（たち）は重なってしまう。つまり，社会をつくる人自身が，社会のなかにいながら，社会を観察する。社会に働きかけ社会に働きかけられる社会の一員でありながら，社会という自分（たち）がつくったものを観察する。

　第二に，だから「社会」は変えることができる，ということだ。もちろん「空気」も（「重力」はたぶん無理だが）変えられるかもしれない。あたりまえで見えないときは，空気が汚れていて息苦しくてもどう変えていいかわからないが，それを観察して見えるようになると，どうきれいにすればいいか考えられ

るようになる。それと同じように、「社会」もあたりまえで見えないとき、言葉にできず、どう考えていいかわからず、変えられない。しかし、それを見えるようにし、言葉にし、考えられるようになるとき、変えることができる。それは私たち自身がつくっているのだから、つくり方を変えれば変えることができる。

　私たちは「社会」のなかにいて、「社会」をつくっている。そして同時に、「謎としての社会」を観察し、言葉にし、考えようとする。この二重性は、とてもやっかいで難しい。と同時に、この二重性こそが、私たちが「社会学」をする原動力であり、もし「社会」をもっとよいものに変える可能性がなければ、「社会学」の意味は限りなく小さくなる。

　このことを、もう少し考えてみよう。社会と社会学がもつ二重性について、である。

2　社会学の二重焦点性

当事者と観察者のあいだ

　誰かにとって「社会」が思い通りにならない「謎」として姿をあらわした場面を想像してみよう。家族やクラスの人間関係が息苦しい、でもなぜそうなのかわからない。どれだけ忙しく働いても生活はぎりぎりだ、でもどうしてこうなってしまうのだろう。どうも戦争が起きる方向に世の中が進んでいるように漠然と感じる、でもじっさいなにが起きているかさえわからない。こうした「問題」を発見する人は、社会のなかにいる「当事者」である。あるいはそれに気づいた瞬間に、人は社会の「当事者」になる。

　でもどうしたらいいかわからない。だったらなにもしない、という選択肢がある。あるいは、自分ひとりの生活だけを守るよう努力する選択肢もある。また、それを解決しようとする活動があることを知って、自分もそれに参加して行動するという選択肢もあるだろう。

　ノルベルト・エリアスという社会学者の著書『参加と距離化』に「大渦のなかの漁師」という文章がある。これはエドガー・アラン・ポーの短編小説『大渦巻』をもとにしたものだが、漁に出て大渦巻にあった兄弟の漁師のこんな話

が紹介される。予想外の大きな渦をまえにして，兄弟はもうだめだ！と思う。水面に浮かぶいろいろなものがみるみる渦巻に飲み込まれていく。兄は恐怖のあまり震え，神の加護を祈る。ところが弟は渦のようすを見ていてこんなことに気づく。大きい物体・長細い物体は急速に沈んでいく。だが小さいもの・円筒形のものはゆっくり沈む。そうか！　弟は舟にあった樽に自分の体を縛りつけ，兄にもそうするように叫ぶ。しかし兄は恐怖にとりつかれ，マストにしがみついたままだ。弟は樽もろとも海に飛び込む。兄は舟とともに渦巻のなかに沈んでいく。ようやく渦が穏やかになったとき，弟は浮かんでいて救助される（Elias 1987=1991：67-8）。

　漁師の兄弟は大渦に巻き込まれる「当事者」となった。兄のほうはどうしたらいいかわからず，恐怖に立ちすくんでしまう。彼は感情的にも巻き込まれてしまったのだ。しかし弟は「当事者」であることからいったん身を引き離し，いま起きていることから距離をとってそれを「観察」する。観察することで，なにが起きているかを考えることができ，恐怖の感情からも（完全にではないだろうが）自由になり，どうすればいいかを選択できる。エリアスは「参加（involvement）」と「距離化（detachment）」という表現をとるが，いったん距離をとって自分を含めた状況を観察するという迂回路をとることで，事態を認識したうえで行動を選択することができるようになる。「当事者」であることから距離をとって，「観察者」となる。観察したことをもとにして，「当事者」として行為を選択する。

　ここでエリアスがいいたかったのは，「社会学」が「当事者」と「観察者」のあいだを往復する運動だ，ということだったと思う。社会のただなかにいる「当事者」と，社会を距離をとって観察する「観察者」。これを往復する二重焦点性を「社会学」はつねに保持する。

調査と理論のあいだ

　でも弟漁師のように冷静に観察することはとても難しい。立ちすくんでしまうような状況のまえで，それを観察するには別の「足場」が必要だ。それをどう確保すればよいのか。どんな「方法」によって「当事者」であることから身を引き剝がすことができるのか。

弟漁師は「比較」という方法を用いた。長細い物体と円筒形の物体を比較する。そうするとひとつの例しか知らないときは考えつかなかったことを考えられる。この方法は，あたりまえになって見えなくなっている「社会」を見えるようにするためにとても有効だ。たとえばほかの家族，ほかの会社がどうなっているかを知ることで，わが家，わが社についてあたりまえと思っていたことが，じつはそうではないことがわかる。生まれた国を離れてほかの国で暮らし始めると，さいしょはその国のやり方が不思議なものに見えるが，長く暮らしてそのやり方が身についてから帰国すると，生まれた国のやり方のほうが不思議なものとして言葉にできるようになる。ひとつの「あたりまえ」のなかにいたときは距離をとって観察できなかったことが，ほかの「あたりまえ」と比較することで見えるようになる。

　ここで重要なことは，事実を手に入れること，つまり「調査」という方法である。きっと家族はこういうもの，会社はこう運営されるものという思い込みから「調査」は人を自由にする。思い込みではなくじっさいに現場で起きている事実を根拠にして考え，事実を根拠に主張することを可能にする。たとえばいくつもの家族に質問してみて，Aというやり方の家族が何％，Bのやり方の家族が何％……というデータを集めること（「量的調査」と呼ばれる）。ある会社のいろいろな部署の社員に，あるルールをどう感じているか，そのルールができるときにどんなことがあったのかをインタビューしてみる（「質的調査」と呼ばれる）。それによっていまのわが家・わが社のやり方は「あたりまえ」ではなく，別のやり方が存在するという事実を知り，それにはどんなよいことがあり，どんな問題があるか考えることができる。

　ただし，事実を集めるだけではなぜそうなっているか，どうしたら変えられるかを考えるのはとても難しい。いや，ただ「比較」することさえ事実を集めるだけではできない。なぜか。X社のルールとY社のルールが違っているとしよう。それぞれがX社内で通用する言葉，Y社内で通用する言葉で書かれている（社会学者・吉田民人はこれを「当事者言語」と呼ぶ（吉田［1998］2013：387））。そのままでは比較できないふたつのルールを，「目標達成」のためとか，「統合機能」のためなどと当事者が使わない言葉（吉田は「研究者言語」あるいは「理論言語」と呼ぶ）で分類し，物差しにして比べてみる。当事者の言葉とは違

う概念，それによって論理的に組み立てられた物差しが，ただ比較するにもそこから考え始めるにも必要だ。これを「理論」と呼ぶ。

　「理論」とは，たとえばいくつかの会社のルールを調べて集めた事実をもとに，会社とはこういう仕組みらしい，と論理的に組み立てたモデルだと考えればいいだろう。そのモデルを調査した事実に物差しのように当ててみると，あてはまる側面とあてはまらない側面がある。あてはまった側面については，なるほどこういうことか，わかった！と理解できたが，あてはまらない側面については，まだわからない，どういうことだろう？と謎が残る。その側面を理解するために別の筋道を考えて新しい物差し＝モデルをつくる。それをもとに事実を理解しようとするとあてはまらない側面が残り……（これの繰り返し）。こうした物差しがなく事実だけが集まったとしてもおそらく途方に暮れてしまう。社会学における「理論」とは，それなしには理解不可能な現実を理解するための道具であり，調査した事実によっていつも試され，更新されていく。逆にどんな調査にも「理論」が不可欠であり，調査を計画するさいにも，調査結果からなにかを導き出すにも，物差しで筋道立てて考えてみる，という「理論」が必要だ。社会学は「調査」と「理論」のあいだをいつも往復する運動である。

物語と科学のあいだ

　「調査」と「理論」を往復するというのはなんだか面倒で，現場で調べることと，それをもとに考えることのベクトルは異なるから，矛盾するように思ったり引き裂かれるように感じたりすることがある。だから「調査か理論か」と考える立場もあるが，むしろ「調査も理論も」と考えてその「あいだ」を往復するとき，社会学はいちばん生産的なものになるだろう。これは，社会学をめぐるほかの「あいだ」についてもいえる。

　社会学には，一方で「科学」をめざすベクトルがある。自然科学（たとえば「空気」や「重力」を対象とする）が自然を外部から観察し，数量化し，法則を発見しようとするのと同じように，人間と社会を観察し，数量化し，法則化しようとする。そのために「調査」をし，「理論」をつくることの価値は，コントがいうように，社会の「法則」を見つけて制御可能なものにすることをめざすならば，じつに大きい。自然科学としての医学が，人体を観察してその「法

則」を発見し，それによって治療を行えるようになるのと同じだ。

　と同時に，社会学は社会のなかで生きる人々が「物語」を紡ぎ出していること，その物語なしには人間も社会も存立できないことにつねに注目している。家族でも会社でも国家でも，そこに生きるひとりひとりが，自分が生きていることや他人と一緒に生きることについてなんらかの物語を自分に語りかけ，共同して物語を制作している。私の物語，家族の物語，国家の物語。ほかの社会科学がそれほど重視しない社会と人間がもつこの側面は，たとえば文学が鋭敏にとらえてきたものだ。だが，文学は「物語」の水準にとどまり，自然科学的なベクトルはもたない。これに対して，社会学は「科学」へのベクトルと「物語」へのベクトルの双方をもち，「科学か物語か」ではなく「科学も物語も」という二重焦点を往復するとき豊穣なものとなるだろう。それは次のようなことも可能にする。

　ひとつの社会はまったく違う現実を生きる人々から成り立っている。同じ年齢でも，大学に通う人と仕事をもつ人では現実の感じ方は異なるだろう。同じ場にいても性別によって感じ方が違うこともある。年齢も経済水準もエスニシティも，まったく違う属性をもつ人々が異なる現実を生き，価値観が異なれば同じ状況に対する感じ方・考え方は大きく違ってくる。

　「科学」をめざす社会学は，こうした多様な人々がつくる社会を自然科学のように解き明かそうとする。属性や価値観がどのような分布であり，そのあいだに葛藤や協調などどんな関係があるかを明らかにする（まるで植物や動物がどう分布するかを観察するように）。「物語」を聴き取る社会学は，異なる人々がそれぞれに自分の人生や世界について語る物語を伝えようとする。それぞれの物語は，それを語り共有する人々（同質的な人々の場合が多い）の内側には流通するが，それが外に届けられることは少ないだろう。これを聴き取って外に伝えるとき，同じ状況のなかでこれほど違った物語が生まれるのか！と驚くことになる。同じひとつの社会に異なる現実を経験している多様な人々がいることを知り，自分とは異なる他者が生きる現実を想像する力，「他者への想像力」がここから生まれていく。

専門家と市民のあいだ

　ひとつの社会はそうした異なる他者たちがつくりあげるのだから，誰の意志とも違った動きをする「謎」として経験されるだろう。そうした謎をまえに，『大渦巻』の兄漁師のようにどうしていいかわからず「立ちすくむ人」も多くいる。

　社会学は社会のなかにある。さきほど述べたように社会学は「当事者」として立ちすくむ地点から距離をとって「観察者」になることを可能にするが，その観察結果を社会に伝え，どうすればいいかを「立ちすくむ人」に提示しなければならない。

　私も社会学者のひとりだが，社会学者は社会学を職業にすることで収入を得て，社会のなかで生きている。どんな職業も，それ以外の人々になんらかのアウトプットを提供しなければ，社会のなかで存在することはできない。パンづくりの職人や染物の職人がいるとして，その人が生きていけるのはそのパンを食べる人，彼／彼女が染めた着物を着てよろこぶ人がいるからだ。仮に社会学者を「社会学の職人」と考えてみると，彼／彼女が生産したものが，それ以外の人々に（同時代でも，後の時代でも）享受されないことには存在意義はない。

　社会学者は社会学の専門家たちの世界にいて，専門家に読んでもらうために論文や本を生産（執筆）する。職人同士がもっとよい社会学の生産物をつくろうと切磋琢磨するために，これは重要なことだろう。だがそれは職人同士の内輪の世界にとどまる。社会学の（あるいは学問の）生産物が伝えられる場所のひとつが「大学」だが，もちろんそこで次の世代の社会学の専門家をつくるために社会学が教えられるのはとても大切だ。しかし社会学が教えられるほとんどの場面で，その対象は職業として専門の社会学者にならない若者たちである。

　だから，社会学は，社会のなかで生活し，社会をつくるごくふつうの人たちに伝えられ，パンや着物がその人たちの生活に活かされるように活かされないといけないだろう。距離をとって社会を観察した成果が，パンや着物によって生活がよりおいしく・美しくなるように，よりゆたかで暮らしやすくなるように利用される。ここではこうした市井の人たちを仮に「市民」と呼ぶと，社会学は「専門家」と「市民」のあいだをつなぐものである。

　いうまでもなく社会学者も「市民」である。彼／彼女は社会のなかのある場

所にいて，自分の生活する現場から引き出された「謎」と彼／彼女の社会学は別物ではない。自分が生活する社会の「当事者」であるという感覚を彼／彼女の学問が失うとき，それは現実への感受性と緊張関係を欠いたものになるだろう。自分のなかにある「市民」と「専門家」のあいだで対話がなされることは，社会学者が現実に訴える認識を生み出すための必要条件なのだろう。

　社会学者は「市民」の，たとえば「立ちすくむ人」の声を繊細に聴き取る必要があり，その人たちに認識を伝えられる言葉を創造しなければならない。これはきっと「専門家」と「市民」のコミュニケーションのプロセスなのだと思う。「市民」の声を聴き取り，「市民」に活かしてもらえるように成果を伝える。ただし，「市民」のほうが生活の専門家であることを忘れてはならない（「観察者」はどうしても「当事者」であることが疎かになることがある）。生活の専門家が敏感に感じている「謎」を，社会学者は彼ら／彼女らから教えてもらう。そして，社会学職人として加工した「知」を「市民」が生きる現場に返して，生活の専門家に利用してもらう。このコミュニケーション過程では誰が生徒か先生なのかわからない。

　もちろん社会学者だけができることがある（職人には必ずそれがある）。繰り返しを避けてひとつだけ述べると，社会が他でもありうる可能性，いまの社会とは別のものとなりうる可能性を社会学者は指し示すことができる。ほかの社会にはこういう別のやり方もあるという「比較」，この社会にもじつはこんなに多様な現実があると示す「調査」，論理的に組み立てていくとこんな別の社会の姿もありうるとする「理論」。これらを手にすることで，「市民」が自分の生活と社会を変えていく可能性は広がるだろう。社会学者は生活の現場にいる「市民」と対話し，自分のなかの「市民」と対話する。その必要があり，それはできる。

3　社会学的想像力のかたち

「謎」の姿が変わった

　さいしょに，私が社会学を専攻し始めて35年ほどになると書いた。35年前（1980年代前半）と現在では，「謎としての社会」があらわれる姿は大きく異な

っている。たとえば，当時の日本社会は「中」意識が強く，1970年代前半に高度経済成長は終わったものの「ゆたかな社会」と感じられていた。だが，現在は「格差社会」と呼ばれるように経済的な不平等が広がり，日本社会のなかの「貧困」や不安定な雇用が重大な問題として浮上している。

　これは「資本主義」の仕組みが大きく変化したことによる。たとえば「ゆたかな社会」になることで，働く人々が労働者としてまとまること，組合に入ることや労働運動をすることをあまり意識しなくなり，働く条件が悪化するのに対する歯止めが弱くなったということもあるだろう。なかでも，「グローバリゼーション」といわれる動きが進んだことがじつに大きい。企業は賃金が上がった「ゆたかな社会」から賃金が安い国々に生産拠点を移し，そこでつくられた安価な商品が市場に出回る。だからモノの値段は安いが，給料は上がらない。そして，かつてあった働き口が海外に移されていくので，雇用が減る。企業は競争力を強化するために正規社員の数を減らし，不安定な立場で働かなければならない人が増えていく。

　また，「民主主義」の仕組みも変わり，機能不全といえる状況が見られる。企業は国境を越えて工場を移転させたり人を雇ったりでき，その意志決定はとても素早いが，国家は国境に縛られるし，「民主主義」は話し合ってものごとを決めるので「資本主義」よりもスピードがずっと遅い。人々は機能しない「民主主義」に対してときに諦めをもつ。あるいは，競争に負けないように「資本主義」に追従するような意志決定をすることをめざし，すべてを個人の自己責任とする方向（「新自由主義」と呼ばれる）が支持を集めることも多い。

　もうひとつ，日本が最後の戦争をしたときから70年となり，私が社会学を始めた35年前の倍の時間がたった。戦争を知る人は減り，その記憶は薄れる。このとき，「民主主義」が二度と戦争をしない仕組みであるという意識はどうしても希薄になり，なんのための民主主義か，そもそも民主主義とはなにかがわからなくなっていくだろう。民主主義を破壊しようという動きが平気で世の中に広がっていく。だがそれもまた「空気」や「重力」のように感じられるかもしれない。なにかがおかしい。でもなにが起きているかよくわからない。

　おそらく，思い通りにならない「謎」としての社会の姿は変化した。だから，ここに「社会という謎」がある！と発見し，それを考えられ変えられるように

する「社会学」のあり方も変わる必要があるのだろう。ただ，次のことは変わらずに強調しておいてよいと思う。

社会学的想像力

　1959年にアメリカの社会学者チャールズ・ライト・ミルズが著した『社会学的想像力』という本がある。ミルズはこう書き始める。「こんにち，人びとはしばしば自分たちの私的な生活には，一連の罠が仕掛けられていると感じている」。自分の生活に「罠」が仕掛けられているという感じ。しかし人々は「自分たちの困難な問題を克服することができない」とも感じている。「現代は不安と無関心の時代である」。そこには「漠然たる不安の苦痛」があり，「すべてがただなんとなく不当であるという敗北感が存在する」（Mills 1959=1965：3, 15）。これまで述べてきた「立ちすくむ」感覚は，50年以上前のアメリカでも広がっていたのかもしれない。

　どうして罠にかけられていると感じるのか。それは自分が耐えている苦しさを，歴史的な変化や制度的矛盾などの「全体社会の構造」によるととらえていないからだ。このとき，不安や苦しさはきっと「私的問題（personal troubles）」ととらえられるだろう。それは私の問題だ。個人の責任で解決されるべきものだ。しかしどうしたらいいのかわからない。

　だがこの漠然とした個人の不安＝「私的問題」を，「公的問題（public issues）」に結びつけて考えることができたらどうだろう。無数の私的状況が重なり浸透し合ってひとつの巨大な構造を形づくっている。ミルズは「社会学的想像力」という言葉を次のように用いる。「社会学的想像力を所有している者は巨大な歴史的状況が，多様な諸個人の内面的生活や外面的生涯にとって，どんな意味をもっているかを理解することができる。……社会学的想像力は，歴史と生活史とを，また社会のなかでの両者の関係をも，把握することを可能にする」（ibid.：6-7）。つまり，「個人」と「社会」のあいだをつなぎうる想像力を「社会学的想像力」と呼ぶのだ。

　さきほど「謎」の姿が変わったことを，「グローバリゼーション」や「戦争」というもしかしたら巨大と感じられる話に結びつけてみた。それに違和感を覚えた人がいたかもしれない。もちろん，「グローバリゼーション」や「戦争」

がどこか遠くにあるものとして描かれるのなら，リビングでテレビのニュースを見ているのと似た，観客として向こう側にある「社会」を眺めるような気分になっておかしくない。しかし，いま私が「立ちすくんでいる」不安や苦痛から考え始めて，それが大きな社会の動きにつながると想像できたらどうだろう。もうそれは「私」だけの問題ではない。私はひとりではない。同じ構造のなかにいる多くの人がそれを感じている。それは私だけに仕掛けられた罠ではなく，「空気」や「重力」でもなくて，多くの人が自らつくっている「社会」によるものなのだ。

　自分たちがそのまえにいて立ちすくんでいる「渦巻」とはなにか。それぞれの人が持ち場で感じる「謎」や「罠」の感覚に対して，たとえばそれは「資本主義」や「民主主義」の問題である，と言葉にしてかたちをもって考え始めることは，おそらく一歩前進なのだろう。感覚は考えることができないが，言葉は考えることができる。多くの人と共有し，ああでもないこうでもないと話し合うことができ，当初の「よくわからない」ときより変えることに近づくだろう。それはもはや「空気」でも「重力」でもなく，あたりまえでもない。そのとき，人は「立ちすくむ人」から「声を上げる人」に変わりうるかもしれない。

「沈黙の螺旋」を超えて

　ただし，「立ちすくむ人」が「声を上げる人」に変わるのはそれほど簡単ではない。たとえば次のような身近に存在する「渦巻」も，想像力がなければとらえられない。

　ドイツの社会心理学者エリザベート・ノエル゠ノイマンは，「世論」がどう形成されるかを研究していて，こんな「螺旋」が作動することを発見した。多数派と思われる人は発言しやすく，少数派と思われる人は発言しにくい，だから一方で声の大きい人たちの意見はさらに大きくなるという螺旋が，他方で少数派の人はますます沈黙していく螺旋が生まれる。なぜか。みんな孤立を恐れているからだ。もやもやした現実をまえに，それに怒って発言したとする。でもそれが少数派の意見で，孤立したり，嫌われたり，面倒なことというなと思われたりする可能性がある。みんなそれが怖いから沈黙する。自分が孤立しないように注意するから，同調圧力は大気の圧力のように広がっていく（Noelle-

Neumann 1980=2013)。

　これはまさに「空気」や「重力」のように私たちの周りに存在し，見えないまま力をふるう構造だろう。なかなかこれに私たちは気づかない。そして声を上げることをせず，沈黙を守る。だが，孤立を恐れて沈黙すると，それぞれの人はいっそう孤立することになる。誰がなにを考えているのかわからないから，こう感じているのは私だけではないかと思い込む。自分の努力だけでなんとかしようと必死になり，さらにいっそう孤立していく。

　でもこれは個人の問題ではなく，複数の人がそれぞれの意志をもっているときに，意図せざる結果として生じる「社会という謎」のひとつである。この「螺旋」が作動することに気づくようにし，それを言葉にし，考え，そこから抜け出すことができるようにする想像力。そして，この「螺旋」がもっと大きな社会の仕組みのなかで生まれ，その仕組みを再生産しているのだ，と「私的問題」と「公的問題」を結びつけて考えることができる想像力。もしかしたら，巨大な「公的問題」に声を上げることよりも，自分の持ち場にある「沈黙の螺旋」に対して声を上げるほうが難しいことかもしれない。しかし，私たち自身がこの仕組みを生み出している，と弟漁師のように距離をとって認識し，私たちが立ちすくんでいる「渦巻」の正体はこれではないか，と最初の手がかりを言葉にすることができるなら，それぞれの人が声を上げ，ひとりではないと感じ，対話を始められるのではないだろうか。

社会学になにができるか

　「はじめに」に書いたように，この本をつくるきっかけになった『大学教育の分野別質保証のための教育課程編成上の参照基準　社会学分野』には，社会学を学ぶことで獲得できる基本的な能力として，次の5つがあげられている。①問題を発見する能力，②多様性を理解する能力，③実証的調査を行う能力，④理論的に思考する能力，そして，⑤社会を構想し提言する能力。①から④まではすでに本章で触れた。

　社会のなかに発見した「問題」を解決に導くために実践的提言を行い，社会が他でもありうる可能性を構想し，他者に伝えるという⑤の能力は，この章があげたさまざまな「あいだ」を往復しなければならず，社会学の「専門家」と

「市民」とがコミュニケーションを繰り返さなければ生まれるものではないだろう。そして，「個人」と「社会」をつなぐ「社会学的想像力」を必要とし，きっとそう簡単に身につけることができるものではない。

　本章最後に，この能力についての『参照基準』の文章を引用しておきたい。この章は「社会学とはなにか」という疑問で始まったが，これについては次章以下を読んでもらうほうが早いだろう。だが，次の「社会学になにができるか」の手がかりとなる文章を読んだうえで本書を読んでいくと，社会学はよりくっきりした輪郭を結ぶのではないかと思う。

　　　この能力は，現実を実証的・理論的に分析する能力とともに，社会が現在の姿とは異なる他でもありうる可能性を想像し，それをもとに社会のヴィジョンを構想する能力に支えられる。他でもありうる可能性を構想する力は，現在の現実を批判するとともに，未来に希望を見出すことを可能にする。

　　　社会学は，こうした提言や構想について社会を構成する他のアクターに説得的に伝え，他者と議論し，社会を変える実践を行う能力を育む。こうした実践は，他の人々を参加させ連帯させることもありうるが，他の立場からの異なる見解によって合意や変化を帰結しないことも多い。社会学を学んだ者は，他の立場から多様な認識がありうることと，自分の提言や構想が誤りでありうることをつねに自覚しながら，それでもなお他者への働きかけを持続し，そのなかで自分を変え，他者を変え，関係を変え，社会を変える能力をもつ。

 読書案内

日本学術会議社会学委員会・社会学分野の参照基準検討分科会，2014，『大学教育の分野別質保証のための教育課程編成上の参照基準　社会学分野』日本学術会議。
　社会学を学ぶことでどんな力を獲得できるかを，日本の社会学者たちが文章化したもの。日本学術会議ホームページ（http://www.scj.go.jp/ja/member/iinkai/daigakuhosyo/daigakuhosyo.html）からダウンロードできる。「参照基準」というよりも「マニフェスト（宣言）」として書かれている。

本田由紀，2009，『教育の職業的意義——若者，学校，社会をつなぐ』ちくま新書。
　大学での教育は社会に出る若者になにを与えられるのか。教育社会学者である著
　者は，仕事や職場に〈適応〉するための専門性とともに，仕事に呑み込まれず自
　分を守る〈抵抗〉の手段となる知が必要であると説く。
作田啓一・井上俊編，［1986］2011，『命題コレクション　社会学』ちくま学芸文庫。
　常識をひっくり返す社会学の命題を集めた入門書。あるパースペクティブによっ
　て世界の見え方が変わる「視点命題」は，ただ「面白い」だけでなく，「渦巻」
　の外に立ちつづけるための足場ともなるだろう。

文献

Comte, Auguste, 1822, *Plan des travaux scientifiques nécessaries pour réorganiser la société.*（＝1980，霧生和夫訳「社会再組織に必要な科学的作業のプラン」清水幾太郎責任編集『世界の名著46　コント・スペンサー』中央公論社，47-139。）

Elias, Norbert, 1987, *Involvement and Detachment,* Basil Blackwell.（＝1991，波田節夫・道籏泰三訳『参加と距離化——知識社会学論考』法政大学出版局。）

Mills, Charles Wright, 1959, *The Sociological Imagination,* Oxford University Press.（＝1965，鈴木広訳『社会学的想像力』紀伊國屋書店。）

Noelle-Neumann, Elisabeth, 1980, *Die Schweigespirale,* Piper.（＝2013，池田謙一・安野智子訳『沈黙の螺旋理論——世論形成過程の社会心理学』北大路書房。）

吉田民人，［1998］2013，「比較幸福学の一つの研究パラダイム」吉田民人論集編集委員会編『社会情報学とその展開』勁草書房，185-217。

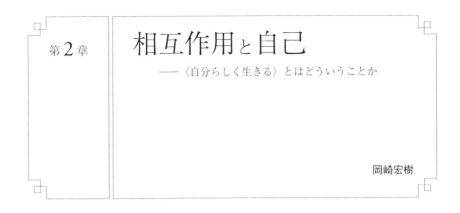

岡崎宏樹

1 別のパースペクティブに立ってみる

　自分らしく生きるってどういうことだろうか。考えてみると難しい問いである。そもそも「自分とはなにか」がよくわからないのに,「自分らしさ」について考えても,なんだか迷路に入りこんでしまいそうだ。

　でも,「自分らしく生きていない感じ」であれば,経験的によくわかるのではないだろうか。やりたいことができない環境にいるとき,やりたくないことをやらされているとき,周りの人にひどく誤解されているとき,周囲の過度な期待に押しつぶされそうなとき,私たちは「自分らしく生きていない」と感じる。こうした場合,問題の原因は対人関係や社会環境にある。つまり「自分らしく生きる」ということは個人的な問題にみえて,じつに社会的な問題なのである。このことは問題を社会学のパースペクティブ（視座）からとらえることで,いっそう明確になるはずだ。

　別のパースペクティブから見るということはきわめて重要である。どのパースペクティブから見るかによって世界は違って見えてくるからだ。虫の目で地面から見た世界と,鳥の目で上空から見た世界は異なって見える。社会学には個人の相互作用に注目した微視的な見方と,社会全体の動きや構造に注目した巨視的な見方があるが,社会学者はその双方から現実にアプローチし,社会の見えにくい側面を明らかにしようと努力している。

　現実の見え方はどのような枠組みで見るかによっても変化する。私たちは剃

き出しの現実に直接向き合っているのではなく，自分の解釈枠組みを通して現実を理解しているからだ。社会学には「自己」を解釈するための独自の理論枠組みがある。本章では，そのいくつかを参照し，「自分」や「自分らしさ」に多角的にアプローチしてみよう。社会学という別のパースペクティブに立つことで，あなたがまだ気づいていない可能性が見えてきたら，それが「自分らしさ」への／「自分らしさ」からの新しい一歩になるだろう。

2　鏡のなかの〈私〉
——自己イメージはどのようにつくられるのか——

鏡に映った自己

　チャールズ・クーリーの「鏡に映った自己」の話から始めよう。人間は自分のすがたを直接目にすることができないが，鏡に反射すれば，確かめることができる。同様に，自分がどんな人間であるかは「他者という鏡」に反射して映しだすことで把握することができる。鏡の役割を担うのは，家族や友だちや地域集団など，顔をつきあわせる関係にある「第一次集団」である。それらの人が「あなたはこんな人だ」と言ってくれることもあるし，そうでなくても，他者の態度や反応をみれば，周囲の人が自分をどう認識し，どう評価しているのかを「想像する」ことができる。「鏡に映った自己」を誇らしく思うこともあるが，屈辱に感じることもあるだろう。そのような「自己感情」も他者とのかかわりのなかで形成される（Cooley 1902）。

　学生時代にクーリーの理論を教わったとき，私は「なるほど」と思ったけれど，鏡という比喩に触発されて，たくさんの疑問をいだいたのを覚えている。特に気になったのは，「鏡に映った自己」は自分の実像とは異なるのではないかということであった。というのも，鏡像は他者との関係性によって変化するように思われるからだ。たとえば，他者の鏡が自分を現実よりも大きくみせる場合，それを実像と信じこむと，その人はナルシストに育つかもしれない。逆に，いじめや虐待のケースのように，意地悪な人たちが歪んだ鏡で映しだすとき，それを実像と思いこむと，自分のことが嫌いになるかもしれない。鏡像は他者とのコミュニケーションで変化する。さらに，他者の態度や反応を本人が

どう受け止めるかによっても鏡像は変わってくる。だとすれば，他者という鏡に映っているのは，自己のリアルな実像ではなく，構築された自己イメージにすぎないのではないか，と。

　素朴な疑問かもしれない。でも，もしこんなふうにあなたが自分の実感と理論に距離があると感じたときは，そのズレの感覚を大事にしてほしい。もちろん，しっかり勉強すれば，自分の勘違いや読みの浅さに気づいて，ズレが解消されることもある。けれども，生きている人の実感を理論が十分にすくいとっていないこともある。だから，社会学を学ぶときは，与えられた答えを鵜呑みにせず，批判的に検討し，理論から〈洩れ落ちるもの〉に目を向けて思考を深めてほしいと思う。

　先ほどの疑問の場合はどうだったか。学説研究を調べると，クーリーのいう「想像」には他者の認識や評価に対する「選択と解釈」が含まれているとの指摘があることがわかった。他者という鏡に自己の実像が映るなどと考えるのはいささか単純すぎたようだ。

　一方，「鏡に映った自己」は想像的なイメージである以上，リアルな自己と一致しないのではないかとの疑問は簡単には解消されず，その後も残り続けた。しかも，私の場合，それは理論的な問題であると同時に，実存的な課題であったように思う。

自己イメージを変える

　個人的な話になるが，若いころ，私は人間関係の躓きが原因で，ネガティブな自己イメージに囚われ，日々を自分らしく生きている気持ちになれなかった。自分を変えたかった。環境を変えたり，つきあう人を変えたり，「自分探しの旅」に出たりしてみたけど，うまくいかなかった。それで，30歳になったころ，知人の紹介で，精神科医の三好暁光という先生のところに精神分析に通い始めたのだった。

　精神分析の基本は自由連想であるが，三好先生のやりかたは独特だった。部屋に入る。椅子に腰かける。50分間ほど思い浮かんだことを自由に話す。先生はすべてを黙って聞きながらノートに記す。最後にあいまいな点について若干の質問がある。次回の面会日時を確認する。料金を支払う。これでおしまいで

ある。

　精神分析という名前がついてはいるが，三好先生は私を分析して意見を言ったりしなかった。話した内容の良し悪しや真偽について評価を下すこともなかった。泣き言をいっても，ごまかしても，妄想を語っても，先生は傾聴し，ひとしく価値があるかのようにすべてをノートに記した。ただし，強いて意見を求めたときは，「動かない心などありません」といった具合に，控えめに短い言葉を与えてくれた。

　あるとき，私は自分についていろんな話をしたつもりでいたが，じつは同じパターンの話を繰り返していることに気づいた。自己をつかもうとしながら，自己が露呈するのを恐れ，「言わないといけないのに言えない大事なこと」のまわりをぐるぐる回っていたのである。三好先生は，弱い私も，強がる私も，繊細な私も，傲慢な私も，すべてを映し出す鏡に思えた。先生に自分を理解してほしいと思う反面，すべてを見られるのが不安になった。無意識の抵抗だろうか，よく面会の日に寝坊したり，電車を乗り過ごして遅刻したりした。それでも頑張って通い続けたある日，先生が「次で終わりにしましょう」と言った。

　最終回はこれまでの自分を振り返って話をした。そのときだった。ふいにリアルなビジョンが浮かんだのである。それは，無数の糸が複雑に絡みあい，光の滝になって流れ落ち，収斂して河となり，轟々と飛沫をあげながら私に向かって流れ込んでくる強烈なビジョンだった。それを見て，私は「すべての経験とすべてのかかわりが力の束となって，この自分を形づくっている」と実感したのだった。自己は別様にも語りうる。視点を変えれば，過去を生き直すこともできる。そう思うと心が軽やかになった。感謝の言葉を伝えて，私は先生の部屋を後にした。

物語が自己をつくる

　一連の経験を私は次のように解釈している。初めのころ，私は三好先生という鏡に向かって自分の視点から話をしていたが，ネガティブな自己イメージに囚われて，パターン化した自己物語を反復するばかりだった。先生は同意も反対もしないことで，私の想像的世界の〈外〉に立っていたが，私は先生が私をどうみているのかが気になってきた。なんとか活路を見出し，先生の承認を得

たいと思ったので，私は先生の視点から私がどう見えるかを考えて自分について語ることを試みた。他者の視点を導入すると，自分を別の解釈で語ることができることがわかって，自己イメージに亀裂が入った。すると，亀裂の隙間から強烈なビジョンが立ち現れた。あらゆるものがはてなく連鎖するそのビジョンを，私はリアルな生を表すものと考えた。すなわち，私の人生を織り成す連鎖の総体は，言葉で語りうる以上に複雑で豊かであり，このリアルな生の総体にアクセスすれば，自己を別様にも語ることができると考えたのである。

　精神分析の経験から学んだのは，他者に対して自分を語るということが自己形成や自己変容にとって決定的な意味をもつということだった。精神分析の空間は人工的に設定された自分語りの実験室のようなものだが，これと似たような経験は日常生活のなかにもあるのではないだろうか。たとえば，誰かに悩みを話しているうちに自分で解決できてしまったり，どうでもいいと考えていたことが現在の自分に深い影響を与えていることに気づいたり，自分では意識していない一面を友人に指摘されて新たな展望が開けたりといった経験である。あるいは，毎日の会話や SNS のコミュニケーションで，私たちは自分の行為や選択の動機を他者に説明しながら自己物語を更新し続けているとみることもできるだろう。

　こうした自己と語りの関係について，社会学では，社会構築主義（片桐2000），物語論的自己論（浅野 2001），動機論（井上 2000）などが精緻な理論を展開している。重要なのは「語られなかったこと」や「語りえないこと」を理論的にどう位置づけるかである。この点については，人生についての語りを聞きとる「ライフストーリー」や「オーラルヒストリー」と呼ばれる質的調査の分野でも綿密な議論が重ねられている。

　関連する議論を参考に，私なりにポイントをまとめてみよう。①自己イメージやアイデンティティは自己物語を通じて構築される。②自己物語の構築において他者との相互作用や自己を対象化した内省（再帰性）が重要な役割をはたす。③自己物語はひとつの解釈であって，別の解釈もありうる。④自己物語からはつねに「語りえないもの」が洩れ落ちるが，それらは潜在的な力として存在し続ける。⑤潜在的な力に直面すると不安が喚起されるが，シンボルや言語によって昇華し他者に向けて表現することで，自己物語を脱構築・再構築する

契機がうまれる。

　さて，社会学の話をしていたのに，精神分析の世界に入りこんだりして，戸惑っただろうか。でも，社会学は，哲学，歴史学，文学，心理学，精神分析，生物学，統計学など，隣接する学問分野の知見を活用しつつ発展してきた学問であることを覚えておいてほしい。自己が自己だけで成り立たないのと同様，社会学も社会学だけでは成り立たないのである。

3　関係のなかの〈私〉
——役割取得と他者理解——

役割取得による自己形成

　自己についての考察を〈イメージと語りの領域〉から〈行為と出来事の領域〉へと移すことにしよう。

　学校や部活，バイト先や職場，家族や友達，SNS空間など，多様な集団や社会状況の中で，私たちは異なる顔でさまざまな役割を演じ，社会生活を送っている。では，私たちは「本当の自分」を隠す「仮面」をかぶってそれらの役割を演じているのだろうか。そうだとすれば，社会とは，「自分らしさ」を抑圧し，「偽りの自分」を演じる者どうしの集まりだということになるだろう。でも，はたしてそうなのだろうか。

　ここで参照したいのは，象徴的相互作用論などに大きな影響を与えた，ジョージ・ハーバート・ミードの理論である（Mead 1934=1995）。ミードによれば，人間のコミュニケーションの基礎は「意味あるシンボル」（ジェスチャーや言語など）の共有にある。人は「意味あるシンボル」が他者のうちに呼び起こす反応を自分のうちにも呼び起こす態勢を形成し，それをもとに他者の役割や態度を習得する。自己はこの「役割取得」のプロセスによって形成されてゆく。

　「ごっこ遊び」する子どもは，母親，父親，警察官，教師になって遊ぶことで，それらが社会関係の中で果たす役割を習得し，他者の視点から自分を対象として把握することを学ぶ。「ゲーム段階」の遊び（野球やサッカー）になると，子どもは，組織化された役割の組み合わせを全体として理解し，「一般化された他者」の期待に応えて，各役割を果たすことを学ぶ。さらに，大人になると，

「コミュニティ全体の態度」まで「一般化された他者」の役割を取得することで，より高度な社会性をそなえた自己を形成する。

主我（I）と客我（me）

　「役割取得」を通じて形成される自己は，「主我（I）」と「客我（me）」の二局面からなる。「me」は，自分に対する他者の反応や態度を内面化・組織化することによって形成される自己の局面である。「I」は，「me」に対する主体的な反作用である。「I」と「me」の対話が自己を構成する。

　挨拶の場面で考えてみよう。朝，先輩に会うとあなたは後輩として後輩らしく挨拶をし，後輩に会うと先輩として先輩らしく挨拶をするだろう。社会生活でさまざまな役割を即座に演じることができるのは，特定の社会状況でどんな態度をとるべきかを習得しており，瞬時に「me」が立ちあがって反応できるからである。一方，初対面の人に会ったときは，「一般化された他者」に対応する「me」が立ち上がり，「はじめまして。どうかよろしくお願いいたします」と儀礼的な態度で挨拶するだろう。もちろん，型に縛られる必要はないので，そこに自分らしい表現や工夫を加えることもできる。「me」に新たな表現を与えるのは「I」の働きである。ミードによれば，社会状況のなかに「I」そのものは現れないが，「I」は「me」を通じて自らを表現する。「me」と違って，「I」の働きは制度化されていないので，創発，創造，抵抗，逸脱の源泉とみなされる。

自己意識としての「I」

　ミードの理論を学んだとき，私が特に魅力的に感じたのは「I」の概念だった。人間は社会の鋳型にあわせてつくられる存在ではなく，社会を変革し創造的に生きることのできる存在だということを，「I」の概念が示しているように思われたからである。けれども，なぜ「I」が創発的・創造的な行為の起点になるのか，理論的にはよくわからないところがあった。専門家のあいだでも「I」の解釈は難しく，諸説あるようで，調べてみると，①個体差や特殊性など「me」に含まれないものを集めた残余カテゴリーとする説，②生物的な本能や衝動とする説，③「me」の態度に対して生じる身体的・行動的反応とみ

る説，④人間の創発的内省と理解する説などがあることがわかった（船津1989）。

　さらに調べると興味深い発見があった。自己を二局面に分けるミードの発想の源流は心理学者ウィリアム・ジェイムズにあるが，そのジェイムズが「主我／客我」の分化が生じる以前の水準に「意識の流れ」という概念を置いていたのである（James 1892=1993）。「意識の流れ」において直接的に経験された世界では，隣り合う諸単位は確定した境界に閉じ込められることなく，溶け合って相互浸透し，連続的・連鎖的に結合する，とジェイムズは論じていた（James 1909=2014）。

　ジェイムズの著作を読んで，私は精神分析の最終回に現れた「あらゆるものがはてなく連鎖するビジョン」のことを思い出した。また自他の境界が不在になる経験を作田啓一が「溶解体験」と呼び，純粋な赦しの場面では，自己と他者の境界が溶解し，深い苦悩の共有がなされると論じていたのを想起した（作田 1995, 2007）。作田は〈生成の社会学〉の観点から，ミードの「I」を「自己意識」の「流れ」と解釈している（作田 1993：50-2）。この解釈はミードのテキストに即した「正確な読解」ではないかもしれないが，ジェイムズを源流とするミード理論の潜在的可能性を引き出す「創造的な読解」であると思われる。

「I」の共感力と創発性

　そこで，以下では，作田の読解を参考に，根源的な「自己意識」という視点から「I」の概念をとらえ直し，その創発的な特徴を描きだすことを試みたい。

　根源の「I」は生成変化する「意識の流れ」である。これが自己を対象化するときに「主我」と「客我」に分化し，「主我（I）」と「客我（me）」の内省的対話が始まる。社会的相互作用に「I」そのものは現れないが，「I」は「me」を通して自らを表現する。人は「me」に意識を向けることで他者を一般的・類型的に把握し，シンボルや言語を媒介することで自他に共有された意味を了解する。一方，「意識の流れ」（根源の「I」）に身を置くならば，自他の「I」は共鳴して溶け合い，相互浸透する。

　この観点から新聞の国際面に載っていたニュースを考察してみよう（「京都新聞」2017年1月7日朝刊）。死刑大国と呼ばれるイランに，近年かすかな変化の

兆しが見られるという。きっかけは，最愛の息子を奪われ報復を誓った母親が
公開処刑の現場で減刑を許した出来事である。イランでは殺人事件での死刑執
行の是非を決める権利が遺族らに与えられている。絞首台の前で死刑囚は号泣
し，「若くて未熟だった。どうか救ってください」と懇願した。「じゃあ息子を
殺された私はどうやって救われるの」と母親は声を荒げ，強い衝動に駆られて，
ありったけの力で男の頰を叩いた。だが，その瞬間になぜか心が静まり，「絞
首台から下してあげて」と母親は叫んだ。「激しい憎悪」は「平和な気持ち」
に変わった。この決断が「生きる糧」になったと彼女は言う。その体験談が共
感の輪を広げ，イランでは死刑の執行停止を求める遺族が出始めている，と記
事は伝えていた。

　最愛の息子を殺され，激しい憎悪をいだいていた母親が，本人さえ予想しな
かった創発的な行為に至り，この出来事が社会の変化を促したのはなぜだろう
か。彼女が死刑囚の頰を叩いたとき，その衝撃に触発されて，ふたりは遺族と
死刑囚という社会的役割の境界を超えて出会ってしまったのではないだろうか。
その瞬間，根源の「I」と「I」の水準で相互浸透が生じ，苦悩が共有された。
死刑をやめるように声を上げることで，母親の「I」は創発的に自らを表現し
た。創発的な行為についての語りも人びとの「I」に訴える力をもつ。それゆ
え，彼女の体験談はイラン社会に共感の輪を広げ，新たな行動様式の連鎖を誘
発したのである。

4　映画を社会学的に観る

『ミセス・ダウト』

　ミード理論や役割理論に興味をもった人に，ぜひ観てほしい映画がある。
『ミセス・ダウト』（1993年，原題 Mrs. Doubtfire）というコメディ映画である。
一風変わったコミカルな設定で，笑いながら観ることもできるけれど，社会学
的なパースペクティブで観るとおもしろい発見があるだろう。

　主人公のダニエルは失業中の声優。家族はインテリア・デザイナーの妻ミラ
ンダと 3 人の子どもたち。ダニエルは無邪気だけど無責任で，腹が立つことが
あるとすぐに仕事をやめるため，生活はミランダの収入に頼ることになる。ダ

27

ニエルは，子どもたちとは仲良しだけれど，一緒に遊ぶことばかり考えていて，長男クリスの12歳の誕生パーティでは動物まで呼んで自宅で大騒ぎ。ミランダに愛想をつかされて離婚を宣告されてしまう。

　裁判の結果，養育権はミランダのものになったので，ダニエルは週に1度しか子どもに会えなくなる。だが，ミランダが家政婦を募集していることを知ったダニエルは，特殊メイキャップを仕事にしている兄の協力をえて，初老の英国人マダム「ダウトファイヤーさん」に変装し，家族をだまして，家政婦として雇ってもらう。「ダウトファイヤーさん」は，最初は家事がこなせずに失敗するけれども，やがて炊事洗濯もしっかり覚え，英国人マダムらしく子どもたちをしつけ，ミランダたちに信頼されるようになる。

誰もが〈知らない顔〉をもつ

　「ダウトファイヤーさん」が夫のダニエルとはつゆ知らず，ミランダが「彼女」に夫婦関係について率直に語る印象的な場面がある。ミランダは自分が相手を型にはめる生真面目なタイプで，天衣無縫のパワーをもつダニエルに惹かれて結婚したが，しだいにその奔放さが我慢ならなくなってきたという。けれども，ミランダは気づいたのだ。嫌いになったのは，ダニエルの前で怒ってばかりいる自分，「彼といるときの自分」なのだと。夜中に人知れず泣いていたと語るミランダに，「ダウトファイヤーさん」はそのことを「夫」に話したのかと尋ねる。ミランダは，ダニエルは真面目な話が嫌いで，「真剣になれない人」だから相談などしなかったと答えるのである。

　この場面を社会学的に考察してみよう。ダニエルとミランダは長く一緒に暮らすなかで，互いの「me」の形を窮屈な関係性のなかで固定してしまった。そして，「me」を通して表現される互いの「I」の働きを感じとることを忘れて，固定的な関係性のなかで現れる互いの「me」の形を，相手の実像と思いこんでしまった。ところが，ダニエルが「ダウトファイヤーさん」になっているときは，ふたりは「I」の働きを感じながら互いを共感的に思いやり，人生について深く話し合うこともできたのである。

役割による自己表現

　結局「ダウトファイヤーさん」がダニエルの変装だったことがばれてミラン
ダは激高するのだけれど，その後，別居しながらも，ダニエルとミランダの関
係は良好なものになってゆく。もし「ダウトファイヤーさん」が変装キャラに
よるニセの演技にすぎなかったのならば，だましたダニエルをミランダは絶対
に許さなかっただろう。だが，ダニエルは「ダウトファイヤーさん」の役割を
演じるとき，自分の最良の部分を表現していた。英国人マダムになりきって家
政婦の役割を演じることで，彼は子どもを育てる親の役割を習得し，取得した
新しい役割を組みこんで自己を再組織化した。だからダニエルの自己は変容し
た。ダニエルが変れば，ミランダも変わる。家族関係も変化する。

　役割は必ずしも人を既定の型にはめるものではない。役割が「I」に新たな
表現の回路を与え，その人の潜在的な力を引き出し，自己や対人関係を変えて
ゆくこともあるのだ。

5　自己の多元化は進んでいるのか

アイデンティティの統合と拡散

　ミード理論の基本にあるのは「自己は社会過程から立ち現れる」という考え
方である。社会的コミュニケーションに対応して異なる自己が出現するが，社
会過程ごとに現れる自己のことを，ミードは「要素的自己」と呼んでいる。ミ
ードによれば，「多面的人格」は「ある意味で正常である」。なぜなら，それぞ
れの社会過程は社会全体に統合されているため，それに対応する「要素的自
己」も統合されて「完全な自己」が構成されるからである。一方，統合された
自己が「要素的自己」に分解すれば，「人格の解体」が生じる，とミードは考
えていた（Mead 1934=1995：178-9）。

　同様の発想は心理学者エリック・エリクソンのアイデンティティ論にもみら
れる。エリクソンは，自己のさまざまな要素が統合された状態を「アイデンテ
ィティ」と呼び，それらが断片のようにばらばらになっている状態を「アイデ
ンティティ拡散」という概念で説明した。子どもは周囲の人に学び，アイデン
ティティの部分的特徴を取りこんで成長する。それら同一化の断片から取捨選

択して，首尾一貫した統合体をつくりだすのが青年期の課題である。それゆえ，子どもから大人への移行期に若者が「一時的」に拡散の危機に陥るのは「標準的」な事態であるが，「中心のない拡散状態」が続くのは病理的である，とエリクソンはみていた（Erickson 1968=2017）。

　ミードやエリクソンが，このように，統合的な自己を正常なものとして語ることができたのは，社会の諸部分が全体へと安定的に統合されているという前提があったからだろう。けれども，社会の流動性が高まり，複雑に分化すると，標準的なアイデンティティの形も変化する。その変化をエリクソンは「プロテウス的人間」という概念でとらえた。「プロテウス的人間」とは，多様な人格をかかえ，状況に応じて異なる顔をみせる人のことである。かつての「プロテウス的人間」は変身を重ねながらも変わらない中心をもっていたが，「現代のプロテウスたち」には「不変の核」が欠如していると，1970年代にエリクソンは，中心のない自己の多元化を批判的に論じた（Erikson 1974=1979：137）。

統合する自己／断片化する自己

　その後，自己のありかたはどう変化したのだろうか。多くの社会学者が先進国では自己は多元化する傾向にあると指摘しているが，意見が一致しているわけではない。アンソニー・ギデンズとジグムント・バウマンの見解は対照的である。

　ギデンズは，自己は多元化しているわけではないと主張する。確かに相互行為の環境は多様化し，近代的制度は断片化しつつある。しかし，だからといって，自己が多元化・断片化していると考えるのは間違いである。なぜなら，こうした変化に対応し，実存的不安を解消するために，むしろ自己の統合が促進されるからである。

　秩序の変動が常態化した「ハイ・モダニティ」の時代は，近代を駆動してきた「再帰性」の論理が自己の核心部分まで及ぶ。自己は「不変の核」をあらかじめ与えられた存在ではない。「自分は何者か」をたえず自らに問いながら，再帰的にアイデンティティを構成し続ける存在，「再帰的プロジェクト」なのである（Giddens 1991=2005）。

　これに対し，バウマンは，自己は多元化し，とりかえしのつかないほど断片

化していると主張する。バウマンによれば，現代社会の特徴は流動性にある。現代はあらゆる面で「液状化」が進む「リキッド・モダニティ」の時代である。個人は中間集団（企業組織，地域コミュニティ，家族など）に所属することでアイデンティティを築いてきたが，集団が液状化すると個人の拠り所は失われる。いまや世界は秩序を欠いた断片と化し，個人の生活はまとまりのないエピソードのつらなりでしかない。だから個人が生活を再帰的に振り返ってアイデンティティの物語をつくろうとしても，まるでピースの欠けたジグソーパズルを完成図もわからないまま嵌めあわせようとしているようなものだ，とバウマンは論じる（Bauman 2004=2007）。

　統合と断片化——ギデンズとバウマンの見解は対照的だが，共通点がある。それは，「個人」を基本単位に社会が再編成される「個人化」を前提に，現代の自己を把握しようとしている点である。

分人主義

　これら社会学者の議論と比較すると興味深いのが，作家の平野啓一郎が提唱する「分人主義」である（平野 2012）。「分人主義」とは，人間を「個人（individual）」という「分けられない（in-dividual）」ひとつの単位としてではなく，複数の人格——「分人（dividual）」——の集合体ととらえる考え方である。分人は他者との相互作用の中で生じ，関係性の中で変化する。たったひとつの「本当の自分」など存在しない。恋人との分人，両親との分人，職場での分人，趣味仲間との分人など，対人関係ごとに見せる複数の顔は，すべて「本当の自分」である，と平野は論じる。

　ミードは，自己を，社会過程や出会う相手に応じて立ち現れる「要素的自己」の統合体とみていたし，エリクソンは「プロテウス的人間」の多面性を論じていた。平野の「分人主義」の発想はこれらに通じるところがある。だが，異なるのは，「一人の人間は，複数の分人のネットワークであり，そこには『本当の自分』という中心はない」（ibid.：7）とあるように，中心のないまま多元化した自己を正常な状態ととらえている点にある。「分人主義」は，統合（ギデンズ）でも断片化（バウマン）でもないような多元化の動的平衡が現実に可能であること，また，現代を生き抜く戦略としても有効であることを，的確

な言葉で私たちに伝えているように思う。

　ただし理論的には気になるところもある。「資産運用のリスクヘッジ」のように，自己を「複数の分人の同時進行のプロジェクト」として考えることが提案されているのだが，この場合，プロジェクト全体を編成し統御する自己はどこに位置するのだろうか。また，自分のなかの「好きな分人／嫌いな分人」を判断する自己はどこに位置するのだろうか。これらは，ミード理論でいえば，「Ⅰ」の働きに相当すると思われる。

調査データで多元化を分析する

　「分人主義」は自己の多元化にかんする洗練された言説であった。では，現代日本で自己の多元化はじっさいにどのような状況にあるのだろうか。この問いに貴重な示唆を与えてくれる調査研究がある。モバイルコミュニケーション研究会が2001年・2011年に全国の13歳から69歳までの男女を対象に行った調査データ（松田・土橋・辻編 2014）と，これを用いた浅野智彦の分析である（浅野2014，2015：226-38）。

　浅野は，2011年の調査データから「自己確信因子」「多元性因子」「視線敏感因子」という３つの因子を抽出して分析した結果，「今日の日本社会には，自分自身を振り返ったときに多元性が拡散であると実感される人々（中高年）と多元的ではあるがそれが必ずしも拡散的だとは感じられない人々（若年層）とが並列している」（浅野 2015：230）ことが明らかになったと述べている。ここで見出された「統合されているとはいえないが，『アイデンティティ拡散』であるわけではないような『多元性』」（ibid.：229）は，平野のいう分人主義的な人々の存在を示していると考えることができるだろう。

　また，浅野は，「本当の自分というものは一つとは限らない」「場面によって出てくる自分というものは違う」「私には本当の自分と偽の自分とがある」「いくつかの自分を意識して使い分けている」という，「多元性因子」に関わり深い４項目への答えを得点化し，これを「自己の多元性の度合い」を示す値として分析した。その結果，2001年と2011年のどちらの時点でもおおむね若いほど多元性が高いという関係があること，10年の間に若者のみならず多くの年齢層において多元性得点が上昇していたこと，多くの世代において加齢は多元性得

点を減少させていたことなど，5つの特徴を明らかにしている。

　このように，「自己の多元化」と一口にいっても，調査データをもとに「年齢」「世代」「時代」の効果を区別して分析すれば，多元化が現実にどのように進行しているのか／いないのかを実態に即して把握することができる。ここでは簡略にしか紹介できなかったが，社会学が社会的現実を理解するために調査と理論を「車の両輪」としていることがうかがえると思う。詳しくはぜひ直接浅野らの研究にあたってほしい。

6　形のある〈私〉と形のない〈私〉

　本章では，クーリーの鏡に映った自己，精神分析による自己変容，物語論的自己論，ミードの「I」と「me」，役割取得と自己形成，自己の多元化，分人主義など，さまざまな考え方に言及しながら，自己について考察してきた。では，これらの知見を踏まえると，「自分らしく生きる」というテーマについてなにがいえるのか。最後に考えてみよう。

　私たちは，自己イメージやアイデンティティが自己物語によって構築されること，役割取得を通じて形成されること，社会的相互作用のなかで要素的自己や分人が立ち現れることをみてきた。自己イメージ，アイデンティティ，自己物語，役割，要素的自己，分人を「形」という言葉で呼ぶならば，〈私〉とはさまざまな「形」を通じて表現されるものだということができる。ただし衣服が自己表現であると同時に裸身の隠蔽や保護でもあるように，〈私〉は「形」によって自らを表現すると同時に自らを隠して護ることもできる。

　〈私〉がさまざまな「形」をとるということは，しかし，〈私〉には本来的な「形」がないということでもある。根源的な自己意識としての「I」は，つねに生成変化し，流れるものであった。〈私〉には確固とした「形」がない。だから，私たちは集団に所属したり，役割を演じたり，自己を語ることで「形」を形成し，他者との相互作用を通じて「形」を確認しないと不安になるのだろう。また国籍，民族，性別といった社会的属性や身体的特徴など，特定の「形」をとらえて自己や他者を理解したつもりになるのだろう。

　だが，確固とした「形」がないということは，〈私〉が変化しうる存在，開

かれた存在であることを含意している。自己を別の視点で解釈したり，新しい役割を取得したり，他者と深く関わったり，根源の意識の流れに触れることで，アイデンティティの「形」は変容する。死刑囚を赦した女性のように，社会的に構築された「形」の向こうで他者と響き合うこともできる。自然，音楽，芸術と自己が溶け合う感動を体験することもできる。

　「形」のある〈私〉と「形」のない〈私〉——おそらくこの二重性を生きるのが〈私〉という存在なのだろう。だとすれば，社会の中で「形」のある〈私〉を生きるときに感じる「自分らしさ」と，社会を超えて「形」のない〈私〉を生きるときに感じる「自分らしさ」があるということになる。ふたつの「自分らしさ」のベクトルはときに矛盾し対立する。けれども，ふたつの力を活かしてバランスを取る〈自己編成の技芸（アート）〉を磨くならば，私たちの生はより豊かなものになるだろう。

 読書案内

奥村隆，2013,『反コミュニケーション』弘文堂。
　　著者が時空を超えて旅し，ルソーやゴフマンなど，偉大な思想家や社会学者と出会って，コミュニケーションについて語り合う物語形式の作品。楽しく読めるが，気づけば理論や思想の最も深い部分に触れている。

浅野智彦，2015,『「若者」とは誰か——アイデンティティの30年［増補新版］』河出書房新社。
　　本章でも参照したが，若者のアイデンティティや自己の多元化について理論と調査の両面からアプローチした良書。関連する学説も的確にまとめられているので，勉強になる。世界の見通しがよくなる一冊だ。

Simmel, Georg, 1917, *Grundfragen der Soziologie : Individuum und Gesellschaft*, Dunker & Humblot.（＝1979, 清水幾多郎訳『社会学の根本問題——個人と社会』岩波文庫。）
　　相互作用から個人と社会をとらえる思考の源流は G. ジンメルにある。薄いのに何度読んでも学びの尽きない本。「形」のない〈私〉と「形」のある〈私〉という本章 6 節の記述は，社交を「生命」と「形式」の関係から分析したこの本の第 3 章を参考にしている。

文献

浅野智彦，2001，『自己への物語論的接近——家族療法から社会学へ』勁草書房。

浅野智彦，2014，「SNS は『私』を変えるか」松田美佐・土橋臣吾・辻泉編『ケータイの2000年代——成熟するモバイル社会』東京大学出版会：117-148。

浅野智彦，2015，『「若者」とは誰か——アイデンティティの30年 [増補新版]』河出書房新社。

Bauman, Zygmunt, 2004, *Identity,* Polity Press.（＝2007，伊藤茂訳『アイデンティティ』日本経済評論社。）

Cooley, Charles, 1902, *Human Nature and the Social Order,* C. Scribener's sons.

Erickson, Erik H., 1968, *Identity,* Norton（＝2017，中島由恵訳『アイデンティティ——青年と危機』新曜社。）

Erickson, Erik H., 1974, *Dimensions of a New Identity,* W. W. Norton & Company（＝1979，五十嵐武士訳『歴史のなかのアイデンティティ——ジェファソンと現代』みすず書房。）

船津衛，1989，『ミード自我論の研究』恒星社厚生閣。

Giddens, Anthony, 1991, *Modernity and Self-Identity,* Polity Press.（＝2005，秋吉美都・安藤太郎・筒井淳也訳『モダニティと自己アイデンティティ——後期近代における自己と社会』ハーベスト社。）

平野啓一郎，2012，『私とは何か——「個人」から「分人」へ』講談社。

井上俊，2000，『スポーツと芸術の社会学』世界思想社。

James, William, 1892, *Psychology : Briefer Course,* Henry Holt and Company.（＝1993，今田寛訳『心理学』（上），岩波書店。）

James, William, 1909, *A Pluralistic Universe,* Longmans, Green, and Co.（＝2014，吉田夏彦訳『W. ジェイムズ著作集 6　多元的宇宙』日本教文社。）

片桐雅隆，2000，『自己と「語り」の社会学——構築主義的展開』世界思想社。

松田美佐・土橋臣吾・辻泉編，2014，『ケータイの2000年代』東京大学出版会。

Mead, George Herbert, 1934, *Mind, Self and Society,* University of Chicago Press.（＝1995，河村望訳『デューイ＝ミード著作集 6　精神・自我・社会』人間の科学社。）

作田啓一，1993，『生成の社会学をめざして——価値観と性格』有斐閣。

作田啓一，1995，『三次元の人間——生成の思想を語る』行路社。

作田啓一，2007，「純粋な赦しを巡って」『Becoming』第20号，BC 出版。

土屋　葉

1　「フツーの家族」とは

　みなさんのまわりの人の顔を思い浮かべてほしい。大学での友人，アルバイト先の人，近所の人など。その人たちはどのように暮らし，誰と「親密な関係」をつくっているだろうか。

　大学生のAさんは，父，母，弟と共に暮らしている。自分たちを「フツーの家族」だと思っており，「親密な関係」という言葉はやや気恥ずかしいが「フツーに仲がいい」と感じてもいる。しかし周りを見渡すと，さまざまな暮らし，親密性のあり方があるようだ。たとえばAさんがアルバイト先でよく話をするパートのBさんは，シングルマザーらしい。離婚して子どもをひとりで育てていると聞いたことがある。C店長も離婚経験者だが，今度再婚することになり，店のみんなでささやかなお祝い会をした。相手は子どもがいる人だという。お隣は，おそらく70代の夫婦と40代の息子Dさんが住む。そういえば最近，サークル仲間の3人でアパートを借りてシェアをはじめた友人EさんがいることをAさんは思い出す。そう，「親密な関係」はいわゆる「家族」のあいだに限定されるものではない。

　どうだろう。少し思いをめぐらせただけで，現在の「親密な関係」がAさんのいうような「フツーの家族」，つまり「父親と母親のあいだに子どもがひとりかふたりいる家族」のかたちのみではないことは，容易に想像できるのではないか。これらからは「家族」の姿は以前よりも多様なものになっていると

37

いえそうだ。

　しかし，ほんとうに「家族」は「多様化」しているのだろうか。本章では，さまざまなデータや先行研究の知見を用いながら，この問いに答えていきたい。

　ただし，そもそも「家族とはなにか」，という問いに答えることの難しさはよく指摘されている。ここではとりあえず，現代日本社会における「家族」を，結婚を中心として成り立つものとし，結婚をめぐる「多様化」に焦点を当ててみたい。Ａさんの周囲にいるような，離婚や再婚を経験する人，また婚姻関係に入らない人，あるいは結婚ではないかたちで他者と「親密な関係」をつくる人たちのことも含め，考えていく。結婚をめぐる多様化について考えることにより，やや遠回りするようだが「家族」について，あらためて考えていくこととしたい。

　なお，「親密な関係」という言葉には，「家族」のように血縁関係や法的関係に限定されず，個人が「選択」する新たな関係といった意味合いが込められているように思われる。しかしすべての人が「自立」した個人として，関係性を選択できるわけではない（上野 2009：7）。ここでは文脈に応じて「親密な関係」という言葉を用いるが，この言葉でカバーできない領域が残っていることには注意が必要である。

2　結婚の内側で

結婚・離婚・再婚をめぐる変化

　「家族は多様化しているのか」という問いに，まずは結婚の歴史的変化をいくつかのデータから，つづいて結婚を離れた場所での人々の営みを例に挙げながら，答えていく。ただしここでの「結婚」は便宜上，男性１名と女性１名による法律的な結婚（婚姻）に限定する。

①結婚する人は減っているのか

　資料の残る1883（明治16）年からの婚姻率の変化をみてみよう。図３-１の右半分，第２次世界大戦後の状況をみてみると，終戦直後に婚姻率は急上昇している。以後しばらく横ばいであるが，団塊世代が成人を迎えると再び上昇し，

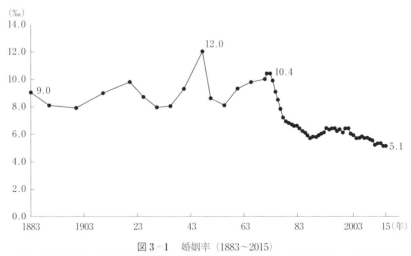

図3-1　婚姻率（1883〜2015）

出所：国立社会保障・人口問題研究所　人口統計資料集（2017年版）「初婚・再婚別婚姻数および婚姻率：1883〜2015年」より筆者作成。

1970年代初頭にピークを迎える。その後は急激に減少し，1990年代半ばあたりで団塊ジュニア世代の結婚によって上昇しているようにもみえるが顕著な数値としては現れず，じわじわと下降している。

　図の左半分に目を移してみると，1883年から1940（昭和15）年までは現在よりも高い水準でほぼ横ばいが続いており，おおむね第2次世界大戦が終わるまではこの傾向で推移していることがわかる。

②離婚・再婚するカップルは増えているのか

　同じように，図3-2で戦後の離婚率をみてみよう。離婚率は戦後から高度経済成長期まで一貫して低かったが，1970年代初めから上昇，1990年代に入ると急上昇し，2002年に戦後最高水準に達する。その後はやや低下傾向にあるが，高い離婚率が続いている。

　しかし図の左半分に目を向けると，異なる様相がみえてくる。1883年の離婚率は戦後のどの時点よりも高い。その後，大正・昭和初期にわたって離婚率は低下する傾向にあり，第2次世界大戦後，1960年代までは低いままであることがわかる。

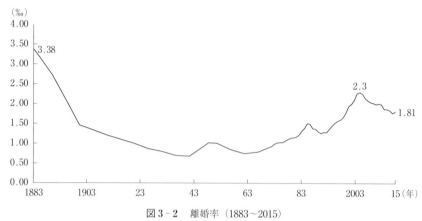

図 3 - 2　離婚率（1883～2015）

出所：国立社会保障・人口問題研究所　人口統計資料集（2017年版）「種類別離婚数および離婚率：1883～2015年」
より筆者作成。

　再婚率については，1930（昭和 5）年からのデータが存在するなかで1930年
がもっとも高い数値を示している（図 3 - 3）。

　戦後，再婚率は1960年ころまで低下傾向にあったが，その後は妻の再婚率が
上昇傾向に，夫も1990年代からは上昇傾向に転じ，現在は戦後直後の数値まで
戻している。1960～70年ころが再婚率が比較的低い時期であったといってよい。

生存戦略としての「結婚」

　高度経済成長期の終わりころから，婚姻率については低下傾向，離婚率と再
婚率にかんしては上昇傾向にあることを確認した。結婚する人が減少し，結婚
したとしても離婚・再婚する人が増えているという状況から，ひとまず結婚を
めぐる状況は多様化しているといえるだろう。

　ただし離婚率，再婚率とも，少なくとも明治期から戦前には，現在よりも高
い数値を示す時期があり，結婚した人が離婚したり再婚したりすることがめず
らしくない社会であったことが推測される。現在は，結婚の「再多様化」が起
こっているといえるのかもしれない。

　データにはないが，少しさかのぼって徳川期にかんする研究を詳しくみてみ
よう。徳川期から昭和戦前期まで，女性にかんする限りほぼすべての人がいず
れは結婚した，つまりほぼ皆婚社会であったという指摘がある。ただし初婚年

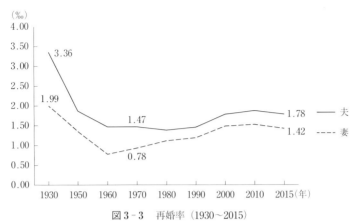

図 3 - 3　再婚率（1930〜2015）

出所：国立社会保障・人口問題研究所　人口統計資料集（2017年版）「性，年齢（５歳階級）
別再婚率：1930〜2015年」より筆者作成。

齢については顕著な地域差があり，また，家族形成機会に恵まれなかった次三男など生涯未婚でいる人が一定程度いたことも示唆されている（斎藤 2012：209）。

　かつては結婚する人が多く，しかし結婚しても離婚と再婚を繰り返したのはなぜなのか。ひとつには，結婚に対する考え方そのものが，現在と大きく異なっていたことが挙げられる。黒須里美によれば，とくに徳川期は，慢性の疾病や飢饉時の流行病，妊娠時の危険性など，生存することの不確定要素が多い時代であった。生活水準の低い農村では，結婚は家の継承を確実にするのみならず，安定的かつ安価な労働力を結婚先の世帯にもたらすために行われていた。ほとんどの人が結婚を経験した地域では，初婚が短期で終了した割合が高く，その割合は死別より離別の方が多かった。再婚率も高く，初婚が終了してから短期間で多くの人が再婚した。この時期は離婚や再婚に寛容な社会で，こうした寛容さは皆婚社会を維持するために，むしろ必要不可欠であった。つまり，「結婚・再婚は家族のサバイバルのためにも必要不可欠な手段だったのである」（黒須 2012：75-6）。

　また，前工業化期の日本では結婚の概念はきわめてあいまいなものだった（黒須ほか 2012：31）。1898年の明治民法が施行されるまで，公式な結婚と慣習上の婚姻は識別されず（フース 2012：185），また「離婚の手続きがきわめてル

ーズ」（湯澤 2005：64）だったのだという。東北のある地域においては，同居の初期は試験的結婚期間であるとみなされていたという指摘がある（黒須ほか2012：71）。これは，婚姻の持続性を確かなものとし「家内和合」が確立されるために重要だった。したがってこの期間に「別れた」ものが「離婚」としてカウントされ，数値上の離婚率が高くあらわれたことが推測される。ただし，1880年代に入ってからの離婚の頻度は，圧倒的に地方で顕著な現象であった（フース 2012：188）。

明治民法の制定から戦後の民法改正まで

　明治時代に入っても，結婚は「生活手段の一つ」という意味合いが強かった（湯澤 2005：35）が，明治初期まで離婚率が高い数値を示している理由として，湯澤は，庶民に「永続的結婚観」がなかったことを挙げている。「庶民の意識の根底に，結婚は生涯続けなければならないもの，との認識が乏しかった」のだという（湯澤 2005：64）。

　この結婚観が大きく変化した背景には，1898（明治31）年の明治民法の制定がある。これにより家制度が制度化され，結婚は「届出」によって成立するものとみなされるようになった。また，戸籍の異動にかかわるすべてにおいて——すなわち結婚も離婚も——戸主（男性家長）の同意が必要となり，その統制下におかれることになった。結婚にかかわる事柄は「家」の問題となったのである。この家制度の考え方が人々に浸透するにともない，「慣習上の婚姻」が減少し，「正式な（届出による）婚姻」のみが「結婚」としてカウントされていったことが推測される。また他方で結婚の自由度や流動性が低くなっていく。こうしたなかで，離婚率は1890年代後半に急激に低下，再婚率についても，明治の終わりから大正期まで下降が続いたことが推測される。

　さて，第2次世界大戦後に制定された憲法とそれを基礎として行われた民法改正は，人々に別様の大きな変化をもたらすことになった。家族規定（24条）は，「封建的な家族制度を，民主的な新しい家族制度に変革すべき法的基準を示す」ものであるとされた（辻村 2015：82）。そして改正された民法（親族・相続編）では，「両性の合意」のみを要件とする婚姻の自由が認められ，さらにその消極面としての非婚・離婚の自由を個人に保障するものとなった。

　ここで戸主の統制下におかれていた結婚が，個人の選択の自由に開かれたものになったことの意味は大きいだろう。これに加えて，男女が恋愛によって互いを選び，愛情深い関係として夫婦になること，そして生涯添い遂げることを理想とする「ロマンティック・ラブ・イデオロギー」，およびこれにもとづく近代的恋愛が普及したことは，日本における結婚に大きな変化をもたらした。ロマンティック・ラブ・イデオロギーは，18〜19世紀にヨーロッパのブルジョワジーの興隆によって成立した（Stone 1979=1991, Shorter 1975=1987）が，日本で普及するのは1960年代の高度経済成長期以降である。具体的には，1960年代半ばに恋愛結婚が見合い結婚を上回った（山田 1994：132）。このことは，一時的であれ，婚姻率の上昇と離婚・再婚の抑制にも結びついたと考えられる。

　落合恵美子は，第 2 次世界大戦後，日本には「家族の戦後体制」が成立したと述べる。その特徴として，「女性の主婦化」，「再生産平等主義」，「人口学的移行期世代が担い手」であることを挙げている（落合 2004：101）。本章の議論で重要なのは「再生産平等主義」，すなわち多くの人が適齢期に結婚し，2 〜 3 人の子どもがいる家族をつくったことである。

　恋愛にもとづく結婚をして子どもをもつ，さらにこれを生涯にわたり維持することを理想とするイデオロギーのもと，多くの人が適齢といわれる年齢で結婚し，およそ同じ数の子どもをもち，離婚も再婚も非常に少ないという画一的な家族のかたちが，一時的にではあるが一般に普及したことがわかる。

　ところが，1980年代からは離婚件数が増加していく。とくに1990年代の急増について，景気の変動や人口学的要因などが理由として挙げられることがあるが（湯沢 2014：49, 113, 大和2015：99），離婚に対する人びとの寛容度が上がり，婚姻の自由の保障が意識として浸透したことも大きな要因であると思われる。このことは未婚率の上昇にも影響を与えているだろう。

「再」多様化する家族

　明治民法が制定され，慣習としての婚姻（お試し婚）が，家制度下での制度としての婚姻にとって代わるなかで，離婚率と再婚率は下降の一途をたどっていたことをみた。また戦後は，民法改正と近代的恋愛の普及を背景として，家族の画一化がすすんだことを確認した。筒井淳也によれば，高度経済成長期は

婚姻率と出生率が高く（離婚率は低く），性別分業家族が安定して存在していた短い時期であり，これは日本以外の国でも同じであった。しかし「各国の経済成長期のように，ほぼすべての人たちが結婚・出産することができた時代こそが，特殊な条件がそろった稀なケースである」可能性があるという（筒井2016：145）。

　結婚の永続性が強調され皆婚社会が実現した高度経済成長期の一時代を経て，近年では，ふたたび結婚の自由度が高まりつつある。「特殊な条件」下において「夫婦＋子ども」という画一的な家族形態が多数を占めていた時代から，結婚後に離婚する／しない，その後再婚する／しない自由に開かれる時代に，再度突入したのである。未婚者の割合の増加については，制度に参入しない人々をかかえる新たな時代の出現とみることもできるだろう。

　あらためて，「家族とはなにか」という問いに答えてみよう。結婚が家族を形成するひとつの重要な要素であるとすれば，かつて結婚とは，異性愛を前提とし，習慣にもとづいて個人の生存と世帯の存続のために行われるものであった。しかしその流動性は高く，人々は，結婚と離婚を繰り返しながら複数の「家族」を経験した。現在は（やはり異性愛を前提とするが），家族を形成する結婚は法律に基礎づけられ，個人の幸福追求のために行われるものに変化した。パートナーを固定し結婚を「永続」的なものとする非常に短い期間を経て，ふたたび結婚の流動性が高まっている。

　冒頭に登場したＡさんであるが，正直なところ，シングルマザーのＢさんやＣ店長のように離婚や再婚を繰り返すことや，Ｄさんのようにずっと結婚しないでいることを，それはそれぞれの自由だけど，自分は「フツー」に結婚して「フツーの家族」をつくりたいなぁと，やや冷ややかに見ていたところがあった。しかし，ＢさんもＣ店長も，最初から離婚するつもりだったわけではなく，結婚，そして離婚や再婚を決断したときにも，おそらくそれが自分たちにとって最良の，幸福をもたらす選択であると信じていたのだろう。そうした選択は，この時代ではむしろ当然のことのようにも思えてきた。

　Ａさんだって，いまおつきあいしている相手と仮に結婚したとしても，20年後も30年後も一緒にいることを想像するのはなかなか難しいと思う。結婚が生存の手段という時代ではないが，たとえば自分が病気になったり事故にあっ

たりしたときでも，相手がずっとそばにいてくれるかどうかはわからない。いや，そもそも結婚を恋愛の延長線上にあるものと考えたり，一生涯つづかせなければならないものと考えているから，こんなに不安になるのだろうか。必ずしも一番好きな相手との結婚でなくてもよい，うまくいかなかったらいったんチャラにしてやり直せると考える方が，柔軟でよいのかもしれない。Aさんはそんなふうに思い始めた。

3　結婚のはざま／外側で

結婚しない人は増えているか

　この節では結婚のはざまと，結婚の外側をめぐる状況について，法的な婚姻という制度にのらない同棲カップル，シェア，コレクティブハウジングなど，非血縁者と住まいを共にする人々の例を挙げながらみていきたい。その前に，婚姻のはざま（境界線上）に置かれていると考えられる，未婚者および同性カップルについても触れておくことにする。

　生涯未婚であるかどうかはその人が死をむかえるまではわからず，また確固たる意志をもって未婚である人は多くはないという点で，未婚者は婚姻のはざまに位置づけられる。

　「生涯未婚率」とは，「45〜49歳」と「50〜54歳」未婚率の平均値から，「50歳時」の未婚率（結婚したことがない人の割合）を算出した数値をいうが，2015年の数値は，男性23.37，女性14.06である（図3-4）。1920年時点では男性2.17，女性1.8であったが，1970年代から徐々に，1990年代以降になって急激に上がっている。このデータからは，未婚化が進んでいることが推測される。

同性カップルと結婚制度

　同性カップルについても言及しておこう。近年，同性婚を法的に認める国が相次ぐ一方で，同性婚に強固な反対の姿勢をみせる国もある。婚姻の「ウチ」と「ソト」のあいだで揺れ動いているという点で，同性カップルもやはり結婚のはざまに置かれているとみることができる。

　同性愛の歴史を簡単にたどってみよう。日本において同性愛は古代から存在

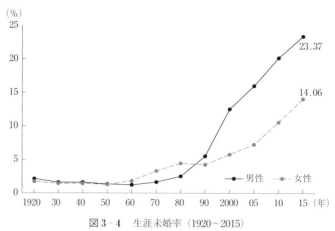

図 3-4　生涯未婚率（1920〜2015）

出所：国立社会保障・人口問題研究所　人口統計資料集（2016年版）「性別，50歳時の未婚割合（生涯未婚率），有配偶割合，死別割合および離別割合：1920〜2010年」より筆者作成。

したといわれ，江戸時代の春画にも少ないながら男性同士・女性同士の性行為を描いた作品がみられるという（鈴木 2011：23）。

　2000年代以降，欧米などで同性カップルの認知が進み，異性カップルと同様に生活を制度的に保障していこうとする動きが出てきた。これらは現代における婚姻の意義を問い直すきっかけとなっている（渡邉 2016：75）。2015年6月，アメリカ合衆国の連邦最高裁判所は同性婚を認容したが，この判決文で，婚姻の意義は歴史と共に変わるとし，同性のカップルにとっても婚姻は基本的権利であるとした。さらに，ゲイやレズビアンのカップルも養親や里親になるなどして，愛情があり支えとなる家庭を創ることが可能であると述べた（鈴木 2016：60）。同性カップルが子とともに生活する家族は，養子をむかえる，生殖医療によって子をもうけるなどによりすでに形成されている。実際に子どもをもった同性カップルの例は，レズビアンの子どもに対する考え方に影響を与えたという。その結果，「レズビアン＝子どもはもてない」という従来の見方に，変化の兆しがみられるという（釜野 2009：158）。

　一方，日本においては現在まで，同性カップルには法的な婚姻関係は開かれていない。戦後民法は，男性優位からの脱却をはかるため，婚姻（夫婦）における両性の平等を強調したが，このとき前提とされたのは異性間の婚姻であっ

た。ただし憲法24条では同性間の婚姻が認められないとは記されておらず，民法でも重婚禁止のような婚姻の要件の規定において，同性間の婚姻は認められないと明記されているわけではない。「日本の憲法学説でも（憲法制定過程では異性婚しか想定されなかっただけで，同性婚が否定されていたわけではないという）許容性が説かれるようになっている」という（辻村 2016：129，（　）は原文ママ）。

　また，自治体条例等で，同性カップルの生活を保障するという動きが出てきている。東京都渋谷区ではパートナーシップ証明書の発行，世田谷区ではパートナーシップ宣誓が開始され，三重県伊賀市，兵庫県宝塚市，沖縄県那覇市などにも広がっている（渡邉 2016：74）。

　このことは，婚姻の多様化という面からすれば，逆のベクトルを向いているとみることもできる。つまり，フランスやスウェーデンのように異性カップル・同性カップルのいずれをも対象とする婚姻制度，あるいは婚姻の代わりに選択できるパートナーシップ制度（フランスは PACS，スウェーデンはサムボ）が整備されていない日本では，「同性愛者も結婚に準ずるような制度のなかで生きていくべきだ」という考え方を助長するおそれもある。このことには注意が必要である。

同棲カップルは増えているか

　すでに述べたように，第2次世界大戦後に民法改正がなされ，「両性の合意」のみを要件とする婚姻の自由が規定されることになった。この民法は，旧来の家制度を破棄しつつ，しかしながら法律婚主義を守るため，法律上の婚姻にもとづく「正規」の家族を保護し，戸籍筆頭者としての夫とその「正妻」そして嫡出子によって維持される家族をモデルとしていた（辻村 2016：88）。一方で，消極面として，婚姻をしない自由・離婚をする自由も個人に保障されることになった（辻村 2016：121-2）。

　法律的な婚姻を結ばずに同居するカップルはどの程度いるのか，みてみよう。図3-5は婚姻形態から「結婚も同棲もしていない」，「わからない」を除き，既婚（現在，有配偶），同棲，離死別の割合を示したものである。フランス，スウェーデンは日本と比べると，同棲している人の割合が高い（図3-5）。

　第15回出生動向基本調査（2015）によると，日本における未婚者（18～34歳）

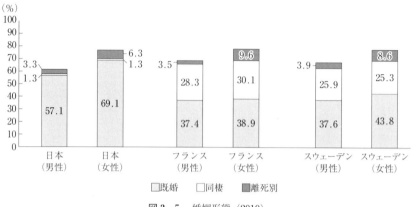

図3-5　婚姻形態（2010）

出所：松田（2010：84）より筆者作成。

の同棲経験割合はこの20年で増加傾向にあるが、それでも男性5.6％、女性7.0％と、多くはない。ただし、年齢が高くなるにつれ同棲経験割合は上がる傾向にある。

　婚姻という枠の外で、カップルとして共に住むという形態は日本ではいまだ一般的とはいえないようだ。この背景としてまず、フランス、スウェーデンと日本における結婚制度の違いが挙げられる。フランスには、結婚（法律婚）のほかに、先に言及したPACS（連帯市民協約）という制度が、スウェーデンにはサムボという制度があり、この制度を利用しているカップルが同棲のなかに含まれている。いずれも結婚に準じる法的保護を受けるが、関係の成立および解消の手続きは結婚よりも簡略化されている。またこれらの制度では婚姻外の子の相続権についても婚姻内の子と同等とされている（松田 2010：86、辻村2016：24）。

　上記にも関連する背景のふたつめとして、法律的に結婚していないカップルに子どもが生まれた場合、その婚姻外の子が婚姻内の子と比較して、制度的差別を受けることがある。最高裁判所の判決を受け、2013年に婚外子の相続分差別規定（民法900条4号）は削除されたものの、出生届に「嫡出子」または「嫡出でない子」の別を記載しなければならない（戸籍法49条）、「嫡出でない子」、すなわち婚外子の出生届は母がこれをしなければならない（戸籍法52条）など

of規定が残っている。

　したがって，日本では，婚姻していないカップルの妊娠が判明すると，出産までのあいだに婚姻届を提出する「できちゃった結婚」（さずかり婚）がめずらしくない。子どもは婚姻関係にある男女から生まれるべきであるとの強い規範は，結婚しないで子を産む「未婚の母」に対する厳しいまなざしと表裏の関係にある。

「他人」と住まう

　次に，数としてはさらに少数派であろうが，「他人」と住まうことについてみていこう。久保田裕之は「シェア」を「血縁・性愛関係にない他人と居住生活の共同を行うこと」と定義している。日本では1980年代後半から，他人と住まう居住形態が注目されてきているが，統計的にどのくらいの人が家族ではなく「他人」とシェアして暮らしているのかを明らかにすることは難しい（久保田 2009：104-9）。

　インターネット上では，シェアの募集・応募を媒介する掲示板や，シェア物件を積極的に紹介する不動産仲介業者も増えてきている。こうした ICT の活用は，シェアのニーズを掘り起こしていると同時に，高まるニーズを反映しているという（久保田 2009：107）。シェアには経済的なメリットがあり，人数が多ければ多いほど家賃支出のみならずあらゆる固定費用（電気，水道，ガスなど）が安くなる。雇用の不安定化を背景として，シェアの魅力を認める人も，若年層には少なくはないだろう。

　他方で，他人と住まうという点では同じだが，形態を異にする「コレクティブハウジング」という試みもある。個人や家族の自由でプライバシーのある生活を基本に，複数の世帯が日常生活の一部を共同化して生活の合理化をはかり，住コミュニティを居住者自身がつくり育てていく住まい方である（小谷部 2004：11）。

　2003年に日本初の本格的な多世代型コレクティブハウスとしてつくられた「かんかん森」（東京都荒川区）には，単身世帯から子育て世帯まで，さまざまな世帯が入居している。共用のキッチン・リビング・ランドリーと，共用廊下には「キッズスペース」も設けられている。ここで暮らす子どもに対し，住人

が身近な大人として自然にかかわる関係が出来ているようだ。

　このように，「血縁にこだわらない広く豊かな人間関係」によって暮らすあり方は，日本の歴史を鑑みると目新しいものではない。近世社会においては，家族そのものも養子や奉公人などしばしば非血縁者を含みこむことで成り立っていた（太田 1994：54）。また同様に，親のみが子どもの世話・ケアをするのではなく，周囲にいる大人が少しずつかかわり，子どもを育てていくというあり方も，かつてから存在した。近世は，共同体のなかにあって血縁以外の「オヤコ」関係が豊かにみられたという（田澤 1999）。実の親子関係にないものが親子関係に類する社会的関係を結ぶ「親子なり」の習慣や，取り上げ親，名親（名付け親），拾い親，烏帽子親，仲人親，職親等の仮親はよく知られている（柳田 1937）。多世代型コレクティブハウスにおける，血縁関係にこだわらない関係のなかで子育てをゆるやかに共同していくという試みは，歴史的にみると，子育てを親のみで担うのではないかたちが，再度現れてきているとみることもできる。

家族を超える「家族」の模索

　本節では，未婚者の増加を確認した。また法的な結婚をせず共に暮らす人々（同棲カップル）は，ヨーロッパ圏では増えているが，日本においてはそれほど多くはなく，カップルは婚姻という関係に留まっていることをみた。

　また，少数派ではあるが，シェアやコレクティブハウジングというかたちで非血縁関係の他者と暮らす人々のことをみた。血縁関係にこだわらず，広く豊かな人間関係のなかで暮らしていこうとする試みは，他人との共同的な住まいのあり方の可能性を示している。

　Ａさんは，これまでに一度も恋人との同棲を考えたことはない。それはやはり（まだ学生である，という立場はもちろんだが），「一緒に暮らすのは結婚生活がスタートしてから」というかたちをどこかで理想としているところがあるからだろう。筒井がいうように「現在でもロマンティック・ラブの価値観は根強いのかもしれない」のである（筒井 2016：224）。一方で，シェアを始めた友人Ｅさんは，ときおりＡさんにその生活について話してくれる。親と暮らしていたときは甘えてばかりだったが，いまはシェアメイトと家事を分担するよう

になった。わずらわしいこともあるけれど，つかずはなれずの関係を保ちながら人と暮らす楽しさや安心感を味わっているのだという。恋人と別れたら（そして親が亡くなったら），一生ひとりで暮らすしかないのだろうか，と漠然と不安を感じていたＡさんだったが，一緒に暮らす相手は友人でも，あるいはまったくの他人でもあり得ることを知り，目から鱗が落ちたような気もちになった。

4　家族は多様化しているのか，という問いへのひとまずの答え

　本章では「家族は多様化しているのか？」という問いのもと，家族について考えてきた。みえてきたのは，私たちがイメージしがちな「夫婦＋子ども」という核家族が，じつは戦後のごく短い時期に一般化した家族のかたちにすぎないことである。離婚・再婚の増加や，他人と暮らしたり他人の子どもにかかわる暮らし方は，歴史をたどってみれば目新しいものでなかったのである。

　多様化しているのかという問いについては，3つの点で「していない」という答えが導かれるだろう。

　第一に，かつては婚姻が流動的なものであったり，子育てに多くの大人がかかわっていたことをみた。ほぼすべての人が結婚して子どもをもち核家族で生活するといった画一的な形態は，ごく短い「安定」の時期を経て，現在は多様化というよりは，「再多様化」していることがみえてきたのである。落合がいうように，「注目に値するのは，現在や19世紀の結婚の壊れやすさではなく，むしろその間に挟まれた時代の婚姻の安定ぶりのほう」（落合 2004：239）だったのだ。ただしふたたび家族の「画一化」につながる動きもある。同性カップルに対する法的（あるいは法に準ずる規則）保護である。私たちの社会がときにこうした動きに好意的であるのは，やはり一対のカップルに基礎づけられた小家族に対するポジティブなまなざしがあるからかもしれない。

　第二に，婚姻外の関係の萌芽はみられつつあるが，日本ではいまだ一般的ではない。非法律婚（事実婚）を実践する人は決して多くはなく，シェア，コレクティブハウジングといった暮らし方をする人も日本ではまだ少数派だろう。したがって北欧のような国と比較すると，日本の家族は多様化しているとはい

えない。

　第三に，より重要なことであるが，この国の制度は家族の多様性を認めていない。それはこれまでの社会が「サラリーマンの夫と専業主婦の妻，2，3人の子どもたちからなる近代家族，行政用語でいえば『標準家族』に属しているはずだという前提のうえに，雇用システムも税制も年金制度も日常生活もすべて組み立てられていた」（落合 2004：243）からである。この社会では，同性カップル・同棲カップルや非親族との同居という形態で暮らす人々には，婚姻内カップル（＋子ども）と同様の生活は保障されてはいないことに，注意を払う必要があるだろう。

　ひとまず「家族は多様化していない」と結論づけた。しかし（まぜ返すようであるが）「再多様化」はしているのである。とりわけ結婚の再多様化などにより，社会が「フツーの家族」のみで成り立つものではなくなったことは，すでに述べた通りである。しかし，制度は「フツーの家族」以外を許容しない前提で組み立てられており，またＡさんのように「フツーの家族」があたりまえでありそれをよしと考える人も少なくない。現代社会では，「フツーの家族」規範（およびこれを前提とする制度）と，実態としての多様な家族のあいだに，乖離が生じているといえるだろう。

　それでは，この乖離を埋めるべく，法制度を変える方向へ向かうべきなのか。そのように主張する論者もいる。たとえば辻村みよ子は，多様な個人の自由や幸福追求権を前提とする非婚，シングルマザー，同性カップルからなる家族の法的な保護，人権への配慮がなされるべきであると述べる（辻村 2016：353-6）。

　どのような方向に向かうべきかの議論はひとまずおくとしても，筆者は（再）多様化は基本的によい方向であると考える。ひとつの画一的な生き方しか選べない，選択の余地すらない社会は窮屈だからである。個人の選択や，ライフスタイルが尊重される社会になることは基本的には望ましく，これは核家族の限界をみても当然，考えられる方向であるのかもしれない。

　自分たちの家族を「フツー」だと思い，自分も「フツー」に結婚したいと漠然と考えていたＡさん。さて，みなさんはどうだろうか。自分は「フツーの家族」で育たなかった，と複雑な思いを抱いている人もいるだろうし，「フツー」に結婚しない人生もいいんじゃない，と思っている人もいるだろう。ある

いは，日々の暮らしのなかで「フツーの家族」を押しつけられるような息苦しさを感じる人もいるかもしれない。

　そうした人には（Aさんも含めて），「フツー」の内実について，漠然としたイメージではなく，ひとつずつ吟味していくことをおすすめしたい。あなたは，なぜ「フツー」に結婚したいのだろうか。愛する人と生活を共にしたいからだろうか，他者から祝福してほしいからだろうか。それではなぜ，同居や同棲という形態ではだめなのだろうか。誰かの特別な存在になりたいからだろうか。永続的な関係を結びたいからだろうか。ではなぜ「フツーの結婚」をすれば，それが担保されると思えるのだろうか――。

　やっかいなことに，「フツー」のなかには，私たちの「家族（なるもの）への希求」が含まれてもいる（土屋 2013）。「自分をかけがえのない存在として扱ってくれる相手を求め」る「アイデンティティ欲求」があるのだ（山田 2009：205-6）。このあたりの折り合いをどのようにつけていくのか。私たちは日々，それぞれの「家族」や「親密な関係」を生きるなかで，この問いと向き合っていくことになるだろう。

 読書案内

Ariès, Philippe, 1960, *L'Enfant et la Vie familiale sous l' Ancien Regime*, Éditions du Seuil.（＝1980，杉山光信・杉山恵美子訳『〈子供〉の誕生――アンシャン・レジーム期の子供と家族生活』みすず書房。）

　　かつて子どもは〈小さな大人〉としてとらえられていた。本書は心性史に注目しつつ，現在の子どもに対する「無垢なもの」「教育すべきもの」といった観念をくつがえしていく。謎解きにも似た面白さを味わえる一冊。

筒井淳也，2015，『仕事と家族――日本はなぜ働きづらく，産みにくいのか』中公新書。

　　日本では男性稼ぎ手モデルはすでに崩壊しているが，そこから抜け出すことができず女性は働きづらく少子化が進行している。豊富なデータによる国際比較を通して現在進行形の問題に迫っている。

落合恵美子編著，2013，『親密圏と公共圏の再編成――アジア近代からの問い』京都大学学術出版会。

　　シンガポール，台湾，香港などのアジア諸国の家族のあり方について詳しく知ら

ないという人も多いのではないか。「家族」の姿を通じて，お隣でありながら大きく異なる社会のありようが描きだされる。

文献

フース，ハラルド，2012，「明治期の婚姻と離婚——異文化的視点でみた近代社会の遷移」，黒須里美編著『歴史人口学からみた結婚・離婚・再婚』麗澤大学出版会，171-203。

岩間暁子ほか，2015，『問いからはじめる家族社会学——多様化する家族の包摂に向けて』有斐閣。

釜野さおり，2009，「性愛の多様性と家族の多様性——レズビアン家族・芸家族」牟田和恵編『家族を超える社会学——新たな生の基盤を求めて』新曜社，148-171。

小谷部育子，2004，『コレクティブハウジングで暮らそう——成熟社会のライフスタイルと住まいの選択』丸善。

久保田裕之，2009，「若者の自立／自律と共同性の創造——シェアハウジング」牟田和恵編『家族を超える社会学——新たな生の基盤を求めて』新曜社，104-136。

黒須里美・津谷典子・浜野潔，2012，「徳川後半における初婚パターンの地域差」黒須里美編著『歴史人口学からみた結婚・離婚・再婚』麗澤大学出版会，24-56。

黒須里美，2012，「婿取り婚と嫁入り婚——東北農村における女子の結婚とライフコース」黒須里美編著『歴史人口学からみた結婚・離婚・再婚』麗澤大学出版会，57-79。

松田茂樹，2010，「第3部　調査結果の解説　第1章　結婚」内閣府『平成22年度少子化社会に関する国際意識調査報告書』（http://www8.cao.go.jp/shoushi/shou-shika/research/cyousa22/kokusai/pdf_zentai/s3_1.pdf）。

牟田和恵編，2009，『家族を超える社会学——新たな生の基盤を求めて』新曜社。

落合恵美子，2004，『21世紀家族へ——家族の戦後体制の見かた・超えかた』［3訂版］，有斐閣。

太田素子，1994，『江戸の親子——父親が子どもを育てた時代』中公新書。

斎藤修，2012，「日本型家族世帯形成システムにおける結婚と再婚」黒須里美編著『歴史人口学からみた結婚・離婚・再婚』麗澤大学出版会，204-223。

Shorter, Edward, 1975, *The Making of the Modern Family*。（＝1987，田中俊宏・岩橋誠一・見崎恵子・作道潤訳『近代家族の形成』昭和堂。）

Stone Lawrence, 1977, *The family, sex, and marriage in England 1500-1800*, Penguin（＝北本正章訳『家族・性・結婚の社会史——1500年～1800年のイギリス』勁草書房。）

鈴木堅弘，2011，「図像の数量分析からみる春画表現の多様性と特色——江戸春画に

は何が描かれてきたのか」『総研大文化科学研究』⑺：19-54。

鈴木伸智，2016，「アメリカ合衆国──法律上の婚姻の定義をめぐって」『法律時報』
　　88⑸：57-60。

田澤薫，1999，「明治近代以来の法制度・社会制度にみる 児童の養育責任論とその具
　　体化に関する分析」『厚生科学研究費補助金（子ども家庭総合研究事業）分担研
　　究報告書 1』。

土屋葉，2013，「関係を取り結ぶ自由と不自由について──ケアと家族をめぐる逡巡」
　　『支援』3：14-39。

辻村みよ子，2016，『憲法と家族』日本加除出版。

筒井淳也，2016，『結婚と家族のこれから──共働き社会の限界』光文社新書。

上野千鶴子，2009，「家族の境界──ケアの分配公正をめぐって」牟田和恵編『家族
　　を超える社会学──新たな生の基盤を求めて』新曜社，2-26。

渡邉泰彦，2016，「同性カップルによる婚姻から家族形成へ」『法律時報』88⑸：73-6。

山田昌弘，2009，「家族のオルタナティブは可能か？」牟田和恵編『家族を超える社
　　会学──新たな生の基盤を求めて』新曜社，202-207。

大和礼子，2015，「結婚」岩間暁子・大和礼子・田間泰子『問いからはじめる家族社
　　会学──多様化する家族の包摂に向けて』有斐閣，77-107。

柳田國男，1937，「親方子方」穂積重遠ほか編『家族制度全集』史論篇第 3 巻初秋，
　　河出書房。

湯沢雍彦，2005，『明治の結婚　明治の離婚──家庭内ジェンダーの原点』角川選書。

湯沢雍彦，2014，『データで読む平成期の家族問題──四世紀半で昭和とどう変わっ
　　たか』朝日新聞出版。

ジェンダーと
セクシュアリティ
——男社会の構造は変わりうるか

吉澤夏子

1 男／女であること
——性別二元制の世界——

性別という区別

　街ですれ違った見知らぬ人に道を尋ねられて立ち止まったとき，喫茶店のドアを開き「いらっしゃいませ」と声をかけられたとき，駅の改札でぶつかりそうになって思わず「すみません」と謝ったとき，私たちはそのとき向き合っている相手の性別をとくに気にしてはいない。しかしそれはどうでもいいことではない。むしろ相手がどんな人であれ，ある人とコミュニケーションをとっているとき，私たちはその人の性別を「知っている」，知っていなければコミュニケーションをとることが難しくなる，という意味で性別はきわめて重要な情報なのだ。

　ジェンダーとは，私たちが男性として，あるいは女性として，どのようにふるまえばこの社会のなかで軋轢やトラブルを起こすことなくうまくやっていくことができるかを教えるもの，つまり規範である。私たちは，日常生活においてつねにすでに，あらゆる人々を男性／女性として見，男性／女性として扱っている。コミュニケーションに入るまえに，コミュニケーションとともに，相手に対する性別の判断はすでになされてしまっている，ということだ。

　このことは，ジェンダーのもっとも基底的な層には性別という区別がある，ということを示している。ジェンダーは，身体的な特徴による生物学的な雌雄

の区別（＝セックス）に対して，歴史的・社会的・文化的に構成された性別（性差）を意味する。つまり，私たちが日常的に誰かを男／女だとみなすということ，身体的な在り方そのものではなく，身体的な在り方に男／女というレッテルを貼ってそれを性別（セックス）だとみなすことそれ自体が，そもそも「社会的なこと」なのだ。性別は，だからけっして「自然な」「変わりえない」ものではない。

　私たちは「性別二元制」の社会のなかに生きている。まず生まれてきたときに男か女かのどちらかの性別を刻印される。そして周りの人々によって日々男の子／女の子として見られ扱われることによって，自分を男の子／女の子だとみなすようになる。これを性自認という。さらに男らしさ／女らしさという言葉の意味を理解し，男の子／女の子として見られ扱われるように，自らのふるまいや言動を律する——つまり性別役割分業の規範を身につける——ようになる。このようにジェンダーは重層的に構成されて在る。そして私たちの日常生活をその一挙手一投足——何気ないしぐさや言葉遣い，ちょっとした立ち居ふるまいや声のトーン——にいたるまで，規定しているのである。

　性別二元制はジェンダーを貫き，セクシュアリティの在り方を異性愛の制度へと絡めとり，完結する。セクシュアリティ（＝性的指向）とは，「誰をどのように愛するか」という問題だ。そこには「誰と親密な関係になりたいか」をめぐって人々が感じ，考え，行うことのすべてが含まれている。性別二元制をとる社会では，男性／女性がそれぞれ反対の性（異性）に惹かれ性的欲望を抱くことが自然で，あたりまえで，正しいことだとされている。

変わりうるもの

　私たちはこのように，「男／女であること」がそれぞれ異なる意味をもつ社会に生まれ落ち，社会のなかで男や女になる。「人は女に生まれない，女になるのだ」（Beauvoir 1949=2001）という言葉は，ジェンダーやセクシュアリティというものが，生まれながらにして人の性的アイデンティティを規定する「本質的なもの」ではなく，社会的に「つくられるもの」であるという事実を，余すところなく伝える。

　ジェンダーとセクシュアリティが「つくられるもの」であるということは，

それが不変的／普遍的なものではなく「変わりうる」ものである，ということだ。ジェンダーのもっとも深層にある性別（＝性自認）とセクシュアリティ（＝性的指向）について，それが変わりうるものであることに気づくことはなかなか難しい。しかし，たとえばセクシュアル・マイノリティと呼ばれる人々の存在そのものが，変わりうることの証しとなっている，と考えることができる。

　セクシュアル・マイノリティ（のなかで代表的なもの）を表わす LGBT という言葉がいま定着しつつある。LGB はセクシュアリティ（性的指向），T はジェンダー（性別，性自認）に関わる言葉の頭文字であり，それぞれレズビアン（女性同性愛），ゲイ（男性同性愛），バイセクシュアル（両性愛），トランスジェンダーを表わしている。性別二元制の社会において生まれたときに刻印される性別（セックス）とは異なる性別（ジェンダー）を生きたいと欲する人々をトランスジェンダーと呼ぶ。そのなかで，自らの身体的な特徴に違和を感じそれとは異なる性的身体を手に入れたいと欲する人々をトランスセクシュアル，必ずしも身体の改変を望まない人々を狭義のトランスジェンダー，また外見上の「男／女らしさ」の規範に抵抗し異性装をする人々をクロスドレッサー（あるいはトランスヴェスタイト）という。セクシュアル・マイノリティは LGBT に尽きるわけではなく，たとえば男性でも女性でもない性自認をもつ X ジェンダー，男性にも女性にも誰に対しても性的欲望を抱くことのないアセクシュアルと呼ばれる人々の存在が知られている（米沢編 2003；森山 2017）。

　このように，現代社会ではさまざまな性的アイデンティティをもつ人々が，少数ではあるが確かな存在感を示すようになった。このことが，なによりも強固な性別二元制という規範の存在を示唆しているといえる。「普通とされている性」の在り方が社会において規範として存在しているからこそ，それを強いられたものとして苦痛に感じる人々の「生」が浮き彫りになる，ということだ。そしてマジョリティの側にいる人々にとっても，「普通の」ジェンダーやセクシュアリティの在り方を相対化する——つまりそれが絶対的で「変わりえない」ものではないということに気づく——きっかけになる。

他者とともに生きる

　「変わりうる」とは，「他でもありえた」ということである。社会学——ジェ

ンダーやセクシュアリティ——を学ぶことの意味は，私たちにとってあまりに自明なこの社会が「他でもありえた」ということを心底思い知ることができる，という点にある。言葉を換えていえば，それは世界観の反転を経験するということだ。そうした経験をすることは，つねにすでに「他者とともに在る」社会を生きる私たちにとって，必要でありかつきわめて大切なことである。なぜなら，それは他者へと「思いを馳せる」ことにつながるからだ。

　人は自分が男／女であるのか，性的な関係を結びたいと思うのは男／女なのか，があまりに自明であるとき，誰もがそうだ（自分と同じだ）とつい思ってしまう。そしてたとえば男／女友だちに「彼女／彼氏いるの？」と気軽に声をかけることがある。それがマジョリティの暴力であり，ときとして人を酷く傷つけてしまうことに思いいたらない。だがそれが決して「本質的なこと」「変わりえないこと」ではないと「知っている」なら，すなわち誰もが自分と同じではないということに思いいたることができれば，「好きな人いるの？」「誰かとつきあってる？」といった言葉が選ばれることになるかもしれない。

　しかしもう少し考えてみれば，このことは決してセクシュアル・マイノリティだけの問題ではないことに気づく。女の子なんだから愛想よくしなさい，男の子なんだからめそめそするんじゃない，と言われて子ども心に不満に思ったことはないだろうか。男だから，女だからといって，なにをすべきかなにをしてはいけないかがなんとなく決まっていることに，窮屈さや苛立ちを感じたことがある人は多いはずだ。そもそも親密な関係についてこうした問いを発すること自体，「つきあっている人がいるのがあたりまえ」「恋人がいることが幸せ」という一方的な価値観の押しつけにほかならない。性自認や性的指向がどうであれ，「それだけが幸せじゃないだろう」と思っている人にとっては不愉快で煩わしいコミュニケーションということになる。独身の人に「結婚しないの？」，結婚した人に「子どもはまだ？」と聞くのも同じことだ。「普通とされている性」を生きている多数の人々にとっても，傷つく言葉はいくらでもある。

　他者に「思いを馳せる」とは，他者の「心の自由な空間」を尊重し，そのまま認めるということだ（吉澤 2012）。男／女である（あるいはそのどちらでもない，そのどちらでもある）こと，誰に性的欲望を抱くのか，どのような性＝生を生きたいのか——それはまず一人ひとりが心に自由に思い描くきわめて「個人的な

こと」だ。この社会は，一人ひとり異なる思いや考えをもって生きているさまざまな人々から成り立っている。そしてその一人ひとりが，心に思い描いた性＝生を生きたいように生きることができるような社会が（もちろん他者が生きたいように生きる自由を侵害しない限りで），すなわち「平等」な社会ということになる。

　他者とともに生きるしかない私たちにとって，世界が「他でもありえた」と感得することは，他者へと「思いを馳せる」ために，そしてなによりも自分の性＝生を辛く息苦しいものにしないために不可欠だ。しかしこの社会であたりまえだ，普通だ，自然だ，正しいとされているジェンダーやセクシュアリティの在り方が，「他でもありえた」と感得することは，じつは思いのほか難しい。

　本章では，私たちの社会が自明の前提としている性別二元制に焦点を絞り，性のアイデンティティにとってさしあたって根源的で変わりえないものとして立ち現われているジェンダーやセクシュアリティの在り方が，「他でもありえた」「変わりうる」ものであることを感得する一助として長編漫画『大奥』（よしながふみ 2005～）をとりあげ，「男女逆転」の世界の創出という思考実験の意味を読み解いていく。

2 『大奥』における「男女逆転」

『大奥』という物語

　「男女逆転」と銘打った物語（あるいは男女だけではなく親子や友人などの関係性を入れ替えるという設定をもついわゆる「逆転もの」「入れ替わりもの」）は，これまでにもマンガや映画，テレビドラマなどで数多く描かれてきた。そのほとんどは，身体が入れ替わるという設定をもつ。つまり心（人格）はそのままで誰かと身体だけ入れ替わる。主観的なジェンダー（性自認）は変わらないが，身体が反対の性になっているために，さしあたって社会的に規定されたジェンダーを生きざるを得なくなる。そこから生じるさまざまな混乱や降りかかる困難が物語のプロットを構成する。

　私たちはこうした物語を享受することによって，「男／女であること」の意味にあらためて気づかされたり，その自明性の深さに驚かされたりする。その

意味で、「入れ替えてみる」というシミュレーションがジェンダーの相対化に有効なツールであることは間違いない。しかしこうした物語のなかで焦点化されているのは、あくまで親密な個人と個人の関係において身体が入れ替わるという居所的な出来事である。『大奥』はこうした逆転もの、入れ替わりものとは一線を画すまったく独自の設定をもつ。その大きな特徴は、社会構造全体の水準で男女の逆転が起きるという点、そして江戸時代という歴史上の一時期全体を視野に収めた壮大な物語が展開するという点にある。

　『大奥』における男女逆転とはどういうことか、まず物語の骨子に沿って簡単に説明しておこう。八代将軍吉宗の世から始まる物語の冒頭、人々の暮らしがどのようなものであったか、こう描写される。「男子の人口は女子のおよそ四分の一で安定し、男のあまりの生存率の低さゆえに男の子は子種を持つ宝として大切に育てられ、女がすべての労働力の担い手にならざるを得なくなる。あらゆる家業が女から女へと受け継がれる事になる。そして婚姻制度は崩壊する。貧しい女達に夫を持つ事などは到底無理な事で、花街で男を買い種を付けてもらって子供を産む」（第1巻：14）。

　『大奥』の世界では、ジェンダーのもっとも表層の部分である社会的役割が男女で入れ替わっている。将軍が女性で、それを補佐する政の主要なポストにも女性が就いている。大名である武家、商売を営む商家、農業に従事する農家も、また百姓の身分で村の政を担う庄屋も、すべて家業を継ぐのは女性であった。社会における権力の中枢に女性が、その周辺に男性がいた。しかし男性（女性）の行っていた労働を女性（男性）が行うという単純な反転が起きていたわけではない。つまり近代社会でいえば、男性は仕事、女性は家事といういわゆる性別役割がそのまま逆転していたわけではない。ひとことでいえば、女性は、公的領域、私的領域を問わず、それまで男性や女性が行っていたあらゆる労働を（仕事も家事も）行い、男性は子づくりのみをしていたのだ。

「逆転」の意味

　「男子の人口は女子のおよそ四分の一」という設定が、ここで重要な意味をもつ。「男女逆転」の世界を描くために、なぜこのような「しかけ」が必要だったのだろうか。結論を先にいえば、それは男性の社会的役割を生殖、すなわ

ち子種の生産のみに限定するためだと考えられる。どのような社会においても，ジェンダーの絶対的非対称の根源にあるもの，つまり男／女であることの意味の核心を成すものは，女性が孕む性である，という事実に集約される。男性と女性にはどんな違いがあるのか，男性のできることで女性にできないことはあるのか，その逆は……こうした問いをつきつめていったとき，最後に残されるのは結局女性だけが子どもを産むということ，つまり妊娠・出産が女性という性にのみ帰せられるという事実しかない。

　男女の違いは，煎じ詰めれば生殖（だけ）にある。『大奥』における「男女逆転」とは，この違いに照準し生殖における非対称性の二つの項を入れ替えてみる，ということなのだ。しかしもちろん生殖における（男性が精子，女性が卵子を提供し，女性が妊娠・出産をするという）男女の役割そのものが変わるわけではない。では「非対称性」のなにが入れ替わっているというのだろうか。

　妊娠・出産を担うことができるのは女性だけである（＝男性にはできない）という理由から，歴史的にも文化的にも社会的にも，女性という性は生殖という役割（のみ）へと封じ込められてきた，という事実がある。『大奥』では生殖に課せられたこの意味を逆転させるため，すなわち男性を「生殖」という役割（のみ）へと封じ込めるために，男子の人口が女子の四分の一になってしまった世界を設定したのだ。男性にしかできない（＝女性にはできない）役割を生殖に限定すること，それがすなわち男女逆転ということだ。この世界においても，女性にしか妊娠・出産はできない，という事実は変わらない。しかし考えてみれば，これは端的に間違っている。女性にしかできないという言説には，女性だけではできないという意味が隠されている。「生殖」は男性と女性という二つの性があることによって初めて可能になる。男性の人口が減りつづけ，男性がこの世界からいなくなってしまうかもしれないという危機に直面したとき，初めて人々はこの事実に気づくことになった。そして生殖のもつ社会的重要性は，貴重な子種をもつ男性にこそ帰せられることになったのだ。こうして男性にしかできない役割として精子の提供が急浮上する。これが「男女逆転」の内実である。

3 逆転の構図(1)
——働くこと——

社会的役割の交替

　男性のできることで女性にできないことはほとんどない。このことの正しさはいまや疑う余地のないことだといってよい。かつて戦争は，前線で戦う男／銃後を守る女という対比において，男らしさ／女らしさの意味や性別役割分業の意義を際立たせてきた。しかし戦争の経験は人々の意識に思わぬ副産物をもたらした。女性たちは一家の大黒柱として父親や夫がやっていたことを，やらざるを得なくなったからだ。戦争はこうして強固な性別役割分業意識に楔を打ち込むきっかけとなった。現代社会では，「男らしさ」を担保する最後の砦だと思われていた軍隊にも女性たちが進出している。

　『大奥』の世界では，男性にできることで女性にできないことはない（子種を提供することを除いては！）ということの正しさが余すところなく明らかにされている。女性は社会におけるすべての労働を引き受け，「働くこと」はまさに「女であること」の中心的な意味を成し，「男であること」の意味は「子種の提供」に集約されている。ここでは年頃の男子には降るように縁談があり，婿入りすることが「男の幸福」だとされている。適齢期になって普通に婿入りすることに疑問をもち「……何ていうか，つまらないなあ……」と言う息子に，母親は「つまるとかつまらぬとかの問題ではない‼　男子たるもの然るべき家に婿入りしそこで山のよーに子供を作るのが一番良い一生です！」と諭すのである（第1巻：26）。また料亭で板前をする黒一点の男は，板長になることができず，結局解雇されることになる。「どうして……クビにならなきゃならねぇんですかい！」と憤る男に女将は「あたしだって女ばかりの料理の世界で黒一点お前が人一倍苦労をしたのはわかってますよ」「つまるところお前はがんばりすぎたのさ。わかるかい？　この先どれだけ腕を磨いても板長にだけはお前はなれないんだよ？」（第8巻，57）と言う。大奥でも，政に口出しをする家宣の側室は将軍の側用人間部詮房に「表向きの事について殿方がそのようにぺらぺらと分かったふうな口をお利きになるのは感心しませんね」と言われてしま

う（第7巻：19）。

こうしたエピソードは，結婚して妻となり子どもを産んで母となることが女性の一番の幸せであるという「女の状況」，あるいは男性の仕事の領域に女性が進出していったときに人一倍努力して実力をつけても「女である」ということだけで出世を阻まれるという近代社会における典型的な「ガラスの天井」を彷彿とさせる。こうした「男の状況」は，私たちが経験してきた「男社会」における「女の状況」にある程度重ね合わせることができる。つまりここでは女性が社会における労働を一手に引き受けることによって，「男／女であること」の意味が変容し，男女の社会的役割が見事に入れ替わっているのだ。「三代将軍家光以降将軍職もまた女子の継ぐ所となる。もとより官僚化していた武家社会では男女の役割の交替は比較的容易であった」（第1巻：14-15）というように，男／女らしさの規範や制度的な役割分担などジェンダーのもっとも表層的な部分は，歴史的・文化的・社会的に「変わりうる」ものであることが十分に感得できる。

性の希少価値

しかし女性の役割が生殖へと特化された近代／現代社会と，その逆男性の役割が生殖へと特化された『大奥』の世界では，「男／女であること」の意味が完全に逆転しているわけではない。ではそのなにが同じで，またなにがどのように違っているのだろうか。

歴史的・文化的・社会的に，女性は劣ったもの汚れたもの取るに足らないものだとみなされ，そのように扱われてきた。それはなぜか（性差別の起源）はいまだ明らかにされていない。しかし男性と女性の違いが最終的に妊娠・出産という女性にしか備わっていない生殖機能に集約されるとすれば，それが一つの理由であると考えることはできる。「男社会」では，生殖を担うがゆえに女性は社会的に劣位に置かれてきた。しかしまたそうであるがゆえに「女であること」はそれだけで価値があるとみなされてきた。男性の優位を前提に「女であること」は，「男であること」にはない美や母性が崇拝の対象となることで，特別の意味を帯びることになるからだ。「男社会」では，こうして「女であること」は基本的に劣位に位置づけられ，そうであるがゆえに例外的にその（女

性特有の）価値が称揚される。通常男性と女性の数は拮抗している，それにもかかわらず「女であること」があたかも希少価値をもつかのように扱われるのだ。「男社会」において「女であること」はこうした奇妙な二重性をもつ。『大奥』の「女社会」では，男性だけが罹患する疫病の蔓延によって数の上で男性が劣勢になるという設定に，この二重性が反映されている。

　まずこの設定によって男性は実際に希少価値をもつことになる。このため「男性は女性より力はあるが身体は弱く数も少ない，だから大切にして守らなければならない」というジェンダー規範が生まれる。そして社会の存続のため男性の役割は生殖に限定される。「男社会」で女性が大切にされ守られるのは，女性が劣位に置かれていることの裏返しにすぎない。社会の「本流」（主要な社会的位置）に占める男性が数の上で圧倒的に優位であることはすなわち男性優位社会（＝男社会）であることを意味する。『大奥』では，男性が大切にされ守られるのは，すでに述べたように，男性という性が生殖にとって不可欠であるにもかかわらず数が少ない，つまり端的に希少だからである。この時点で，女性の社会的優位は決定的だが，男性の希少価値もまた決定的であり，両者は拮抗している。では，この「女社会」は「男社会」と同じように性差別社会なのだろうか。ここで浮上するのがセクシュアリティの問題である。

4　逆転の構図(2)
——愛すること——

将軍と大奥の男たち

　セクシュアリティとは「誰をどのように愛するか」ということだった。『大奥』の世界では，ジェンダーのもっとも深層を成す性別という規範，またその性別を基盤にして成立するセクシュアリティについては，基本的に変更はない。性別二元制にもとづく異性愛の制度は維持され，男／女が男／女として（＝性自認）女／男を愛する（＝セクシュアリティ）という性のアイデンティティの在り方は変わらない。男社会の根幹には，ラディカル・フェミニズムが問題とする性的行為における男性の優位，男性による女性の性的支配（性交において受け身で挿入される側であるということ）がある。「個人的なことは政治的である」と

いうテーゼは，セクシュアリティにおける男性優位が社会のすみずみまで貫かれているという主張である。個人的なことがすべて社会的な文脈へと回収され「自由で対等な性愛関係」は否定される。『大奥』の物語においてこの点はどうなっているのだろうか。考察のためにまず将軍と大奥の男たちの関係性を示す対照的なふたつのエピソードを紹介しよう。

　三代将軍家光は世継ぎを設けるために，将軍の職務として好きでもない側室と褥をともにしなければならなかった。ある日初めて将軍の寝所に上がった捨三が，ごく普通に男としてふるまい家光を女として扱ったとき，家光は色をなし「無礼者ッ‼」「頭が高いッ‼」と足蹴にし，「勘違いをするでない，このうつけ者が！　お前が私を抱くのではない，私がお前を抱くのだ」と言い放つ（第3巻：81-83）。抱く男／抱かれる女という対比──すなわち個人的な性愛関係における男性と女性の非対称性──は，性的行為において男性が能動的・主体的であり女性が受動的・従属的であることを示すものである。しかしここでは逆に，社会的に女性たちが「働くこと」を担い能動的・主体的に生きているということが，性的行為の場面における「抱く女／抱かれる男」という関係の正当性を担保しているのだ。さらにいえば，この場面での家光と側室の関係は，世継ぎを産むという目的のために成立しているきわめて公的なものだと考えられる。したがってそこで「勘違い」した男に対して，家光が将軍としての威厳と優位性を示すのは当然だろう。つまり「抱く女／抱かれる男」という逆転は公的領域において起きている，ということだ。

　一方で家光は側室の一人である有功と恋に落ち，生涯にわたる「恋愛」関係を成立させていた。家光と有功は互いをもっとも愛しい人，大切な人として思い合い，心も体も深い絆で結ばれていた。家光は有功との関係を密かにつづけながら，側室をとり子を産み政に邁進し将軍職を全うしていた。そんなある日有功が家光に褥の辞退を申し出る場面がある。「何人もの男で汚れたわしの体はもう抱きたくないか」と涙する家光に，有功は「それは違います‼」と叫ぶ。「私は怖いのです，上様のお心といういつ変わるともしれぬ頼りないものにすがって生きていくのが」「わしを信じられぬと申すのか⁉　誰の子を産もうとわしの心はそなただけのものじゃと言ったではないか‼」「私も男です！　心だけやない，あなたの体もわたしだけのものにしなければ我慢できひんのや‼」

……お願いでございます‼　このような男と女の恐ろしい業からどうかわたし
を解き放ってくださいませ……‼」（第4巻：24-26）。そして有功は大奥総取締
役に任命され，家光の死後もその娘四代将軍家綱の父親代わりとして長く大奥
の頂点に君臨することになる。死の床で家光は有功に「好きだったぞ……そな
ただけがわしにとって男だった……そなたは他の側室の男達の誰とも違うわし
にとっての特別であった……」と告げ静かに息を引きとる（第4巻：40）。家光
にとって有功との関係だけが唯一私的領域での性愛関係だったといえる。

社会性と私秘性

　将軍と大奥の男たちの関係は，社会性と私秘性の狭間に位置している。大奥
は元来将軍の私的生活を司る場であるが，そこで行われる性愛行為や生殖（子
どもを設けること）はたんなる私的な事柄では決してなく，政にかかわるきわめ
て社会性を帯びた営みであるからだ。『大奥』ではそこに照準し，捨三との関
係に社会性を有功との関係に私秘性を色濃く反映させることによって，この二
重性をわかりやすく別出している。家光は自分が相手を「抱く」のだと宣言し
た。それは性的行為における主体性の主張である。ここに示されているのは，
私たちが生物学的な事実性に規定されているがゆえに自然なもの，普遍的なも
のだと感じてしまう性的行為における男性と女性の非対称性（男性の優位／女性
の劣位）——ジェンダーやセクシュアリティの基底的な部分——にすらさほど
根拠がない，ということだ。「女が男を抱く」ことがなんら不思議ではない世
界がここにある。確かに捨三の最初の態度を見ると，セクシュアリティの場面
における「男であること」の意味（主体的，能動的であること）は変わっていな
い。しかし将軍という社会的位置の優位性は圧倒的でただちにそれを凌駕する
のだ。

　家光は捨三に対してまったく「心」がない。ただ子種を提供する男として，
自分を妊娠させる機能をもつ男として，必要だから「抱く」だけだ。だからこ
そここでは生物学的な男性の優位性と社会的な女性の優位性がせめぎ合い，最
終的に将軍は公的な優位性を誇示し相手を捩じ伏せることになる。個人的な関
係がいかに社会的で制度的なものか，したがっていかに支配－被支配の関係に
簡単に絡めとられてしまうか——すなわち個人的なことがいかに政治的か——

がよくわかる。一方家光と有功の関係には「心」がある。お互いを特別な人として選びとり大切な人として慈しむ繊細な情愛とやさしさが溢れ，男性／女性の優位性のせめぎ合いは表面化していない。確かにこの場面にはいじらしい女心や切ない男心として解釈可能な——「男社会」でも変わらない——「男／女であること」の意味をみてとることができる。しかしさらにいえば，変わらないと感じるそうした「意味」は，二人の関係性のなかでことさら男や女「であること」としてとらえる必要がないもの，いわば一人ひとりの「個性」だと考えてよいものになっているのではないか。ここには「個人的なことは政治的である」という言説を僅かに逃れて，「愛すること」における二人の対等な関係がプライベートな領域として築かれている。

　「心」があるとはどういうことだろうか。それは，ある人の生をそのまま，まるごと受け止めるということだ。逆にいえば，ある人の生をその一部分へと，たとえば性的身体，生殖機能へと還元するとき，そこには「心」がない，といえる。そして男性であれ女性であれ，その身体をただ性的欲望を満たすためだけの，あるいは子どもを生すためだけの手段として扱うとき，それは侮辱であり人権の否定であり性差別であるということだ。「男社会」においてフェミニズムがつねに告発の対象としてきたものは——たとえば「子産み機械」という発言や女性の特定の身体部位を欲望の対象とするポルノグラフィなど——女性という性をその部分へと貶める執拗な視線であった。「女社会」においても，男性を「種付け機械」とだけみなすことは男性蔑視であり性差別にほかならない。

　大奥とはまさに「女社会」のこうした「男の状況」を象徴する場所である。「子種を提供すること」だけに存在価値のある男たちが，上様の寵愛を求めて駆け引きや陰謀，嫉妬や羨望の渦巻く世界に生きることを余儀なくされているのだから。家光との愛に生きた有功は幸せだっただろう。しかしたった一人の愛する女を母にしてやることができなかったという負い目と自分が一番愛されているという自負のあいだで葛藤し揺れ動く男心，そして性愛関係を超えてまで生涯家光の政を影から支えたいと願ったその思いは，切なく胸に迫る。『大奥』には，男性の役割が生殖に特化された世界を生きざるをえない男たちの悲哀が物語全編に通奏低音のように響いている。それは「男社会」に生きる女性たちの感じる「生きづらさ」とほとんど同じものだといってよい。

「こんなにも輝くばかりの美貌や才覚をもつ者達がひしめいているというのに，心が暗いのだ」（第1巻：72），大奥に上がって間もない男が呟いた言葉だ。なぜ心が暗いのか，もはや説明は不要だろう。

5　他でもありえた世界

「女社会」の構造

　『大奥』におけるジェンダーやセクシュアリティの在り方はどのようなものか，簡単にまとめておこう。私たちのよく知っている男社会の「男／女であること」の意味は，ほぼきれいに反転して「女／男であること」の意味になっている。そこは社会構造上女性がアドヴァンテージを握る「女社会」である。「ほぼ」というのは，それでも反転せずに維持される「男／女であること」の意味もみいだせるからだ。では男社会の性差別体制は反転しこの女社会でも維持されているか。人格を性へと貶めるということが差別なら，ここでも同じことが起きている。「働くこと」において女性は圧倒的に優位であり，「子種の提供」にしか存在理由のない男性たちは，潜在的（ときには顕在的）に劣ったもの汚れたもの取るに足らないものと見られ，そのように扱われている。そこには女社会特有の「男の状況」，男としての「生きづらさ」がみいだせる。しかし個人的な性愛関係においては，男社会と同じように，性的搾取が行われる悲惨な関係もあれば，やさしさに溢れた対等な愛の関係もある。

　『大奥』の物語は，男性という性が生殖機能にのみ封じ込められた世界とはどのようなものか，そこではジェンダーの社会的構成がどのような変容を被るのか，「男／女であることの意味」のなにが変わるのか——こうした問いにこたえるべく企てられた一つの思考実験として読むことができる。私たちは，物語のなかに入り込むことによって，ジェンダーの表層的な部分だけではなく，かなり深層に近い水準，セクシュアリティの在り方にかかわる局面においても，「男／女であること」の意味の変容・逆転が十分にありうるということを，リアルに感得できる。しかしまた物語のなかで繰り広げられるさまざまな人間模様，とりわけ男女の個人的な関係性には，変わらず維持されている「男／女であること」の意味をみいだすこともできる。そして，生物学的事実としての男

性と女性の非対称性に性的搾取の根拠はないのかもしれない，そう思えてくるのである。男社会においても女社会においても，性的行為は「美しくなされれば美しい，醜くなされれば醜い」ということである（吉澤 2012）。

もう一つの世界

　しかし『大奥』という物語の醍醐味は，たんに男女「逆転」の世界をリアリティあるものとして描いたということに止まらない。「他でもありえた」世界がどのようにしてできあがっていったのか，その過程をドラスティックに描いているところにこそある。逆にいえば，その過程が説得力あるものとして呈示されているからこそ，「女社会」のリアリティを真に迫ったものとして感受できる，ということだ。それはどういうことか，最後にこの点に触れておこう。

　『大奥』では，徳川十五代にわたる将軍の世を，あったかもしれないもう一つの歴史へと変換する歴史的事実の再解釈が丁寧に行われている。男性だけが罹患する謎の疫病，男女の人口比の圧倒的不均衡という設定のもと，国の存亡にかかわる危機的状況を対外的に隠蔽する必要に迫られた人々が，男性と女性ともに手を携えて知恵を絞り，仮（フェイク）の国のかたちを築き上げるという物語の骨子がまず見事である。そしてすでに動かしがたい歴史的事実となっている出来事に次々と別の解釈が施され，私たちのよく知っている「歴史」がもう一つのあったかもしれない「歴史」として再構成されていく。

　たとえば鎖国は，男子の人口が激減してしまった日本の現状を諸外国の目から隠し簡単に攻め込まれないようにするために，聡明な家光がとった施策の一つである。世継ぎが生まれなかった大名を取り潰し徳川の勢力を磐石にするため赤面疱瘡の流行をうまく逆手にとったのも家光の才覚だ。吉原をつくったのも家光だ。家光は，健康な男の体を相場より安く女たちに提供できる場として吉原を生まれ変わらせ，なんとか人口減少に歯止めをかけようとしたのだ。有名な赤穂浪士，四十七士の物語は，大半が女大名となった幕府で舐められまいと必死に虚勢を張るひ弱な男子大名浅野匠の守と，政や幕府の慣習に精通するベテランの女大名吉良との確執へと変換される。「大事な子種を持つ男ら四十名余りを一度に処刑するのはいかがなものか」という柳沢吉保の進言を退け，綱吉は「切腹を命じてやる！　ただしこれより先武家において男子を跡目とす

る旨の届出はすべてこれを認めてはならぬ‼　浅野長矩の刃傷然り，赤穂浪士の討ち入り然り，遠き戦国の血なまぐさい気風を男と共に政から消し去ってしまえ‼」と言った（第5巻：195）。この一言が武家の女子相続を決定的にしたのである。庶民の暮らしぶりに目を向けても，たとえば千歯扱などさまざまな農機具は非力な女子でも効率よく農作業ができるように考案されたものであり，江戸の火消しの組織は，女たちが忙しくて人手が足りなかったため男性の働き手を募集したところ「夜女と寝るしかする事のない江戸の男達」が応募に殺到したことでできたものである（第7巻：182）。

　『大奥』の物語が八代将軍吉宗の世から始まることには，きわめて重要な意味がある。ある日吉宗は，家業を継ぐのは女性なのにその女性たちがなぜみんな男名を名乗るのか，疑問に感じる。「ふと思うことがある，この国は初めからこのような国だったのか」，「表向きの文書だけ見れば，まるでこの国には男しかおらぬようじゃ」。吉宗は子どものころ，村の外れに気の触れた老爺がいて「昔は男は女と同じくらいたくさんいて，世が世なら自分は一城の主だった」と言っていたこと，そしてそれを「もちろん誰も信じなかったこと」を思い出す。そして春日局が書くように命じた大奥の日記「没日録」の存在にたどり着き，三代将軍家光から始まった「女将軍」の世の真実を初めて知ることになったのだ。（ここから第七巻まで，吉宗が読む「没日録」の内容として物語が進んでいく）。

　吉宗の時代とはちょうど江戸時代の中間点にあたり，男女逆転の世界が完成し安定していた時代，いわば「女社会」の自明性がもっとも深かった時代である。吉宗はこの時期に，こうして目の前に広がっているあたりまえの社会がいったいどのようにして「今在るこのかたち」をとるようになったのか，という社会学的な問いを投げかけたのだ。そして現代に生きる私たちは，吉宗の呟きから，歴史の主要舞台に女性がほとんど登場しないこと，まるで女性はいなかったかのように扱われていることに，つまり歴史というものがいかに男たちの物語であるか，という事実にあらためて気づかされることになる。そして二六〇余年にわたる江戸時代が，本当に『大奥』で描かれたような「女社会」であったかもしれないという可能性に，したがっていま私たちがよく知っている歴史もまたつくられた一つの歴史「学」的事実にすぎないのだということに思い

いたることができるのである。

 読書案内

加藤秀一，2017，『はじめてのジェンダー論』有斐閣。

　「人間を男と女に〈分類〉する実践」に着目し，私たちがいかに「男／女であること」を自明とする現実をつくりあげているか，具体的な社会現象にそくして明らかにした理論書。章末の読書案内が充実していて役に立つ。

牧村朝子，2013，『百合のリアル』星海社新書。

　セクシュアル・マイノリティに関する基本的な知識を現実にそくして丁寧に説明した好著。この本を読むと性のアイデンティティがいかに個の実存にかかわるものか，それゆえ一般化や分類に馴染まないものであるかがよくわかる。

Scott, Joan, 1988, *Gender and the Politics of History*, Columbia University Press. （＝1992，荻野美穂訳『ジェンダーと歴史学』平凡社。）

　歴史学がいかに男性中心の視点によって編成されてきたか，いかに性差にまつわる正統的な知を生産・再生産してきたかを告発する書。歴史学そのものをその総体として，根本から「ジェンダー化する」試みの重要性に気づかされる。

文献

Butler, Judith, 1990, *Gender Trouble : Feminism and the Subversion of Identity*, Routledge. （＝1999，竹村和子訳『ジェンダー・トラブル──フェミニズムとアイデンティティの攪乱』青土社。）

Beauvoir, Simone de, 1949, *Le deuxième Sexe*, Gallimard. （＝2001，『第二の性』を原文で読み直す会訳『第二の性』全3巻，新潮社。）

Millet, Kate, 1970, *Sexual Politics*, Doubleday. （＝1985，藤枝澪子・加地永都子・滝沢海南子・横山貞子訳『性の政治学』ドメス出版。）

森山至貴，2017，『LGBTを読み解く──クィア・スタディーズ入門』ちくま新書。

吉澤夏子，1997，『女であることの希望』勁草書房。

吉澤夏子，2006，「理不尽な現実をどう受け止めるか──男／女になること」苅谷剛彦編著『いまこの国で大人になるということ』紀ノ國屋書店，159-177。

吉澤夏子，2012，『「個人的なもの」と想像力』勁草書房。

よしながふみ，2005〜，『大奥』白泉社。（2018年現在，第15巻まで刊行中）

米沢泉美編著，2003，『トランスジェンダリズム宣言──性別の自己決定権と多様な性の肯定』社会批評社。

杉浦浩美

1 就職には夢も希望もないのか

　「働くことは喜びか，苦しみか」という本章の問いは，読者にとって，リアリティのある問いだろうか。たとえば，「就きたい仕事がある（入りたい会社がある），そのためにいま，努力している」という人にとっては，「働くこと」は「夢」や「希望」であり，「喜び」とつながっているかもしれない。一方で，「社会に出て働かなければならないのはわかっているが，大変そうだ。ブラック企業ばかりで，どうすればいいんだ」と思い悩んでいる人にとっては，「働くこと」は「不安」や「苦しみ」のイメージの方が強いかもしれない。試しに，私の身近にいる若者ふたりに，この問いを投げかけてみた。すると，まったく違う反応がかえってきた。目標にむかって勉強中の大学院生は，このストレートな問いに素直に共感した。一方，これから就職活動が始まる大学生は，「働くことが喜びか，と聞かれて，ピンとくる学生の方が少ない。多くの学生にとっては苦痛であることが前提となっている。苦しみに決まっているでしょ」と，あっさり否定した。喜びか苦しみかと悩めること自体が，すでに「恵まれている」というのだ。本当にそうなのだろうか。「働くこと」に希望を見いだせない若者の方が多いのだろうか。あるいは，「働くこと」は，個々が置かれた状況で，まったく違う意味，違う行為として受け止められているのだろうか。

　問いを少し変えてみよう。「働きたいか，働きたくないか」と聞かれたら，どう答えるだろう。「できれば働きたくない」と答える人が多いだろうか。だ

が，「働かなくてすむ」と考えている人は，そう多くはないだろう。私たちは「働くこと」が前提とされている社会に生きているのであり「働かない」という選択肢は，なにか「特別な事情」がない限り認められないからだ。「社会に出る」とは「就職する」という意味であり，「社会人」とは「働いてお金を稼いでいる人」を指す言葉として使われている。それは，社会のメンバーとして「あたりまえ」のこととされている。だが，なぜ「あたりまえ」なのだろう。「経済的に自立するため」「社会保障の担い手となり，国を支えるため」「人生を意義ある豊かなものにするため」等々，「あたりまえ」とされる理由はいくつもあげられそうだ。だが，「働いても経済的自立が果たせない」「働いているのに税金や医療保険が払えない」「働きすぎて体や心を壊してしまった」といったように，「あたりまえ」が覆されるような状況もたくさん生まれている。「働くこと」が「あたりまえ」とされている社会で，その「あたりまえ」の前提が大きく揺らいでいるとしたら，「働くという行為」「働くことの意味」を，私たちはどのように考えたらいいのだろう。

　本章では，読者にとって，もっとも身近でもっとも切実な問題のひとつであろう「働くこと＝労働」をめぐって，これまでどのような議論が重ねられてきたのかをたどってみたい。「働くことの意味」はどのように論じられてきたのか，そこでは「喜び」が前提とされてきたのか，あるいは「苦しみ」の側面が強調されてきたのか。いや，そもそも「働くこと」は，人間にとってどのような行為とされてきたのかを確認していきたい。さらに現代社会では「働くこと」は多くの場合，「会社や組織に入って働くこと」を意味している。であるとすれば，「企業」や「組織」は「労働の喜びや苦しみ」，あるいは「働くことの意味」と，どのようにかかわってきたのだろう。それらも一緒に考えていきたい。

2　「働くこと」をめぐって

そもそも「働く」とはなにか

　大学の授業で「お母さん，働いていますか」（この質問は母親がいる学生に限られてしまうが）と，尋ねることがある。すると，「働いてる」「働いていない」

「少し働いている」「以前は働いていたが，いまは働いていない」など，さまざ
まな答えが返ってくる。さらに「働いていない」と答えた学生たちに，「じゃ
あ，お母さんはいつもなにしているの」と尋ねてみる。「妹の面倒をみている」
「祖父の世話をしている」「いつも忙しそうにバタバタ動き回っている」という。
「だったら，一日中，働いているじゃないの」と問い返すと，みな，一様にき
ょとんとした顔をする。彼／彼女らにとって「働く」ことは「お金を稼ぐ」
「報酬を得る」という経済活動として理解されているからだ。「少し働いてい
る」の「少し」は「パート労働」の意味であり，「以前は働いていた」という
言い方は「会社を辞めた」ことを意味している。このように，多くの人にとっ
て「働く」とは，賃金や報酬をともなう活動を意味している。近代化以降の産
業社会においては，「経済活動としての労働」こそが重要とみなされ，それが
人々の活動の中心とされてきたからだ。「お母さんも働いている」という「発
見」は，近代というスパンでみればごく最近なされたものであり，1970年代以
降のことである。イタリアのフェミニスト，マリアローザ・ダラ・コスタの
「家事労働に賃金を」（Dalla Costa 1971=1986）という問題提起がきっかけになっ
たといわれている。労働には「ペイド・ワーク」（賃金や報酬をともなう有償労
働）と「アンペイド・ワーク」（賃金や報酬はともなわないが人間の暮らしに欠かせ
ない無償労働）があるという発見は，それまで賃金労働のみが価値ある労働と
されてきた近代的労働観に，大きな疑問を投げかけた。1995年の北京で開催さ
れた第4回世界女性会議では，「労働」とは見なされにくかった，それゆえ評
価されてこなかった，かつその圧倒的多くが女性たちによって担われてきたア
ンペイド・ワーク（無償労働）を可視化できるようにしよう，経済価値に換算
してみようという試みが提案された。その試みは世界的な関心を集め，労働に
はふたつの水準があること，アンペイド・ワークは「経済活動としての労働」
を考えるうえでも欠かせない労働であることが広く理解されるようになった。

　だから「働くこと」を考えるといったとき，まずはそうした「労働」のふた
つの側面を確認しておくことが必要である。それを確認したうえで，あらため
て本章では「働くこと（労働）」を主として賃金や報酬をともなう労働（ペイ
ド・ワーク）の意味で用いていくことにする。ただし，「経済活動としての労
働」を考えるとき，その対となる労働「アンペイド・ワーク」の存在は，つね

に頭にとどめておかなければならない。「アンペイド・ワーク」の多くを女性が担ってきたこと／いまも担っていることは，男性にとっての「働くこと」，女性にとっての「働くこと」に大きな影響を与えてきたし，いまも与えているからだ。さらに，企業と労働者の関係を考えるうえでも，人々の営みにかかせない「アンペイド・ワーク」を企業が，あるいは社会がどのように考えてきたのか，そしていまそれとどのように向き合おうとしているのかを確認することは，大切な作業となるからだ。

「働くこと」をめぐる議論

　「（経済活動としての）働くこと」が「あたりまえ」とされる社会はいつから始まったのか。アンドレ・ゴルツは「私たちが「労働」と呼んでいるものは，近代性の発明物である」（Gorz 1988=1997：28）とし，「経済的な目的をもった労働が，つねに支配的な人間活動であったわけではない。それが社会全体の規模で支配的になったのは，産業資本主義社会が完成した約二百年前からに過ぎない」と説明する（Gorz 1988=1997：362）。近代化以前，「労働」は人間にとって「意味のある活動」とはみなされていなかった。労働を最初に論じたとされる古代ギリシャの労働観では，「労働は卑しく，呪いに満ちたものと見なされていた」「労働は奴隷のすること」（橘木 2011：1）とされていたという。さらに，「近代以前の文明は余暇の文明，自由時間の文明であった」とされ，「職業労働は，余暇のない，その意味で不自由な行為であるという一般的な評価が，上級階層から下層の人々まで共有されていた」（今村 1998：14）。「あくせく働くこと」は，人間にとって「よいこと」とはされていなかったのだ。それが，近代産業社会の誕生とともに「労働は人間にとって価値あるものを創り出す力として肯定と称賛の対象となった」（杉村 2009：35），「労働は人間の本質であり，あるいは労働のなかには本来的に喜びを内在させているはずである」と意味づけられるようになった（今村 1998：198）。人間の活動にはアンペイド・ワークを含めたさまざまな生活の営みがあるはずなのに，資本主義社会においては「経済活動としての労働」が「突出して」意味ある行為として位置づけられ，社会の中心に位置づけられることになったのだ。そしてそれはいまも続いているのである。

「労働の喜び」をめぐる議論

　では「働くこと」が「あたりまえ」となった社会で，人々は「労働」とどう
向き合ってきたのだろうか。一生の多くの時間を「労働」に費やすことになる
のに，仮にそこに苦痛しかないとすれば，人生はずいぶんとしんどいものにな
ってしまうはずだ。「働くこと」の「喜び」はどこにあるのだろうか。「喜び」
が見いだせないとすれば，それはどのような問題として提示されてきたのだろ
うか。そこでまず，マルクスが提示した「労働の疎外」という観点を杉村の整
理を引用して紹介する。

　　　歴史的事実における労働は，実際には，人間の本質としての労働，自己
　　表出・自己表現・自己実現の労働とは正反対の状態にあった。労働者から
　　見れば，生命・生活を維持するための労働力の支出としての労働であり，
　　生きるための労苦であった。彼らは，経営者・資本家の構想する生産目的
　　の下で，指示に従い，手段的活動を実行するにすぎない。工場では，機械
　　制大工業の発展とともに労働の部分化・細分化が進むことになる。労働は，
　　全体的で自律的な職人仕事の理想とは反対の極にある。生産活動は市場を
　　対象にした利益・利潤の獲得のための資本主義的活動であり，生産物は生
　　産する労働者とは無縁なものとなる。労働者相互も，雇用を奪い合い，競
　　い合う疎遠な関係にある。すなわち，労働者は「疎外」状況にあるという
　　のが，初期産業社会の現実であった。（杉村 2009：37）

「労働は喜び」「自己実現」と意味づけられながらも，現実には，労働者は
「無限に取り替えのきく純粋の労働力に還元」されてしまう（Gorz 1988=1997：
39）。部分化・細分化された作業では「職人」がモノづくりに感じるような創
造的な喜びは得られない。自分がかかわった製品がどこでどのように使われる
のかを見届けることもできない。職場の労働者同士も競い合うような関係にあ
り，「働く仲間」として連帯することもできない。そのため労働者は労働に
「喜び」を感じることも「意義」を見いだすこともできない，「疎外」された状
況におかれている，という指摘である。だが，そうした状況においても「初期
のマルクスに代表されるこの思想」は，「労働の意味」そのものを否定したわ

けではないという。「この現実を前に，人間の本質としての労働の本来の姿を取り戻すこと，本来の人間的労働を回復すること，疎外された状況からの労働の解放を目指すことを目標とした」（杉村 2009：37）。本来「働くことは喜び」であるはずなのに，それが得られないとすれば，それを抑圧する仕組みや構造に問題がある，との指摘だ。そこでは〈労働のありよう〉そのものを見直すことが主張される。ここには「初期産業社会の現実」とあるが，部分化・細分化された作業や雇用を奪い合う関係など，現代でもあてはまること，むしろ強化されていることは，いくつも思いあたる。私たちは「労働の喜び」から「疎外」され続けているのだろうか。

「労働に喜びなど求めるな」という議論

　これに対し「そもそも労働に喜びなどない」という立場もある。『近代の労働観』を著した今村は，「本当に労働は人間の本質なのであろうか」という問いを発し，「労働が人間になくてはならない本質的な活動であるとはいえない。むしろ反対に，必要と必然の活動から可能なかぎり解放されることこそ，人間のまっとうな在り方になるのではないか」（今村 1998：199）と主張する。今村によれば「労働」で得られるとされる喜びは，他人から賞賛されたいという「承認を求める欲望」（今村 1998：131）が満たされることにすぎない。人からほめられたり評価されるとき人は「喜び」を感じるのであって，だから「成功」や「出世」をめざして競争は激化するし，苦しい労働にも耐えられるのだ，という。今村は「人生の意味が労働にあり，労働の意味（喜び）が人生の生きがいになる」というのは，「管理のためのイデオロギーである」と断じる。「もともと労働のなかに喜びなどはない，だからこそ無理にでも喜びの労働内在性を虚構しなくてはならない。そうでないと労働者は労働してくれないからである」（今村 1998：150）というのだ。「労働の喜び」とは，人々をせっせと働かせるための「イデオロギー」にすぎない。人間は，労働から解放されてこそ本来の生を取り戻せる，自由で創造的な生を生きられる，というのである。それは，人間の生きる意味が「仕事」や「労働」とばかり強く結びつけられ，その側面からのみはかられる「労働中心社会」への大いなる反論にも見える。

「喜びのある仕事とない仕事がある」という議論

　労働に喜びはある（けれどそれが抑圧されている）という議論と，労働に喜び
などない，それは労働者を働かせるためのイデオロギーだ，という議論を紹介
したが，さらに別の議論にも触れたい。世の中には「喜びのある仕事とない仕
事がある」という主張である。橘木は，「なにも労働から得られる喜びを，す
べての人があえて求める必要はない。人によって労働からの苦痛を正直に認め
たうえで，働くことは食べるための糧を得るための手段にすぎないと，ある意
味において開き直りをすることがあってよいのではないか」とする。「労働か
ら喜びを感じることが困難な仕事が存在することを認めざるを得ない」とした
うえで「無理して労働に生きがいを求めるのではなく，……労働から得られた
所得を必要最低限の生活費に充てられればそれで十分で，残された余暇に生き
がいを求める人生もまた，褒められてしかるべき人生なのではないだろうか」
（橘木 2011：33-34）と述べている。

　「喜び」を得られる仕事（意味を見いだせる仕事）と「喜び」を得ることが困
難な仕事（意味を見いだせない仕事）があるという指摘，さらに，「喜び」を得
られるような仕事に就けなかった人は，労働そのものに「喜び」が得られなく
ても，余暇を充実させればいい，という考え方は，冒頭に紹介した大学生の声
に重なるように思う。「喜びか苦しみか」という問いに共感できること自体
「恵まれている」「苦しみにきまっているでしょ」という返答には，「好きなこ
とを仕事にする」「自分を生かせるような職業に就ける」学生は，ごく一部に
すぎない，多くの学生は「生活のために就職をするのだ」という訴えがこめら
れているように思うからだ。橘木の考え方は，そうした学生たちに，「みんな
がみんな，やりがいのある仕事に就けるわけではない。その分，私生活を充実
させればいい」というメッセージともなりうるだろう。それはそのまま，労働
は「手段か目的か」，という命題とも重なるかもしれない。仕事はあくまで
「生活の手段」にすぎないのか，それとも仕事そのものが「人生の目的」とな
るのか。

2分法への疑問

　だが，「意味（喜び）のある仕事／ない仕事」という2分法に対しては，疑

問をもつ人も多いのではないか。「やりがいのある仕事／ない仕事」「喜びを得られる仕事／得られない仕事」「意味のある仕事／ない仕事」という区分けは，いったい誰がどこでどう線引きするのだろう。それは，当事者にしか判断できないはずであるが，じっさいは当事者だってその狭間で揺れ続けているのではないだろうか。たとえば「つらい仕事」の代名詞とされるような肉体労働，あるいは「意味のない仕事」と見なされがちな単調作業を繰り返す労働においても，そこにはさまざまな働く人の「思い」があるはずだ。仮に，まったく同じ職場で同じ作業をしていたとしても，その労働が「喜び」となるのか「苦しみ」となるかは，人によって違うだろう。少なくとも当事者以外が，その人が携わる労働の「意味」や「喜び」について勝手に判断することはできないはずだ。

　一方で，自分が好きなことを仕事にできた，誰もが羨むような会社に入れたなど，周囲からは「やりがい」を手に入れたと見える人が，実は苦しんでいる場合も多い。「働くこと」に夢をもっていた人々が，あるいは「喜びとなるはずだった労働」が，社会に裏切られてしまうような状況があるからだ。新入社員に対し，十分な教育や指導もないまま責任あるポジションにつけ，「責任感」や「やる気」をあおるかたちで無理なノルマを課す企業。あるいは，アニメーションの制作現場やアミューズメントパークなど，若者たちの「好き」が詰まった場所で，好きなことができる／好きな場所にいられるという気持ちを利用して低賃金で長時間労働に従事させる仕組み。そうした若者の「意欲」や「やりがい」を利用して過酷な労働を課す構造は「やりがいの搾取」（本田 2011）とも呼ばれている。たとえ「仕事」に「やりがい」を見いだしていたとしても，それが体や心を壊すのであれば，「労働は喜び」などとはいえないはずである。

　そう考えると「喜びか苦しみか」という命題は，そう単純には「目的か手段か」という命題には言い換えられないことに気づく。「生活のため」（手段）と割り切って就職した職場で「働く喜び」を知ることもあるだろう。一方で，やりがいのある仕事や職場を求めた（目的）としても，「働く喜び」が得られない状況はいくらでも考えられる。であるとすれば，「仕事の内容」や「労働そのもの」に喜びがあるかないかを問うことよりも，働く人が「働くこと」を喜びと感じられるのか否かという，働く人の「思い」に寄り添う必要がありそうだ。「働くこと」は，それぞれの人生において，どのように意味づけられてき

たのだろうか。次節では，戦後の日本社会における〈労働のありよう〉を確認する作業をしながら，それについて考えていきたい。

3 戦後の日本社会における「働くこと」

女性にとっての「働くこと」

　「働くこと」への「思い」を考えるためには，男性にとっての「働くこと」と女性にとっての「働くこと」というふうに，少し整理してみる必要がありそうだ。なぜなら，「働くこと」の意味は，少なくともこれまでは，女性と男性とでは大きく違っていた，あるいは違う状況におかれていたからだ。いまでこそ多くの女子学生が「働くこと」を「あたりまえ」と考えているし，就職に対する意欲も高い。だが，女性にとって「働くこと」は長い間「あたりまえ」ではなかったし，むしろ女性は「働くこと」からは排除されてきた。

　「労働」が価値あるものとされて以来，それを担ってきたのは男性労働者だった。ここまで見てきた「労働の喜び」をめぐる議論も，主たる対象となっているのは男性労働者である。なぜなら女性は，家事や育児や介護といった「アンペイド・ワーク」を担う側に配置されたからだ。男性は仕事（生産労働）を担い，女性は家事・育児（再生産労働）を担う，という性別役割分業もまた近代産業社会とともに始まった。男性の賃労働を支える仕組みとして誕生したのが「主婦」という役割である（Oakley 1974=1986）。そして「主婦役割（アンペイド・ワーク）」を担うがゆえに女性は「一人前に働けない労働者」として賃労働からは排除された。「労働の疎外」以前に「労働から疎外」されてきたのだ。

　日本では戦後の高度経済成長期に多くの雇用労働者が誕生し，それにともない「女性の主婦化」がすすんだ（落合 1994）。「主婦になること」が「あたりまえ」とされる社会で女性が働き続けるためには，男性以上に仕事の「意味」や「意義」が問われることになる。それこそ「意味のある仕事／ない仕事」という2分法が，周囲によって用いられる。たとえば，ほんの少し前まで，「子どもを産んでも働き続けたい」と言う女性に対し，「子どもを預けてまでやる意味のある仕事なのか」というような言い方が，周囲から（それは親であったり，会社の上司や同僚であったり，時に夫であったりしたのだが）平気でなされていた。

当事者の「思い」や「意志」とは別のところで，仕事の「意味」や「喜び」が「主婦役割」や「母親役割」と天秤にかけられるかたちで勝手にはかられ，時にきめつけられていたのだ（杉浦 2013）。女性にとって労働は，「生活の手段」としても（家庭の経済的責任は男性にあるとされた），「人生の目的」としても（女性は主婦役割，母親役割を優先すべきとされた），どちらの意味においても，社会からは認められにくいものとしてあった。

　もちろん，「生活の手段」としての労働を必要とする女性もいたし，仕事を「人生の目的」と位置づける女性もいた。当然のことながら「働きたい」と望む女性も大勢いたのだ。だが，女性に主婦役割を求める企業は，女性を男性とは平等に扱わず，採用も賃金も昇進もすべて別扱いとした。1985年に男女雇用機会均等法（以下均等法）が制定される以前は，多くの企業において，女性だけに適用される若年定年制，昇進差別，賃金差別などの雇用差別が「慣例」としてまかり通っていた。女性社員は「結婚して辞める」ことを前提にされており，たとえ会社にとどまって働き続けたとしても，昇進や賃金で差別的な扱いを受けた。「主婦になるべき」と意味づけられたことで，女性労働者への差別は社会的に容認されてしまったからである。だから，女性は「働くこと」と向き合うとき「働く喜び」を求める以前に「働く権利」を求めるところから始めなければならなかった。「あたりまえ」ではない「働くこと」を，どうやって「あたりまえ」とするのか，そのための「権利」や「平等」をどう勝ち取るのか，模索し続けてきたのである。

男性にとっての「働くこと」

　一方で，男性にとっての「働くこと」は，「あたりまえ」以上に，「人生でなにより優先すべきこと」と意味づけられてきた。1955年から始まる高度経済成長期以降，のちに「企業中心社会」（大沢 1993）と名づけられるような経済優先，企業活動優先の社会が形づくられるなかで，男性労働者はその担い手として社会の中心的存在となった。それを支える「日本型雇用慣行」と呼ばれる仕組みも作られた。これは男性労働者を対象とし，①長期雇用保障（終身雇用），②年功賃金制度（生活給の意味合いをもつ），③企業内組合の3つが特徴とされる。学校卒業後に初めて入社した会社に定年まで勤めること（終身雇用）を前

提に，勤続年数に応じて賃金があがっていく（年功賃金）という仕組みである。男性が就職して年齢を重ねれば，結婚し家族をもち生活費もかかるようになるだろうという想定のもと，企業が男性従業員に対し「家族を養うことを保障する」というシステムであった。家族を丸抱えするような手厚い福利厚生も含めて（たとえば住宅保障としての社宅とか，家族のレクリエーションのための保養所とか）「日本的経営」とも呼ばれる。じっさいにこのシステムが適用されていたのは一部の大企業にすぎないとの指摘もあるが，「大会社の行動様式は中小企業にとっての目標となり規範となった。それは会社に雇われる人びとの生活を律し，ひいては雇われない人を含む社会全体のあり方を規定する」（馬場1991：63）とされるように，ある時期の日本社会の企業と家族のあり方を形づくり，人々の働き方（生き方）を強く規定した。

　だが男性労働者は，雇用と賃金が保障されるかわりに長時間労働や休日出勤など，あらゆる会社の指示を受け入れなければならなかった。不本意な異動や転勤にも従うしかない。多くの男性がそうした「働き方」を受け入れてきたのは，「家族を養う」という役割があったからだろう。職を失うことは家族を経済的リスクにさらすことになる。仮に「やりたい仕事」があったとしても，組織のなかで希望が通るわけではないし，むしろ自分の「やりがい」や「喜び」を追求するような「働き方」は組織のなかでは許されない。女性が働き続けるためには「主婦役割（母親役割）以上の意味（価値）」が仕事に求められたのとは反対に，男性は，仕事の「意味」や「喜び」を問うことなど許されなかった（もちろんじっさいには，与えられた業務にやりがいを見いだすとか，与えられた場で能力を発揮するとか，あるいは今村がいうような「他者からの承認」を求めて出世競争に挑むとか，さまざまな「喜び」はあっただろうが）。同時に，男性に課された「家族のための労働」は，結果として男性から家族を奪うことにもなった。長時間労働や休日出勤も厭わない，あるいは転勤や単身赴任も受け入れるという「働き方」は「家族生活を犠牲にする」働き方でもある。企業中心社会は「夫不在」「父親不在」という家庭を数多く生み，さまざまな家族問題も生じさせた。男性に課せられた「家族のための労働」は「家族からの疎外」という逆説を生み出すことにもなったのである。

「ケア不在の働き方」がもたらしたもの

　女性は「労働から疎外」され，男性は「家族から疎外」される。こうした性別役割分業を前提とした「働き方」は，バブル経済が崩壊し，企業が長期雇用保障と年功賃金制度を維持することが難しくなった1990年代前半以降も，色濃く残り続けた。「専業主婦のいる男性労働者が仕事だけに専念する」という「働き方モデル」は，それを支える仕組み（日本型雇用慣行）が機能しなくなり，さらに専業主婦という存在自体が少数派になった現在においても残り続け，その矛盾はますます大きくなっている（総務省によれば共働き世帯と専業主婦（総務省調査では無業の妻）のいる世帯数は1997年を境に逆転し，2015年では共働き世帯1114万世帯に対し無業の妻のいる世帯は687万世帯となっている）。

　筆者は，男性労働者が作り上げてきた「働き方」，すなわち育児や介護といった家族役割を負わずに，かつ（家計責任を負っているがゆえに）休みたいとか疲れたとか言わずに長時間労働や休日出勤にも耐えるような「働き方」を，家族的責任（ケア役割）と身体への配慮（身体ケア）というふたつのケアが不在という意味で「ケアレス・マン」モデルと呼んでいる（杉浦 2009：196）。「ケア不在の働き方」は「働き過ぎ」問題を抱えた男性労働者を苦しめてきただけでなく，就労参加を望む女性たちをも苦しめてきた。なぜなら，女性が働き続けるためには，この「ケア不在の働き方」に適応することが求められたからだ。1985年に均等法が施行され，雇用差別は法制度上では禁止された。だが，女性が男性と「対等に」働くとは，男性の働き方に適応することを意味した。均等法初期世代の女性たちは，結婚しない，子どもを産まない，あるいは子どもがいても子育てについては全面的に誰か（多くは実母）に頼らざるを得ないなど，「ケア役割」を職場に極力持ち込まない努力をしなければならなかった。「身体ケア」についても同様である。妊娠という身体的制約を抱えて働かなければならない妊娠期間中の労働においても，女性たちは「身体への配慮」を極力求めない，という働き方をした（杉浦 2009）。日本の職場は，そうした「家族の事情」や「身体の事情」を排除するという方法で，効率化を図ってきたのだ。

　先にアンペイド・ワークの議論に触れた際，企業が，あるいは社会が，アンペイド・ワークをどのように考えてきたのか，そしていまそれとどのように向き合おうとしているのかを確認することは大切な作業となる，と指摘した。ア

ンペイド・ワークとは，いい換えれば，「ケアにかかわるあらゆるいとなみ」である。ここまで確認したことは，「ケア不在の働き方」が男性たちも，女性たちも苦しめてきた，ということである。それは，「働くことの喜び」を疎外する要因であっただろうし，働く人の「思い」が大切にされてこなかった，ということでもある。であるならば，「ケアを抱えながら働ける職場」をどう実現していくのか，これから考えなければならないだろう。

　少子高齢社会における労働力不足によって，いま，あらゆる人々を賃労働者化する方向が示されている。これまで労働から「排除」されてきた人々（女性のみならず，障害者や高齢者，病を抱える人）が「賃労働への参加」を求められるようになっている。「労働中心社会」はますます強化されている。もちろん「働きたい人」が「働く機会」を得るのは望ましいことではあるだろう。だが，そのためには企業も社会もケア（アンペイド・ワーク）を包摂する仕組みを作らなければならないはずだ。さまざまな事情を抱えた人々（子育て中であるとか，障害があるとか，高齢であるとか）が労働に参加するためには，「ケア役割」も「身体ケア」も含めたあらゆる事情と「働くこと」が共存しなければならない。それぞれの事情に応じて「ケアの権利」が保障される仕組みを作らなければならない。と同時に，「働かない権利」を保障する議論も必要となるだろう。長く障害者運動にかかわってきた市野川は「労働を中心に人間や社会を考えることを拒否してきた」とし，「働くこと，働けることを，人間の条件と見なすような考えから，人びとを，また自分たちをいかに解放するか，ということが，そこでは重要だったし，今も重要だと思う」（市野川 2015：6）と述べている。労働中心社会からの解放もまた，大きな課題である。

4　「手段」でも「目的」でもなく

　ここまで，「労働は喜びか苦しみか」という問いをめぐって考えてきた。さらに前節では，「労働中心社会」が強化されようとするなかで，労働者の「ケアの権利」を考えることが重要ではないか，との問題を提起した。最後に，現在の労働のありようについて考えることでまとめとしたい。

若者と労働をとりまく状況

　先に，仕事は「食べるための糧を得る手段と開き直ればいい」という意見を紹介したが，現代ではそれ自体が難しいことなのではないか。「生活の糧となる労働」に就くこと自体，かつてないほど困難になっているからだ。

　日本型雇用慣行が大きく揺らいだ後，90年代後半から労働の規制緩和が進められた。雇用の流動化，不安定化が急速にすすみ，正社員という働き方は縮小し，正社員以外の働き方（派遣や契約やパートといった非正規雇用）が拡大した。いまや雇用労働者全体の4割が非正規雇用となっている（厚生労働省 2015）が，これは1990年の2割から約2倍となっている。女性だけでいえば，2003年に非正規雇用はすでに半数を超えており，いまや6割に達しようとしている。また20歳から24歳の若年雇用労働者においても非正規率は3割を超えている。本田は若年労働市場の急激な変化によって，若者のなかに「典型雇用／非典型雇用／失業・無業という分断が明確に成立している」と指摘し，それによって「そのいずれもがそれぞれに苦しいという状態が生まれている」とする（本田・平井 2007：16）。正規雇用（典型雇用）が縮小したことで多くの人がそれを求めて競争しあうような社会では，たとえ正社員になれたとしても，そこから振り落とされないために必死に働かなければならなくなる。正社員という「身分」を保持するためには，さらに過酷な労働に耐えなければならなくなるのだ。

　そう考えると雇用の流動化・多様化は，働く側の「働き方」の選択肢を増やしたのではない。働かせる側の「雇い方」の選択肢を増やしたのだ。労働力をパーツとして活用するためのメニューが増え，労働者の抱えるさまざまな事情を持ち込ませないまま，いかに「労働力」として活用するか，いかに利用できる人を利用できる場所に効率よく配置するか，そのための仕組みが増えたのだ。新たなかたちで「ケア不在の働き方」は強化されている。2000年代に入って「雇止め」や「派遣切り」など，労働者が「使い捨て」にされる場面を職場で，あるいはニュースなどを通して，人々は目撃するようになる。「若者を経済的に自立させるような継続的な就業がむつかしい」（熊沢 2006：i）社会は，「若者たちが意欲と展望をもって就業できない」（熊沢 2006：2）状況を生みだすことになる。今度は若者が「労働から疎外」される。労働は，「生活の手段」としても「人生の目的」としても，位置づけることが難しくなってしまう。

明日を取り戻す

　典型雇用が縮小し非典型雇用が拡大しているこうした状況は，日本に限った現象ではない。フランスの社会学者ロベール・カステルは，フランスの労働者たちが直面する状況を「プレカリテ（不安定雇用）」と名づけている。そして，雇用全体が不安定化する社会において，人々は「『明日を失い』つつある」（Castel 2009=2015：13）と表現する。安定した雇用を得られないということは，自分や家族の将来像を思い描くことができない，ということだ。明日を信じて生きることができないという個々人の不安定化は，社会全体の不安定化をも意味する。さらに，不安定雇用とはたんに安定した収入を得られないという経済的な問題を意味するだけではない。個人と社会のつながりが不安定になることでもある。「人は働くことを通じてどこかに所属してきた」（山崎 2014：48）とあるように，職場は「人間にとって生きるための『拠り所』」であり，「どこかに所属しているという実感を与える」（山崎 2014：48）ものでもあった。それが不安定であるということは，居場所を見失うことであり，「社会とつながっている」という実感がもてなくなることをも意味するからだ。

　こんなふうに若者と労働をとりまく状況をたどっていると，最初に掲げた「就職には夢も希望もないのか」という問いに行きついてしまうようにも思えてくる。「労働の喜び」につながるような「希望」はいったいどこにあるのだろう。

　だがそれはもしかしたら，若者自身のなかにあるのかもしれない。筆者はかつて，ある調査（日本女子大学現代女性キャリア研究 2013）に参加するなかで，若い女性たちに見られる新たな就労意識に着目し，それを「地に足のついた就労観」と名づけた（杉浦 2013：283）。雇用の不安定化は，「主婦になって夫に経済的に依存する」という生き方の選択肢を消失させた。女性たちは「自分の給与で生活する」「自分の食い扶持は自分で稼ぐ」ということを「あたりまえ」に考え始めている。逆の側からいえば，男性も同じだろう。「家族のため」に会社に縛り付けられるような「働き方」は，それを保障する仕組みが消えたいま，リアリティのないものとなっている。男性もまた「働くこと」とシンプルに向き合うしかない。前節で労働が「生活の手段」としても「人生の目的」としても位置づけることが難しくなっている，と指摘したが，そうした 2 項対立

的なとらえ方自体，じつはもう意味のないことなのかもしれない。「苦しみに決まってるでしょ」という冒頭の大学生の言葉は，生きるために「働くこと」と向き合おうとしている「覚悟」であるかもしれないからだ。その「覚悟」が「働くこと」の新しい意味を紡ぎだし，「「使い捨てられ」も「燃えつき」もせず」（熊沢 2006）というような，新たな「働き方」を生み出す可能性を秘めているかもしれない。

　だが，そのためには，不安定となってしまった人々の結びつきや社会とのつながりを再生し，「生活できる」という明日への保障を「雇用」とは別のかたちで示すことができるような，新しい社会のあり方が模索されなければならないだろう。難しい課題だが，それでもあえて，「働くことは喜びか，苦しみか」という問いに立ち返れば，生きる力を得るような労働が喜びであり，生きる力を奪うような労働が苦しみである，最後にそういいたい。生きる力を得るような労働を作り出していく，それが「明日を取り戻す」ための試みとなるはずだ。

 読書案内

Castel, Robert, 2009, *La montée des incertitudes : travail, protections, statut de l'individu*, Seuil.（＝2015, 北垣徹訳『社会喪失の時代——プレカリテの社会学』明石書店。）
　「不安定雇用」は人々のつながりをも希薄にする。社会にいながら孤立する若者たちは「社会喪失」という状況に置かれてしまう。「雇用」という観点から個人と社会の関係を論じ，現在の日本にも通じる一冊。
市野川容孝・渋谷望編著, 2015,『労働と思想』堀之内出版。
　22人の思想家たちの思索を「労働」という観点から切り取った論考集。ロック，ルソーといった古典から，ネグリ＝ハート，ベックといった現代の論客まで時代も分野も異なる思想家たちが取りあげられている。「労働」について学びたい人にとっては，入門書としても役立つ。
今村仁司, 1998,『近代の労働観』岩波新書。
　労働中心主義が強化されようとしている現在，あらためて読み直したい一冊。「働くことは生きること」といった思想はどこから来たのか，私たちは「働くこと」からどこまで自由になれるのか／なれないのか，思考をめぐらすことができる。

文献

馬場宏二, 1991, 「現代世界と日本会社主義」東京大学社会科学研究所編『現代日本社会1　課題と視角』東京大学出版会, 29-83。

Castel, Robert, 2009, *La montee des incertitudes : travail, protections, statut de l'individu*, Paris, Seuil.（＝2015, 北垣徹訳『社会喪失の時代——プレカリテの社会学』明石書店。）

Dalla Costa, Mariarosa, 1986, 『家事労働に賃金を——フェミニズムの新たな展望』伊田久美子・伊藤公雄訳, インパクト出版会。

Gorz, André, 1988, *Métamorphoses du travail Quête du sens : Critique de la raison économique*, Editions Galilee,（＝1997, 真下俊樹訳『労働のメタモルフォーズ　働くことの意味を求めて——経済的理性批判』緑風出版。）

本田由紀・平井秀幸, 2007, 「若者に見る現実／若者が見る現実」本田由紀編『若者の労働と生活世界——彼らはどんな現実を生きているか』大月書店, 13-42。

本田由紀, 2011, 『軋む社会——教育・仕事・若者の現在』河出文庫。

市野川容孝, 2015, 「はじめに」市野川容孝・渋谷望編著『労働と思想』堀之内出版, 6-7。

今村仁司, 1998, 『近代の労働観』岩波新書。

厚生労働省, 2015, 「平成26年就業形態の多様化に関する総合実態調査の概況」（http://www.mhlw.go.jp/toukei/itiran/roudou/koyou/keitai/14/dl/gaikyo.pdf, 2017年6月15日最終アクセス）。

熊沢誠, 2006, 『若者が働くとき——「使い捨てられ」も「燃えつき」もせず』ミネルヴァ書房。

内閣府, 2017, 「平成29年版男女共同参画白書」（http://www.gender.go.jp/about_danjo/whitepaper/h29/zentai/index.html　2017年6月15日最終アクセス）

日本女子大学現代女性キャリア研究所, 2013, 「女性とキャリアに関する調査」（http://riwac.jp/admin/wpcontent/uploads/2013/09/42d39e0280fb5e4999d6544a80d629d31.pdf, 2017年6月15日最終アクセス）

Oakley, Ann, 1974, *Housewife*, Deborah, Rogers, Ltd.,（＝1986, 岡島茅花訳『主婦の誕生』三省堂。）

落合恵美子, 1994, 『21世紀家族へ——家族の戦後体制の見かた・超えかた』有斐閣。

大沢真理, 1993, 『企業中心社会を超えて——現代日本を「ジェンダー」で読む』時事通信。

杉浦浩美, 2009, 『働く女性とマタニティ・ハラスメント——「労働する身体」と「産む身体」を生きる』大月書店

杉浦浩美, 2013, 「女性の就労と自立の関係——いま, あらためて, 女性にとって『自立』とは何か」庄司洋子・菅沼隆・河東田博・河野哲也編『自立と福祉——

制度・臨床への学際的アプローチ』現代書館，269-286。

杉村芳美，2009，「人間にとって労働とは──『働くことは生きること』」橘木俊詔編
　　著『働くことの意味』ミネルヴァ書房，30-56.

橘木俊詔，2011，『いま，働くということ』ミネルヴァ書房。

山崎憲，2014，『「働くこと」を問い直す』岩波新書。

第6章 | 環境と科学技術
——環境は成長と開発の呪縛を解くことができるか

関 礼子

1 自然と対話する身体・環境というトポス

　自然とはなにか。環境とはなにか。そこに私たちはどうかかわっているのか。

　人間は産み落とされた瞬間，環境に交わる。オギャーと泣いて呼吸し，乳をのみ，排泄する。家族に守られ，社会化されながら成長していく。「われわれ人間も所詮は生きものなのであり，あらゆる知的営為は生きるための方策なのだとすれば，人間の学はなによりもまず生命の学でなくてはならないだろう」というとき（木村 2005：17-18），生命は環境のなかに，そして社会のなかにあるということを思い出さねばならない。生命の学は環境の学であり，社会の学であるからだ。

　人間は自然との対話によって文化を生み，共同性をはぐくみ，社会をつくる。自然との対話によって創発される環境という場所（＝トポス）に，社会学が分析対象にする「社会」が垣間みえる。変わらないもの，移りゆくもの。人々の生活や文化，社会のあり方を映し出す鏡としての環境である。それは，しばしば風景としてまなざされる。

　明治時代に日本を旅したエリザ・R・シドモアは，人々の営みが風景のなかに表出するのをみた。たとえば，シドモアが「理想郷」と呼んだ瀬戸内海は，次のように表現される。

　　　　陸地に囲まれた瀬戸内海は，長さ200マイル〔320キロ〕に及ぶ広大な湖

となり，島々を豊富に浮かべ不均等な海岸線に守られています。鮮やかな緑に包まれた 鋸 （のこぎり）状の山脈が，夢のような無風状態を乱すに足る野性味を帯びています。青々とした島がグループとなり，水路はどこも広く平らで，人間の営みと開墾（かいこん）達成の印がどの風景の中にもあります。海辺に沿い村落が連なって広がり，群がる屋根が石積護岸とともに延び，城郭や社寺が護岸より上にそびえ，時折ちらっと森の斜面から覗（のぞ）いたりします。稲や穀物の段々畑が丘の頂上まで畝（うね）を作り，さらに低地全体にも及んでいます。石灯籠や鳥居は共同墓地へ向かう小道を示し，墓地にあるみかげ石や青銅の古いシャカ像は，この社寺の森や小共同体が数百年も続いていることを証明しています。(Scidmore 1902=2002：445-6，〔 〕は訳者による)

　船上から見たシドモアの風景描写に，共同体の四季の営みや文化，生命の賑わいがほとばしる。海上では，社寺や鳥居といった「海辺聖標」(上田 1996)を目印にして走る船は，「山立て」をして自らの位置を知っただろう。連なって拡がる村むらでは，盆に迎え火・送り火が焚かれただろう。斜面に広がる棚田では，家族・親族総出で賑やかに田植作業が行われ，稲刈りが終わると落穂をつまむ鳥がやってきただろう。

　自然は身体と対話して環境をかたちづくり，環境は社会の表現形態として風景になる。村びとたちが自然から持続的に日々の糧＝資源を得て共同しながら暮らし，歴史や文化をつむぐ。そうした営みを表出させるのが環境であり，風景である。自然と対話する身体が根差す共同体のなかに，環境という場所（＝トポス）がはぐくまれているのだ。生き生きとした風景は，生き生きとした社会を映し出す鏡となる。シドモアは，風景のなかに，きめ細やかな生活の匂いを「数百年」という時間の幅で感じ取ったのである。

2　在地の倫理と技術の方向づけ

自然の再生はかかわりの再生

　自然からなにを資源として取り出すかで，生業や産業は地域ごとに異なったものになる。それらは地理的な要素と絡みあって，その土地の風景を特徴ある

ものにする。だが，生業や産業の栄枯盛衰が自然の荒廃や環境破壊を招き，風景から生活の息遣いを奪うこともある。壊された自然は再生を待つまで希望の種子を芽吹かせない。風景は人の営みから途切れて「廃墟」になる。自然の再生は，たんに物理的な自然環境の復元作業によってではなく，人がふたたび自然とのかかわりを取り戻すことで可能になる（富田 2014：176）。風景もまた然りである。

　明治時代に煙害を引き起こした，別子銅山の例をみてみよう。瀬戸内海に面した愛媛県新居浜市には，近代化産業遺産に指定された別子銅山がある。1911年にアンデス山脈で発見された，インカ帝国のマチュピチュ遺跡を彷彿させる貯鉱庫や索道停車場，変電所や通洞といった遺構がのこる別子銅山の後景には，緑の山野がある。この山野は，現在の住友グループの歴史に深く刻まれる住友総理事（大番頭）のひとり，伊庭貞剛が残した遺産である。

　明治になって別子銅山の採銅量が増え，それにみあった規模の製錬所が新居浜につくられると，製錬所周辺では亜硫酸ガスによる深刻な煙害被害が生じた。伊庭は煙害解決のために巨費を投じて製錬所を四阪島へ移転させたが，煙害は収まるどころか農業被害を拡大させてしまう。こうした状況に対して，住友は被害農民と被害賠償や製錬鉱量の制限，農作物に重要な期間の製錬作業中止などの契約を結んだ（住友金属鉱山株式会社住友別子鉱山史編集委員会 1991：27-29）。ちなみに，住友は農民との契約を結んだ後も，独自に技術開発を続けて昭和初期に脱硫装置を完成させ，また煙害克服のための技術開発は現在の住友化学の礎になった。

　他方で，煙害で荒廃した山では植林が進められた。「別子の全山は，古来鉱山の作業に欠くことの出来ぬ木材や木炭用として，濫伐に濫伐を続けてきた結果，嘗つては翠豊かだつた山々は見るかげもなく憔悴し，年々の出水に山肌は痛々しく露出していた。……一木一草も惜しみなく与え尽してくれて何の憤りをも示さぬ大自然に沁々と感謝せずにはいられなかつた。このまま別子の山を荒れるにまかしておくことは，天地の大道に背く」と，伊庭は考えていた（神山 1960：159-160）。

　近江出身で，売り手よし，買い手よし，世間よしという近江商人の「三方よし」の精神を継いだ伊庭にとって，住友の事業は，世間＝社会に利するもので

なくてはならなかった。惜しみなく与えてくれた大自然に報いる「国土報恩」の植林事業は、短いタイムスパンでみればまったく無駄なコストだったが、長いタイムスパンでみれば将来への投資であった。事実、森林再生にかかわり続けるなかから住友林業という会社が生まれた。この住友林業が経営理念にすると同時に企業の社会的責任（Corporate Social Responsibility: CSR）の原点におくのは、別子の森林再生の風景である。自然の再生はかかわりの再生であり、かかわりの再生は事業の創造性をも生み出してきたのである。

対話する技術・対話を拒む技術

　明治時代に伊庭が主導した煙害克服と森林再生の取り組みは、愛媛県今治市の織田が浜埋立反対運動（1983〜1995年）という自然保護運動の文脈でも評価されてきた。織田が浜は、幕末に瀬戸内海を船で旅したエメェ・アンベールが「日本では珍しく広い砂浜が街の郊外に続いていた」と書いた砂浜の一部である（Humbert 1870=2004：64）。四阪島を臨む今治市で織田が浜埋立反対運動を担った竹本千万吉は、〈別子－新居浜－四阪島〉における煙害問題を足尾鉱毒事件と比較し、住友の地域に根差す姿勢（在地性）が責任ある解決をもたらしたと考えた。

　　　足尾と田中正造が日本の公害の原点として忘れられない記憶になっているのにたいして、地元の今治でさえ四阪島煙害はほとんど思いだされることはない。「鉱業か農業か」の二者択一で農民の声が抹殺された足尾と異なり、四阪島では「鉱業も農業も」という立場で煙害が克服されたからである。（関 1999：143）

　足尾鉱毒事件では、渡良瀬川沿岸の田畑を洪水とともに襲う鉱毒に耐えかねた農民たちが、銅山の操業停止を求めて立ち上がった。それを国は力で封じ込めようとした。運動の先鋒だった谷中村を廃村にし、渡良瀬遊水地を建設するという方策にでたのである。国が権力で被害農民の訴えを排除したときに、「悲劇」は生まれた。強権的な態度で被害農民を排除していく一切が、治水技術から人間性を奪い、技術が地域と対話することを阻んだ。国や企業の利益を

第一にしたとき，技術は問題解決の方向を模索しない。

　対して，住友が地域の一員として，農民とともに土地に対する社会的責任を果そうとしたときに，企業とその技術は問題解決の糸口をつかんだ。

　竹本は，すでにふたつの港湾がある今治市に，住民の反対を押し切って織田が浜を埋立ててまで3つめの港湾を建設することに利はないと考えた。そして，煙害問題を解決してきた地域史に学び，地元住民の声を抹殺した「足尾」になってはいけないと主張した。

　田中正造は，「草木は枯れて生ひたゝず　田の面に実る稲もなく　河には漁る魚も居ず　山にはきこる人もなし」と唱歌にうたわれた足尾鉱毒事件の惨状をまえに（田口 1962：103），「真の文明ハ山を荒さず，川を荒さず，村を破らず，人を殺さゞるべし」と述べた（田中正造全集編纂会 1977：260）。竹本にとって足尾は，住民の声を抹殺したからこそ「悲劇」になり，「悲劇」になったからこそ田中正造という忘れ得ぬ偉人を生み出した「失敗史」にほかならなかった。

　20世紀は，科学技術が人間の利便性を高め，物質的なゆたかさをもたらした「科学技術文明の時代」である。だが，科学技術の進歩がもたらした文明とはなにか。中央集権化を推し進めるなかで地域を国家に従属させ，環境を壊し，地域を壊し，人の健康・生命を害するものを「真の文明」とは呼ばない。科学技術は，地域の自然や人々の営みと対話しないときに，「科学技術文明の野蛮」へと転じていく。

3　「もはや戦後ではない」社会で起こったこと
——公害の噴出——

被害は弱者からはじまる

　足尾とならび「環境問題の原点」とされるのが熊本（不知火海）の水俣病である。水俣病は，新日本窒素肥料株式会社（のちのチッソ株式会社，以下は「チッソ」と記述）のアセトアルデヒド生産工程から排出された工業排水のなかのメチル水銀が，食物連鎖によって水俣湾の魚介類を高濃度に汚染し，汚染された魚介類を多食することで発症する公害病である。水俣病の発生が公式に確認されたのは，経済白書に「もはや戦後ではない」と記された1956年であった。

1956（昭和31）年4月23日，船大工の田中さんの5歳11ヵ月の女の子が歩行障害，言語障害さらにもうろう状態などの脳症状でチッソ付属病院（細川一院長）小児科に入院してきた。この子が入院したその日に2歳11ヵ月の妹が同じ症状で発症して，4月29日にチッソ付属病院に入院した。その一日前にこの姉妹の隣の江郷下家の5歳4ヵ月の女の子が同じ症状で発病した。そのことを知って驚いた医師たちが，さらに調べてみると近所に8人の同様患者が発見された。その後，江郷下家では8歳7ヵ月と11歳8ヵ月の兄弟が相次いで発病した。そこで，驚いた医師たちは5月1日「原因不明の中枢神経疾患が水俣市の漁村地区に多発している」と水俣保健所に届けたのである。この日が水俣病公式発見の日とされている。（原田2007：29-30）

　被害は弱者である子どもたちから始まり，家族・集落へと拡大した。熊本大学の研究班は水俣湾産の魚介類の摂取で発病した「一種の食中毒」であると結論したが，汚染された魚介類を食べないように食品衛生法を適用することができるかという熊本県の照会に，国（厚生省）は適用できないと回答し，被害の拡大防止を阻んでしまう。さらに，チッソ付属病院の細川一院長がチッソの排水をネコに投与する実験で水俣病を発症させたが結果は公表されず，有機水銀が原因だと国（厚生大臣）に答申した厚生省食品衛生調査会水俣食中毒特別部会もすぐに解散となった。

　1959（昭和34）年12月，チッソは，有機水銀を浄化できない排水浄化装置（サイクレーター）を完成させて汚染対策をアピールし，生活に困窮する水俣病患者家庭互助会と見舞金契約（わずかな見舞金と引き換えに水俣病の原因が工場排水と結論されても今後は補償を求めないとする契約）を結んだ。これで水俣病は幕引きされてしまった。ふたたび水俣病の問題が掘り起こされ，公害被害が社会問題化するには，第2の水俣病である新潟水俣病の発生と，新潟水俣病の被害者運動の生成を待たねばならなかった（関 2009：226-7）。

弱者を生み出し弱者に犠牲を強いる
　第二の水俣病は起こるべくして起こった。1959（昭和34）年に水俣病の原因

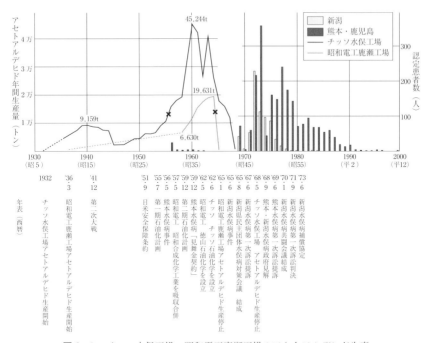

図 6-1　チッソ水俣工場・昭和電工鹿瀬工場のアセトアルデヒド生産
出所：坂東克彦作図（2013年3月）

　がアセトアルデヒド生産工程から出た有機水銀だと指摘されていたにもかかわらず，昭和電工はアセトアルデヒドの生産量を5年後の1964（昭和39）年には2倍以上に増やしていたからである。翌1965（昭和40）年1月，昭和電工はアセトアルデヒドの生産を停止し，プラントを撤去した。新潟水俣病の発生が公式発表されたのは，この年の6月12日であった。

　この間，チッソも被害を拡大させてきた。水俣病の原因が有機水銀であると指摘されていたにもかかわらずアセトアルデヒドを増産し，新潟水俣病発生後の1968（昭和43）年まで生産を続けていた（図6-1）。政府が水俣病の原因はアセトアルデヒド生産工程によるメチル水銀化合物であると見解を示すのは，チッソがアセトアルデヒドの生産を終了してから4ヶ月ほど後のことだった。

　確かに，被害の物理的な要因はアセトアルデヒド生産工程で副生されたメチル水銀化合物である。しかし，被害を拡大・深刻化させたのは，経済最優先で

突き進む加害企業とそれを暗黙裡に追認した国であった。

　科学技術は利便性と物質的なゆたかさをもたらした。他方で環境を汚染し，人々の生命や健康に不可逆な被害を与えた。だが，被害が膨らんでいった原因を科学技術の問題だけに帰すことはできない。企業の経済活動が在地の人々の被害を省みず，国が被害を過小評価して企業の利益を優先したときに，公害問題は人々を弱者にし，弱者に犠牲を強いる社会問題としてあらわれるからである。

4 「時間」から解く「成長の魔術」

引き継がれる環境リスク

　経済成長の恩恵は広く薄く社会の利として配分され，「一億総中流」という社会意識を生み出した。他方で，一部の者に狭く深く公害被害が不平等に配分された。少数者への一方的受苦と大多数への一方的受益という不均衡な構図が生みだされたのである（舩橋ほか 1985）。

　公害は高度経済成長の影である。水俣病や新潟水俣病は，少数者の一方的受苦を止む無しとする「犠牲のシステム」（高橋 2012）がもたらした，「悲劇」の典型例にみえる。

　公害は経済成長に不可避の影だったのか。生命や健康への不可逆な被害は，この国が成長するための致し方ない犠牲であったのだろうか。時間軸を考慮に入れると，「経済成長の影」という言説さえもが，次世代に問題をしわ寄せし，環境リスクを押しつけた，無責任で不健全な経済成長の自己弁護のように聞こえてくる。

　たとえば，水俣病の場合，患者が発見・報告されたあとも原因究明や被害防止策がとられなかったため被害は拡大し，第二の水俣病が発生した。生命や健康といった基本的人権が踏みにじられただけでなく，水俣湾では莫大な費用をかけて水銀汚泥の浚渫と埋立が行われた。その埋立地もすでに老朽化が懸念されており，2016年の熊本地震では，埋立地からの水銀流出のリスクに警鐘が鳴らされた。

　足尾鉱毒事件でも，環境復元に長い時間と巨額の資金が投下されてきた。別

子の煙害被害地では加害企業である住友が植林による環境修復をしたのに対し，足尾の煙害ではげ山となった松木渓谷では，国が治山事業として植林をすすめてきた。また，1982〜99年と2005年に実施された渡良瀬川流域地区公害防除特別土地改良事業では，対象地に隣接する農地の整備をあわせて65億5087万6000円が費やされた。公害防止事業として行われた事業費54億2069万8000円のうち加害企業の負担は27億6455万6000円にすぎない（群馬県HP, https://www.pref.gunma.jp/04/e0100407.html：最終閲覧2017年8月12日）。

　足尾には災害時の環境汚染リスクも残されている。2011年の東日本大震災では，足尾町の源五郎沢堆積場（鉱滓ダム）が決壊し，渡良瀬川からは環境基準値を超える鉛が検出された。源五郎沢のほかにも鉱滓ダムはいくつも残されており，なかでも足尾町の上に位置する簀子橋堆積場が大規模に決壊したら，町の中心部に有害物質が洪水となって押し寄せ，深刻な被害をもたらすと指摘されている。

　健康や生命への被害は不可逆である。環境修復には膨大な時間とコストがかかる。汚染を封じ込めた構築物は老朽化に抗えず，恒久的に維持管理をしなくてはならない。利する者がいなくなっても，環境リスクという負債だけは未来へと引き継がれていく。

科学技術を飼いならす

　このように，問題発生時点では確かに存在していたようにみえる受益が，一定期間を経たときに，なおも受益であり続けるとは限らない（図6-2）。加害企業は問題発生時点でもたらされた利潤以上に被害補償や環境復元のコスト，さらには環境と人間破壊に携わった企業犯罪という不名誉な罪状を負い続けることになる。国や自治体は加害企業が負担しきれないコストを支弁し，結果として社会全体で責任を引き受けなくてはならない。

　水俣病発生公式確認から60年以上，新潟水俣病発生公式発表から50年以上が経つのに被害の訴えは続き，裁判が争われている。生命・健康の侵害や環境・生活・生業の侵害，補償費用や汚染対策，加害企業が負う加害責任などを考えれば，公害の未然防御や被害拡大防止こそが，明らかに被害者，加害者，社会の三方の利にかなっていた。

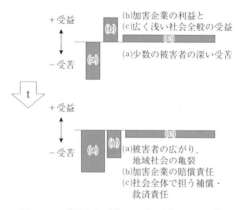

図6-2 受益から受苦への時間(t)による転換
出所：筆者作成

　時間（t）がもたらした結果を直視すると，経済成長第一主義の魔術が解けていく。もとより，「最大多数の最大幸福」（ベンサム）は人権をないがしろにすることを良しとしないが，少数者に犠牲を強いてまで得た経済的な恩恵は一時的なもので，時間（t）が経過すると，すべてが負債へと転換する。世代間の公正という観点でみれば，明らかに経済成長の恩恵は限定的かつ「少数者の最大幸福」にすぎなかった。

　水俣病の原因になったアセトアルデヒド生産工程は，水俣病発生から約10年後にはスクラップされた。ある時点で優位性をもっていた産業や技術も，時間（t）を経ると，時代遅れの陳腐化した技術になる。否，ひとたび深刻な公害や環境汚染，重大事故をもたらした技術は，そのように運命づけられなくてはならない。被害の前兆に気を配り，被害が小さなうちに対策を講じ，科学技術の方向性を修正・転換していくこと，すなわち科学技術を社会が飼いならすことが必要である。

　その実現可能性は，科学技術ではなく社会システムにある。水俣病，新潟水俣病に続いて，1973（昭和48）年に問題になった「第三水俣病」疑惑では，苛性ソーダ生産工場が原因のひとつにあげられた（関 1998）。この問題では，国がイニシアティブをとって，脱水銀技術への転換を全国の苛性ソーダ生産工場に指導したが（水銀法から隔膜法への転換），企業はより優れた技術で製法転換を

成し遂げた（イオン交換膜法への転換）。「環境配慮にかかわる制約条件が社会的
規範としてすべての企業に対して一律に適用されるのであれば，……環境配慮
を大切にする企業が他と比べて不利化するということは避けられる」ことの好
例である（舩橋 2004：73）。

国際的な環境配慮規範形成のイニシアティブ

　もちろん，こんにちの企業の経済活動はグローバルな展開をみているから，
国際競争力を維持するためには，環境配慮の規範がグローバルに適用されなく
てはならない。環境に配慮した科学技術は，現在だけでなく未来の人々の基本
的人権にかかわるもので，潜在的には国境を超えたグローバルな価値をもって
いる。ただし，それが価値として表出するためには国際的な規格やルールを決
定するイニシアティブと，それを支える理念の共有が必要である。環境へのリ
テラシーは，未来に対する社会的責任という環境倫理の問題でもあるからだ。
　日本では，近代化の足もとで鉱害問題が発生し，高度経済成長の足もとで公
害問題が生まれた。企業の海外進出は，「公害輸出」と呼ばれる問題を引き起
こした。国境を超えて環境に関する社会的責任を果たすとともに，環境配慮の
規範形成にイニシアティブをとることは，「公害先進国」と呼ばれた日本の課
題である。
　「日本の優れた環境技術を海外へ」という動きはすでにあるが，この動きを
加速するためには，国際規格（ルール）の形成に積極的に寄与することが必要
である。ビデオテープ市場における VHS 対ベータマックスの例のように，い
くら技術的に優れていても，その技術が普及するとは限らない。むしろ国際規
格になるかどうかが，技術の優位性を決定するのである。
　前述した苛性ソーダ生産工場のイオン交換膜法への技術転換は，日本では
1999年に終了したが，海外ではいまだに水銀法を用いている工場がある（世界
省エネルギー等ビジネス推進協議会 HP：http://www.jase-w.eccj.or.jp/technologies-j/
pdf/factory/F-74.pdf：最終閲覧2017年 8 月12日）。「水銀に関する水俣条約」（2013年
採択，2017年 8 月発効）によって，水銀使用の規制が厳しくなるが，もっと早く
に日本が水銀使用の規制にイニシアティヴを発揮していたら，ローカルにもグ
ローバルにも環境への日本の技術的貢献は大きかっただろうと悔やまれもする。

環境という価値を支える確たる理念がなければ，どんなに優れた環境配慮の科学技術であっても，顧みられることのない技術のままになってしまうのである。

5　「開発の錬金術」を乗り越える

「自然破壊の文明」と「循環系の文明」

　成長の魔術は，「あした，ここにはない素晴らしい世界」をささやく。対して，環境はいま，ここにある，「当たり前」（田中 2009）の自然や環境が危機にさらされ，日常的に繰り返される暮らしの「当たり前」が脅かされたときに浮上する価値である。

　近代化や成長の魔術は，自然環境を台無しにし，生命や健康を踏みにじった。田中正造は「文明の利器を以て野蛮の行動を為す」と近代文明を批判し（田中正造全集編纂会 1977：71），水俣の漁師・緒方正人は，「水俣病事件は 人が人を人と思わんごつなったそのときから はじまった」と公害企業を生み出した科学技術文明の野蛮を指摘した（緒方・辻 1996：135）。自然を壊し，汚染し，自然と共にある人々を弱者にしたのが，足尾であり水俣であった。

　もっとも，近代化や成長，それらを支えた科学技術文明だけが破壊的であったわけではない。文明史を紐解くと，古から開発に付随して環境問題が発生してきたことがわかる。

　　　初期の農業がエジプトの端からシリア，メソポタミアを通ってペルシャ湾にまでのびていたころ，大地は緑であった。古代都市の生命線であった灌漑水路は，今では吹きさらしの砂の下に埋まりその微かな痕跡を残すだけである。エルサレムのソロモン寺院の建造に使われた，かの有名なレバノンスギは，ちりぢりになった小さな森でしか見られない。（Westoby 1989=1990：47）

　古代，森林とともに文明は栄え，森林とともに文明は衰退した。「森林破壊の文明」である（安田 1996：3）。「自然／環境破壊の文明」と呼んでもよい。
　他方で，輪作有畜農業など，「中世から近代にかけて人類が獲得した英知，

すなわち，地力を回復し維持する思想と技術」に支えられた文明もあった（丸山 1998：40）。これを「循環系の文明」と呼ぼう。自然からの一方的な搾取と破壊ではなく，自然の安定をつくりだす循環系の文明として，徳川時代の江戸の例があげられる。そこには，江戸の下肥を近郊の田畑に施肥する地域循環システムや，「もったいない」を本分としたモノの徹底的な再生利用などがあった。『環境・循環型社会白書』はこれを「原始循環型社会」と呼び，2000年からはじまる「循環型社会元年」の前史においた（環境省 2008：55, 67）。

　循環型社会とは，ゴミを減らし，再利用やリサイクルを促進する社会のことを指す。もっと広くいえば，山，川，海へとつながる物質循環や，生物多様性のある自然の循環のなかに人間も位置づけられるような社会のことである。

「資源収奪型の産業文明」と「開発の時代」

　安定的な循環系文明に打撃を与えたのが，「資源収奪型の産業文明」である。日本では，富国強兵，国力増強の掛け声のもとですすめられた近代化も，戦後復興のかけ声から始まった開発政策も，安定と循環から遠ざかる「資源収奪型の産業文明」のベクトルにあった。決定的だったのは，戦後世界を席巻した「開発」である。「開発の時代」は，1949年にトルーマン米大統領の就任演説で「低開発国」の状況改善と経済成長のための開発が訴えられたときに始まり，1961年にケネディ大統領の提唱により始まった「国連開発の10年」を通して世界中に蔓延した（Esteva 1992=1996：18）。こうして，開発による経済成長は見果てぬ夢になった。

　日本では，1950（昭和25）年設置の「北海道開発庁」や1962（昭和37）年から始まる「全国総合開発計画」というネーミングに，開発に寄せた素朴な期待が透けてみえる。だが，華々しい開発計画の背後で砂浜は埋め立てられ，コンビナートや港湾が建設され，排水は海を，排煙は大気を汚染した。自然を破壊しながら山へと伸びる道路は地方から都市への人口移動を促す一方で，観光客や排気ガスやゴミ（ポイ捨てから不法投棄，産業廃棄物処分場まで）を吸い上げた。観光地ではオーバーユースによる自然荒廃が問題になった。相次ぐダム建設で河川は分断され，下流への土砂の供給が断たれた。護岸で固められた川は排水路のようになり，湖沼の汚濁も問題になった。農薬にまみれた田畑からはカエ

ルの声が消えた。

　「開発が残したものは，社会的には公害，自然の破壊，地価・物価の高騰，過密・過疎の激化であった。いや，それ以上に，日本人の心の中で成長の神話を熟成させ，価値観の転換を成就したことであった」と指摘される（榊原1997：7）。山を崩し，海を埋め，廃棄物で谷を満たす。オリンピックや万国博覧会のようなビックイベントに乗じて，インフラを一気に整備する。コンビナートや企業団地を整備して，国土を大きく改変させていく。ブルドーザーや重機の槌音は，ゼネコン大手から下請け，孫請け，関連企業へとトリクルダウンで富を滴り落とすだろう。「みんなのもの」だった砂浜を埋めれば，そこに私的に所有できる不動産が生まれるだろう。開発は，質を問わず，大きければ大きいほど成長の神話を膨らませる錬金術のようなものであった。

　いまなお開発には抗いがたい魅力がある。開発は留まるところを知らない。「環境破壊」「自然破壊」という批判に阻まれて路地裏で行き詰まった開発は，だが，その限界を超克して新たな居場所をみつけた。「地球環境問題」の時代に，開発は「持続可能な開発（sustainable development）」と看板を書き変えて世界を闊歩し始めたのである。

　「持続可能な開発」は，環境の有限性と世代間の公平性とを内包する危機の概念である。「持続」とは維持・安定を意味するから，平穏な日常や安定した社会のなかで，持続可能性が問題になることはない。持続可能性をうたうときは，もはや持続が困難なときである。環境汚染による深い受苦を軽んじ，将来世代の環境や資源を先取りして現在の持続を優先し，そこにある可能性を食いつぶす。「持続可能な」は，それまでの開発がもたらしてきた持続不可能性を浮かび上がらせる形容である。つづく「開発」は，従来の開発の神話があまりに強大なため，語感自体が自然や環境の問題とは敵対的に感じられる。

　だが，ここでの「開発」は，内部から湧き出る内発的な力を創発すること，つまり「内発的発展」という意味合いをもたねばならない。内発的発展とは，その地域にある人材，資源，知恵を用いて，魅力ある暮らしやすい地域をつくっていくことである。地域の歴史や文化，生業や景観などを活かしながら，地域住民自らが将来を見通せる地域をそれぞれに実現することである。

　2015年に国連で採択された「持続可能な開発目標（sustainable development

goals: SDGs)」は，加盟国がグローバルに持続可能な開発の実現へと歩みを進めることを強調する。先進国がたどったような資源収奪型の産業文明のための開発ではない。重要なのは，貧困の撲滅や格差の是正，そのための教育の充実，環境の保全といった，内発的潜在力をエンカレッジするための試み＝開発である。

グローカルに向き合う

　環境問題解決のためには，グローバルに考えてローカルに行動すること（Think globally, act locally）が重要だといわれるが，グローバルとローカルを乖離させていては，内発的な力を発揮し，潜在的な可能性を切り拓くことはできない。もとより，グローバル化のなかで，この地球上のあらゆる地域が，それぞれのかたちで世界につながっている。ローカルに考え行動することは，グローバルに考え行動することにつながるのである。だからこそ，グローカルに考えて，グローカルに行動すること（Think and act glocally），広い視野にたった地に足をつけた取り組みが重要になる。

　ヒト，モノ，コト，そして情報が国境を超えて行き来するなかで，グローカルな立ち位置から地域と環境との関係を読み解き，発信する試みはすでに始まっている。水俣では，水俣病で分断された地域社会を融和させていく「もやい直し」の取り組みが行われ，「環境モデル都市」として地域づくりが行われ，水俣病の教訓を全世界に向けて伝える取り組みが行われてきた。足尾銅山でも，世界遺産登録をめざすプロセスで，足尾鉱毒事件はもとより，鉱山労働者の暴動や鉱毒被害に蜂起した民衆を圧殺した「負の歴史」と向き合い始めた。資源収奪型の開発に警鐘を鳴らし，公害と環境汚染の影響やリスクを過小評価せず，人々の生命・健康と環境の持続可能性を守ることが持続可能な社会構築に不可欠であることを，これらの事例はグローカルに示している。

 読書案内

有吉佐和子，1979，『複合汚染』新潮社。
　身近にあふれる環境汚染物質が複合的にもたらす影響は，現在も明確でない。なぜ環境が汚染されるのか，汚染の行き着く先になにがあるか。この小説は，年月を経ても色あせない社会批判となっている。

飯島伸子，1993，『改訂版　環境問題と被害者運動』学文社。

　　公害，労災・職業病，消費者問題を連続線上でとらえ，人体被害をともなうこれ
　　ら被害の状況を被害構造論から分析する。また，こうした被害に直面した人々の
　　運動を，歴史的・社会的に論じる。

宮内泰介編，2013，『なぜ環境保全はうまくいかないのか――現場から考える「順
応的ガバナンス」の可能性』新泉社。

　　自然保護・環境保護の価値を共有し，市民参加や合意形成によって環境保全政策
　　を進めているにもかかわらず，現場ではうまくいかない場合が多々あるのはなぜ
　　か。「順応的ガバナンス」というキーワードから，地域の文脈に即した柔軟な環
　　境保全政策の必要性を論じる。

文献

Esteva, Gustavo, 1992, "Development", Sachs, Wolfgang ed., *The Development
　　Dictionary : A Guide to Knowledge as Power,* Zed Books Ltd.（＝1996，三浦
　　清隆他訳『脱「開発」の時代』晶文社。）

舩橋晴俊，2004，「環境制御システム論の基本視点」『環境社会学研究』10：59-74。

舩橋晴俊・長谷川公一・畠中宗一・勝田晴美，1985，『新幹線公害――高速文明の社
　　会問題』有斐閣。

原田正純，2007，『水俣への回帰』日本評論社。

Humbert, Aime, 1870, *Живописная Япония*（*Zhivopisnaia ĪAponiia*）.（＝2004，茂森唯
　　士訳『絵で見る幕末日本』講談社。）

神山誠，1960，『伊庭貞剛』日月社。

環境省，2008，『環境・循環型社会白書（平成20年版）』。

木村敏，2005，『あいだ』筑摩書房。

丸山真人，1998，「世界資本主義と地球環境」川田順造・岩井克人・鴨武彦・恒川惠
　　市・原洋之介・山内昌之編『岩波講座　開発と文化5　地球の環境と開発』岩波
　　書店。

緒方正人語り・辻信一構成，1996，『常世の舟を漕ぎて――水俣病私史』世織書房。

榊原貴教，1997，「総合開発計画」国立国会図書館編『ドキュメント戦後の日本――
　　新聞ニュースに見る社会史大事典　第32巻　開発』大空社。

Scidmore, Eliza Ruhamah, 1902, *Jinrikisha days in Japan,* Revised Edition.（＝
　　2002，外崎克久訳『シドモア日本紀行』講談社。）

関礼子，1998，「環境危機への技術的対応」『技術と人間』27-2：11-25。

関礼子，1999，「この海をなぜ守るか――織田が浜運動を支えた人びと」鬼頭秀一編
　　『講座人間と環境12　環境の豊かさをもとめて――理念と運動』昭和堂。

関礼子，2009，「環境問題の原点はいま」関礼子・中澤秀雄・丸山康司・田中求『環境の社会学』有斐閣。

住友金属鉱山株式会社住友別子鉱山史編集委員会編，1991，『住友別子鉱山史』（下），住友金属鉱山株式会社。

高橋哲哉，2012，『犠牲のシステム　福島・沖縄』集英社。

田口親，1962，「唱歌になった足尾鉱毒事件とその資料の一端」『早稲田大学図書館紀要』3：102-111。

田中正造全集編纂会編，1977，『田中正造全集 第13巻』，岩波書店。

田中求，2009，「自然を基盤とする暮らしの『当たり前』」関礼子・中澤秀雄・丸山康司・田中求『環境の社会学』有斐閣。

富田涼都，2014，『自然再生の環境倫理——復元から再生へ』昭和堂。

上田篤，1996，『日本の都市は海からつくられた——海辺聖標の考察』中央公論社。

Westoby, Jack C., 1989, *Introduction to World Forestry : People and their Trees*, B. Blackwell.（＝1990，熊崎実訳『森と人間の歴史』築地書館。）

安田喜憲，1996，「森と文明」安田喜憲・菅原聰編『講座文明と環境 9　森と文明』朝倉書店。

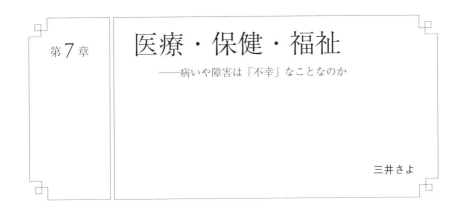

第7章

医療・保健・福祉

——病いや障害は「不幸」なことなのか

三井さよ

1 あたりまえなほどの刷り込み

　いまの日本社会において，多くの人たちが，病いや障害を避けたいと考え，「健康」を志向している。病気にはなりたくないとビタミン剤を飲み，運動をし，健康であろうとする。ましてや，治らない「障害」を負うことは，できる限り避けたいと思う人は多いだろう。

　学生たちに聞いても，「病いや障害はできれば避けたいというのが『本音』だろう」と答える。私が講義で病いや障害のことを取り上げると，「自分はせめて病いや障害を避けることができ，健康で良かった」「健康というだけで幸せなのですね，日々を大切にせねば」という感想が出てくることは多い。私たちはあまりにもあたりまえに思えるほど，病いや障害は避けたいことであり，「不幸」なことだと刷り込まれている。

　後述するが，この100年くらいの医療の仕組みのなかでは，病いや障害は，原則として「望ましくない」ものである。病いや障害は治すべき対象であり，治せないのは…困ったものだ——そういう位置づけがなされてきた。「健康」でないものが「病気」「障害」と名づけられ，それを治すのが医療者の責務と考えられてきたのである。このような近代医療システムのもとでは，私たちが病いや障害を避けたいと考えてしまうことは，無理のないことなのかもしれない。

　だからここではあえて「病いや障害は『不幸』なことなのか」という問いを

立ててみよう。近代医療システムはいわば，病いや障害を「不幸」だと位置づけてきたシステムである。そのようなシステムの強い影響下で，社会理論がそれに対してどう答えようとしてきたのかをたどってみたい。

　医療を対象とする社会学では，病いや障害を，科学的な状態というより社会的な状態としてとらえ返し，私たちはある人たちを病者や障害者として扱うことでなにをしているのかを明らかにしてきた。あるいは，障害者運動が生んだ「障害の社会モデル」という考え方は，病いや障害を「不幸」に感じるのは，そうさせている社会の仕組みがあるからだ，と告発し，是正を求めてきた。

　近年になって，近代医療システムが大きな転換期を迎えているなかで，「病いや障害は『不幸』なのか」という問いの意味自体が変化しつつある。だがそれでも，これまでの社会理論がもっていた力は失われていない。そこから，「病いや障害は『不幸』なのか」という問いがもつ射程の広さを考えていきたい。

2　近代医療システムと医療化論

病気や障害とはなんなのか

　病気にかかること，障害をもつこととは，どのようなことなのだろうか。私たちは，病気が原因でふだんの社会生活に影響が出る，と発想する。病気にかかり，たとえば高熱を出したら，学校や仕事には行けなくなる。その分学業が遅れたり，仕事に支障が出たりして，ときには休学や休職，さらには退学や退職の憂き目にあうこともある。病気が先で，社会生活は結果という図式である。

　この図式から離れ，社会生活というレベルのみで病気をとらえ返したのが，タルコット・パーソンズである。パーソンズは，病気になったから学校や仕事に行けなくなるのではなく，学校や仕事に行かないという状態の一部が病気と認定されるのだととらえた。サボりと病欠は，やっていることはじつは同じである。学校や仕事という，本来ならば果たすべきとみなされている社会的なタスクを果たしていないという意味では，違いはない。ただし，サボりは自分の意志でやっているとみなされ，病欠は病気で仕方なくされることだとみなされる。病欠の場合に診断書を要求されることがあるが，これは，「病気だから

仕方がなかったのだ」ということについて，医師という権威者にお墨付きをもらうという意味をもっている。病気というのはつまりは社会的なタスクを果たしていないもののうち，本人の意思ではなく「できない」ことにお墨付きを与えられたものなのである。

　そして，パーソンズによれば，病人であると認められれば，ふたつの権利と義務のセットがついてくるという（これを病人役割 sick role と呼ぶ）（Parsons 1951=1974）。ひとつには，「できない」のだと認められれば，できないこと自体については責任を問われない権利である。学校や仕事に行けないことについて責められずに済む。ただし，その状態が望ましくないということは認め，回復に向けて努力する義務があるとされる。たとえば，病欠しながら遊びに行っていたとバレれば非難轟々だろう。

　もうひとつには，独力で回復する責任を問われない権利である。つまり，医療者の助けを借りることが認められるのである。具体的にいえば，たとえば日本は（建前上は）国民皆保険となっており，医療機関を利用したときには診察料の3割程度しか自己負担しなくてよく，残りは普段から被保険者が支払っている医療保険料と税金から供出される。こうした仕組みが整えられている背景には，病人には助けが必要だという規範意識がある。それと同時に医療者に協力する義務があるということでもある。たとえば病人が医師に指示された服薬や療法を守らない場合は非難されるだろう。

　境界的な例をみると，私たちがいかにこれらの規範意識を強くもっているかがよくわかる。たとえば，うつ状態の学生で，ゼミには出られないが飲み会には出てくるという人がいるとしよう。どうやらゼミは「出席しなくてはならない」と思うからハードルが高くなってしまい，プレッシャーから出られなくなるが，飲み会は出ても出なくてもいいと思うからプレッシャーがかからなくてむしろ出席できるようである。だが，他のゼミ生からすれば，遊びには来られるのに勉強には来られないとはけしからん，ということになる。病人としての義務を守っていないとみなされ，「病人」ではなく「仮病」なのだ，だとしたらゼミを休むのは許されない，と考えられがちである。

　このようなパーソンズの病人役割論は，病気であるという科学的実態があるという前提から始めるのではなく，あくまでも，社会のなかである人が病気で

あるとみなされるとはどのようなことか，を整理した。このことは医療について社会学が独自に考察を深めていく端緒となった。

病気の定義の恣意性と医療化

　病人役割論という前提に立ってみると，そもそもなにが「病気」と名指されるのだろうか，という問いを立ててみることも可能になる。

　なにかを「病気」と定めるには，なにかを「健康」「異常なし」と定めなくてはならないが，その境界線は，本来つねに恣意的で流動的である。たとえば，血糖値や血圧，コレステロール値などについてはなにを正常値とするか，論者によっても異なり，ときにこうした値をコントロールする薬をつくっている製薬会社の思惑で値が決められているのではないかと指摘されることもある。

　それまで医療の枠ではとらえられていなかった事柄が，医療の枠でとらえられるようになることもある。一般に，これを医療化（medicalization）と呼ぶ。

　たとえば，同性愛行為は時代をさかのぼれば地域を問わず見られたことのようだが，ルネッサンス期のイタリアでは不法行為とみなされており（レオナルド・ダ・ヴィンチが訴えられた記録が残っているのが有名である），18世紀には医学的病理としてとらえられるようになった。その後も犯罪化と医療化がともに強まり，20世紀には主に精神疾患として位置づけられるようになった。だが，1960年代から徐々にゲイ解放運動などの影響によって，同性愛はライフスタイルだという主張が強まるようになり，1974年にアメリカ精神医学会で「同性愛は病気ではない」と公的に認められることになった（Conrad and Schneider 1992＝2003：321-403）。

　発達障害も近年になって注目されるようになったカテゴリーである。注目の発端はさまざまにあり，自閉症，アスペルガー症候群など，地域や立場の異なる人たちが「発見」し，それぞれの背景に基づいて理論化していった。日本では2005年に施行された発達障害者支援法により，多くの人たちが発達障害というカテゴリーを知るようになった。発達障害者は近年急速に増えているとよく言われるが，そのようなカテゴリーができたことによって，それまでは「いっぷう変わった人」「偏屈な人」など，人格の問題としてとらえられていた事柄が，障害の問題としてとらえられるようになったといった方が正確かもしれな

い（立岩 2014）。

医療化批判

　医療化については，肯定的にとらえる人と否定的にとらえる人とがいる。

　肯定的にとらえる人は，先に挙げたような，学校や仕事を休むことが本人の責任ではないとみなされる点に注目する。「サボりだろう」「しっかりしろ」「やる気がないのか」といわれる必要がなくなり，病気／障害なのだから仕方がない，と思ってもらえるようになる。これはやはり「望ましい」ことだろう，といわれる。

　しかし，医療化という言葉を積極的に使ってきた論者の多くは，否定的にとらえる立場だった。たとえばイヴァン・イリイチは，医療化を，人々が本来自分の問題を自分たちでともに解決していく力をもっているのに，それが奪われてしまう過程ととらえた。医師という権威者に自らの健康と癒しの定義やプロセスを委ねてしまい，病いを「望ましくない」こととして一律に意味づけてしまうことで，自らの抱えるしんどさを自分なりに意味づけ，それを解決するために自分でネットワークを作っていく力を奪われてしまっているというのである（Illich 1975=1979）。

　ピーター・コンラッドやジョゼフ・W・シュナイダーは，近代化が進むにつれて，逸脱者に貼られるレッテルが犯罪から病気へと移り変わりつつあることを，具体的な事例の詳細な検討を通して描き出した。コンラッドらが医療化の動きについて危惧するのはとくに次の点である。確かになにかをできないことへの責任は免除されるが，同時にその人の社会的地位は，自分の行動に対して責任をもつことができない人，あるいはそのような状況に自分を追い込んでしまうほど思慮のない人として，引き下げられてしまう。そうすると，社会には自分の行動に対して責任をもつことができる人とそうでない人とのふたつの階級があることになり，後者はつねに前者に対して従属的な立場に置かれてしまうのだという（Conrad and Schneider 1992=2003：470）。

　医療化批判は，科学的には「望ましくない」もの（＝「不幸」）とみなされる病いについて，本当にそうなのだろうかと問いかけてきた。ある状態を「不幸」と決めつける仕組みは，じつは科学的というより社会的に出来上がってお

り，それによって私たちは自らのしんどさや痛みに自ら取り組む機会を奪われたり，あるいはある状態にある人たちを排除・差別したりしているのではないか。そう問いかけたのである。

専門職支配とニーズ定義

　このような医療化批判は，近代医療においては医師による専門職支配が圧倒的なことと不可分だった。先に述べたように，医療の枠組みでとらえられるということは，なにが病気でどのように治療すべきなのかを医師が定義する権限を有するということを意味してきた。このような状況を指して，エリオット・フリードソンは専門職支配（professional dominance）と呼んだ（Freidson 1970=1992）。

　医師もある種のサービス業ではあるのだが，一般のサービス業ではこのようにクライアントのニーズを定義できるとはみなされていない。定食屋に入ってラーメンを注文したときに，「あなたに必要なのは炒飯である」と言われることはない。それに対して近代医療では医師はまさにそれをやっている。

　医業に従事する者がつねにこうした力をもってきたわけではない。18世紀以前の医師は，一般のサービス業にもっと近い位置づけだった。そもそも医師資格を有さない人が医業に従事したからといって罰せられるわけではなく，金儲けのために奔走する医師もあたりまえにいたようであり，社会的地位も高いとは言えないことが多かったようである。それが欧米では18世紀から19世紀にかけて，現在のような医師の姿が制度的にも整えられていった。資格をもたなければ医業に就くことが認められず，資格を取るためには高度な専門的技能を学校などの制度化された教育機関で受けることが前提とされるようになった。そして専門職団体が存在し，一定の専門職倫理を守ることを社会的に期待され，同時に社会的威信も高い職種となっていったのである。

　このように，専門職支配は近代化とともに進行した。パーソンズの病人役割についての議論を思い出してみよう。病気であると定義されることは，支援を受ける権利とセットになっていた。病気になっている人であれば，一定の支援を受ける（その後できれば「社会復帰」してもらう）ことが当然であり価値のあることだとみなされている。ただ，そのような支援を社会的に行うとなれば，誰

かが「確かに病気である」と判定しなくてはならない。その役割を担うのが医師なのである。つまり，専門職支配は，病気になったときに支援を受けられるのがあたりまえだとする価値観とセットになって広がっているものである。

　20世紀に入って病院での医学的介入に現実的効果が明確に出てくるようになったころに，こうしたシステムが定着した。そして，20世紀半ばには，専門職支配はいわゆる医療だけでなく，福祉国家全体の基盤とされていく。福祉国家は，個々人が抱えるニーズに応えるものと位置づけられ，そのニーズが正しく定義できる（たんなるわがままや要望と区別できる）のは専門職であると位置づけられた（武川 2001）。専門職支配は，個々人のニーズに応えるという福祉国家の仕組み全体にかかわるものなのである。

3　障害者運動と障害の社会モデル

障害者による社会運動

　こうした近代医療システムに対して，1970年代ころになると，徐々に各方面から批判や抵抗の声が上がってくるようになった。先に挙げた医療化批判の議論もそのひとつである。ここでは，そのころ世界各地で起きた障害者運動のなかでも，とくに日本の運動を取り上げ，さらに運動のなかから生まれてきた社会モデルという考え方を取り上げよう。

　日本では1970年代から，「青い芝の会」（脳性まひ者の団体）をはじめとして，障害者本人たちが声を上げるようになった。それまでの障害者運動は（「青い芝の会」も含め），親が中心となっており，入所施設や年金の充実が主な論点となっていたのに対して，それとは大きく異なる主張を始めたのである。

　具体的な発端となったのは，ひとつには障害のあるわが子の将来を案じた親による障害児殺し事件である。親をそのように子殺しにまで追い込んだ政府が悪いとして減刑嘆願運動がなされたのに対して，障害者たちは「親もまた子どもを人として否定していないか」と問いかけた。当時の「青い芝の会」で中心的な論客のひとりだった横塚晃一は，同様の事件について人々が発言するときに，親のことについてはさまざまに言うが，殺された子どものことについては誰も語ろうとしないこと，子どもは亡くなってむしろ良かったかのようにすら

言われることについて,「差別などというなまやさしいものではない」「差別以前のなにかがある」と告発した (横塚 [1975] 2007)。

　もうひとつには,出生前診断の技術が一般利用可能になったのにともない,子に障害があることをもって堕胎を認める条項を盛り込む優生保護法 (現在の母体保護法) の改正案が国会に出されたり,各地で行政が「不幸な子どもが生まれない」取り組みを始めたりしたことに対して,なぜ障害者は「不幸な子ども」とされ,「生まれない」ことを望まれなくてはならないのかと批判したことである。

　こうしたことをきっかけに,「青い芝の会」は,自分たちが「本来生まれるべきではない人間」「本来あってはならない人間」として扱われていることを鋭く指摘し,「強烈な自己主張」を行うようになった。上記ふたつの運動以外にも,『さようなら CP』(原一男監督,1972年) の制作と上映運動,在宅重度障害者を個別に訪問する活動,路線バスでの車椅子ユーザー乗車拒否に対する抗議としての「バス闘争」(1977年) など,街頭カンパニアや座り込み,ときには実力行使も辞さない強硬な運動によって,社会に強い影響を与えた。

　障害者運動の中心となった人たちは,障害を肯定するという立場に立った人もいれば,自分の障害を否定する自分自身を見つめるところから始めるべきだという立場の人もあり,決して一枚岩ではない。ただ,障害を否定してくる社会に対して強く抵抗したということでは一致している。

　そしてそれは生活様式を変えることも意味していた。具体的には,それまでのように家庭や入所施設に閉じこめられる生活を拒み,地域や社会に飛び出していった。なかでも,府中療育センター入所中から移転や環境改善のためのハンガー・ストライキや座り込み運動の先頭に立っていた新田勲は,施設を飛び出し,都営住宅でボランティアによる介助を受けながら暮らすようになり,その後の障害者たちの地域生活の先鞭をつけた (深田 2013)。新田は次のような言葉を残している。「とりはそらへ　さかなはみずへ　にんげんはしゃかいへ」。

　入所施設や家庭から飛び出すにしても,重度障害者にはどうしても日常生活での介護・介助が必要である。そこで障害者たちは,介護・介助を,介護する側によって障害者が支配されてきた歴史を踏まえ,障害者自身が使いこなすものとして位置づけ,また介護者たちが介護によって食べていけるように制度を

整えていった（安積・尾中・立岩・岡原［1992］2013；渡邉 2011）。現在も障害者
自立支援法のなかに，「重度訪問介護」という，介護内容に縛りがなく，見守
りも含むことができる枠があるが，これは新田らをはじめとした障害者たちの
運動が認めさせてきた制度である。

障害の社会モデル

　こうした障害者運動のなかから，「障害の社会モデル」と現在では総称され
る考え方が生まれてきた。発想としては早くから根づいていたと思われるが，
社会モデルと呼ばれるようになったのは，1990年代になってイギリスやアメリ
カで障害学（disability studies）と呼ばれる学問分野が生まれ，それが日本にも
導入されるようになってからである。

　社会モデルの基本的な発想は，まず障害者や周囲の人たちが経験する「障
害」は，社会的な障害（ディスアビリティ：disability）であるととらえるところ
から始まる。障害者の器質的な特徴（インペアメント：impairment と呼んで区別
された）は，それ自体としてはニュートラルなものでありうる。それが否定的
な意味をもつのは，現在の社会のありようゆえだというのである。

　たとえば，すべての建物にスロープとエレベーターが完備されていれば，車
椅子で移動する人は移動に困難を覚えなくなるかもしれない。かつてであれば，
軽度の知的障害者は，ちょっとトロい人だといわれたかもしれないが，こんに
ちのように「障害者」としてとらえられなかったかもしれない。ろう者が多く
いて，人々がみんな手話を使える社会であれば，ろう者は「障害者」ではなか
ったかもしれない（Groce 1985=1991）。逆にいえば，駅に階段がなくて，ロー
プが垂らされているだけだったとしたら，そのロープでするすると登れるよう
な体力と筋力のある人たちは「健常者」だが，それができない人たちは「障害
者」とされるだろう（ちなみに私は後者である）。

　社会モデルは，障害者（the disabled people）という表現を，まさに「できな
いようにされた人たち」という意味として用いた。その人になにかできないこ
とがあるとして，それはその人がもともとできない人だからというより，でき
ないようにされているからだというのである。

　その意味では，社会モデルは狭い意味での医療批判ではなかった。そもそも

「障害」という言葉自体が，近代資本主義社会においては労働者としての能力の欠如を主に指す言葉である（労働者として働けるなら，個々人のもつさまざまな特徴はある程度以上は問題視されないだろう）。そして，福祉国家システムは，ある特定の人たちを「障害者」と名指すことによってはじめてサポートを用意する，というかたちでのみ対応してきた。言い換えれば，ある状態が「障害」とされるのは，市場経済システムや福祉国家システム全体にかかわることなのである（Oliver 1990=2006；星加2013：23）。

　この点が，2節で述べたような医療化批判とは異なるところである。医療化批判にも社会モデルと同じような論点は含まれているのだが（問題はその疾患や障害にあるのではなく社会の側にあると立てたのだから），主に批判対象となるのは医療だった。圧倒的に医師の権威が強かった時代においては，そうならざるを得なかったのだろう。それに対して障害の社会モデルは，入所施設や家庭を出て地域で暮らす障害者たちのなかではぐくまれてきた発想である。したがって「敵」は医療だけではなかったのである。

　障害の社会モデルは，社会における配慮の恣意性や障害の恣意性をただ指摘するだけでなく，是正することが必要だと主張してきた。たとえば，現状としてはいわゆる「健常者」の枠に入る人たちにしかなされていない配慮を，スロープやエレベーターの設置，手話通訳者の準備などによって，より拡大すべきだと主張してきた。あるいは，障害者と介助者の生活を保障することによって，障害者が自由に外出やコミュニケーションができるようになり，生活のなかで直面しがちな「障害」を避けられるようになること，学校や仕事の場が「健常者」仕様になっているのを変えていくことなども同時に主張された。

　社会モデルはいわば病気や障害にまとわりついていた「不幸」という意味合いに近代医療システムとはまったく異なる色付けをした。確かにその状態は現状として「不幸」に見えるかもしれないが，それは現状の社会制度のせいだととらえたのである。このように障害は現状の社会制度の問題であると明確に位置づけ，その是正を求めたところが社会モデルの新しさだったといえるだろう。

実践のなかでの折り合い
　社会モデルの発想はインパクトがあるが，これはあくまでもモデルである

（川島 2013：93）。実践レベルで考えれば社会モデルだけではやっていけない。なぜならまず，「社会を変える」のは容易なことではないからである。変えられないわけではないのだが，容易でないのは事実だろう。そのことを踏まえずに実践レベルで社会モデルを貫徹しようとすると，本人の暮らしがたちゆかなくなる。たとえば知的障害者のふるまいが突飛に見えて周囲の人たちが忌避感情を抱くとき，忌避感情を抱く方が悪いのだと糾弾してまわるだけでは周囲の人たちは受け入れないだろうし，周囲の人たちが受け入れなければ，その知的障害者の地域生活は成り立たなくなる。

　それに，そもそも「社会を変える」といっても，多様な人たちがいるのだから，その人たちすべてに十分な配慮がなされた社会制度や社会規範などありうるのかという問題もある。たとえば，いわゆる障害者といっても，さまざまである。車椅子で移動する人からすれば歩道に段差はない方がいいが，視覚障害の人からすれば段差があったほうが歩道と車道の区別がわかりやすい。身体に麻痺がある人や知的障害がある人などについて，特別支援学校（あるいは学級）などに分離して教育がなされている現状が望ましいとは私にはあまり思えないのだが，ろうの子どもたちについては口話教育を強制されるよりは自分たちの言語である日本手話を自由に使って教育を受けられた方がいいように思える（斉藤 2016）。感覚が鋭敏で大きな音や声が非常に苦手な人もいれば，大きな音があったほうが安心できたり，どうしても大きな声で話してしまったりする人もいる。

　要するに，社会モデルは，個別の支援・ケアにおいては，それだけでいいという万能なものではない。「社会を変える」といっても，日々の実践で現実的になされるのは，さまざまなかたちでの折り合いを探るということである。現実に人々が障害や病気にともなって経験する生活上の困難は，「あれが悪い」「あれを変えればすべて良くなる」といった単純なかたちで解決できるはずがない。具体的な事柄ひとつひとつについて，その局面では対立してしまう人たちや物事のあいだに，少しずつ折り合いを探っていくことが必要になる。

　2節で取り上げた医療化批判にも同じようなことがいえる。医療化がもたらす弊害について論じることは重要であり，そのことによって救われる人もいただろう。ただ，だからといって医療化がすべて悪だとはなかなか言えないし，

近代医療システムを全面拒否することが正しいとも言えないだろう。少なくともイリイチ流に考えるなら，近代医療システムを全面拒否し別のなにかにすがることは，近代医療に全面的に依存することと本質的にはほとんど違いがない。

　これは社会モデルや医療化批判の限界と言えなくもないが，そもそもモデルとはそのようなものであり，批判とはそのようなものである。ひとつのモデルや批判的見解だけですべてがうまくやれるはずはない。だから限界というよりはむしろ，モデルと実践の違いだと考えたほうが正確である。

4　地域包括ケアの時代において

生活モデルへの転換

　じつは 2 節で論じたような近代医療システムの姿は，21世紀に入ろうとするころから，日本だけでなく世界でも，大きな変化を経験しつつある。

　日本でいうなら，1990年代から厚労省の政策は明確に，病院で長く治療を施すことから，地域（在宅ともいわれる）で保健・医療・福祉サービスが一体化されたかたちで包括的なケアを受ける仕組みへと切り替えようとしている。この変化は，政府がそのように主導しているという単純な問題ではない。猪飼周平によれば，この変化の根底にあるのは，私たちの価値観自体の変化である（猪飼 2010）。

　20世紀のあいだ主流だった価値は，病院で高度な治療を受けて治癒することだった。これを医学モデルと呼ぶなら，1970年代から徐々に浸透したのは，疾患の治癒よりも「生活の質（Quality of Life）」を重視する価値であり，これは生活モデルと呼べるだろう。生活モデルは，人々の生活における困難や問題を，医学的な原因のみに求めるというより，経済的問題，制度の問題，人間関係の問題，教育機関の問題など，多様なことが絡み合って生じるものとしてとらえ，そのつどの対応を試みようとするものである。

　こうした価値は，医療化批判や障害者運動のように医療の外でもはぐくまれていたが，医療のなかでもはぐくまれてきた。たとえばリハビリテーション医学は，医学にはじめて「生活」の概念をもち込んだともいわれ，疾患の治癒とは異なる価値を明確に示したものである（上田 2013）。また，看護学は，病院

という圧倒的に医師が強いヒエラルヒー社会の中で，疾患の治癒だけでなく，患者の生活や思い，他者との関係などに目を向け，その視点やアプローチを理論化してきた（Henderson 1960=2016ほか）。

こうした生活モデルは，先に挙げた医療化批判や社会モデルと重なるところも多い。ただし，具体的な個々の人にどう支援・ケアを試みるかという実践への志向性が強く，そのため採用する技法についても多様で，現実的な折り合いを探る傾向がある。社会モデルが原則として，障害（impairment）をもつ個人をリハビリテーションするという発想を拒み，その人に障害（disability）を負わせている社会をリハビリテーションするという発想に立つのに対して，たとえばリハビリテーション医学の主導者でもあった上田敏は，自らの立場はどちらの発想も取り入れる統合モデルだと述べる（上田 2013：303-306）。

その意味では，「病いや障害は『不幸』なのか？」という問いは，生活モデルのもとではあまり意味をもたないだろう。生活モデルにおいては，「生活の質」を下げるものが問題なのであり，それが病いや障害であろうが，経済的事情であろうが，問題としては等価である。「不幸」をもたらすものを改善することが大切なのだから，病いや障害であっても「不幸」でなければ問題ではないし，「不幸」をもたらすなら問題である。

では，生活モデルのもとでは，医療化批判や社会モデルには価値がなくなるのか。私にはそうは思えない。それでも医療化批判や社会モデルを経験しているかどうかで，大きく異なってくる点がいくつかあるように思う。以下ではいまの時代に社会モデルがもつ意義ついて 2 点考えてみたい。

具体的な折り合いのつけ方

そもそも，具体的な折り合いのつけ方が，医療化批判や社会モデルを経由しているかどうかで大きく異なってくるだろう。医学モデルがまだ大きな力をもっている現代社会では，折り合いをつけようとすれば，どうしても「病気」「障害」の方を変えるべきだとされ，「健常」とされる人たちや制度・仕組みを変えるべきだとはなかなかみなされない。

たとえば小学校や中学校の合唱コンクールでみんなと一緒に歌えず，奇声をあげてしまう生徒がいれば，その生徒をみんなと一緒に歌えるように訓練する

か，訓練しても無理ならメンバーから外す，あるいはその場にいても絶対に歌わないように言い聞かせる，などが折り合いだとみなされるだろう。だが，なぜ音楽を学ぶときに，当たり障りのない合唱のかたちにしなくてはならないのだろうか。R&Bやパンクでもいいではないか，それなら奇声だってシャウトととらえられるだろう。そもそも音楽教育なるものが狭い視野でしか想定されていないとも言えるだろう。

　また，知的障害や発達障害をもつ人が自立生活（この場合は支援付きのひとり暮らし）をしているときに，ご近所とのトラブルが生じることがある。周囲の偏見の賜物でしかないと思う事例もあるが，実際に「迷惑」なのだろうと思う事例も少なくない。夜中に大きな物音を立てるのが毎日続けば，それはやはり「迷惑」なのだと思う。ただ，一般には障害者が「迷惑」の源泉とされてしまうが，本当にそうなのか。その人が毎日物音を立てる理由に近隣住民が深く関与していることもあるし，近隣住民の側の個性の問題があったりもする。だとすれば，どちらかが「迷惑」の源泉というより，お互いのあいだに「迷惑」が生じているのだというほうが正確である。それなら，転居するのは障害者ではなく近隣住民の方でもいいのかもしれない（少なくとも，現在の日本社会では，知的障害者が新しいアパートを見つけるよりも「健常」な人が見つけるほうが容易だろう）。じっさい，ある障害者団体はそのように大家に提案してみた（経費は障害者団体もち）のだが，断られたそうである（末永 2011）。こうした発想も，社会モデルを介していなければ出てこないだろう。

　私たちはどうしてもいま生きている社会状況の中で物事を考える。折り合いについての具体的な落としどころもどうしてもその内部にとどまってしまう。そうではなく，もっとずっと多様に社会のありようを構想し，もっとずっと多様な可能性に開かれるためには，社会モデルのような発想を経由することはやはり重要である。

支援関係の位置づけ

　もうひとつには，近代医療システムや福祉国家が前提としていた，ニーズがある人に支援やケアが提供されるという図式が，大きく揺るがされている。

　社会モデルの発想は，障害者にニーズがあるとは立てない。いま「障害者」

と呼ばれている人たちにニーズがあるのは確かだが，それはその人たちを「障害」する社会があるからであり，そのニーズをつくり出しているのは誰なのかと問うものである。ニーズがあるから応えるのではなく，ニーズをつくり出さない社会をめざすべきだと主張する。先に挙げた合唱への参加や騒音問題などの例からすると，その社会のありようによって「障害」されているのは，いわゆる「障害者」だけではないはずである。

これはたんなる言葉遊びではない。なぜなら，このことに自覚的になるとき，障害者や病者と支援者は，同じく社会のありように対して異議を申し立てる，いわば横並びの主体になるからである。実際に，初期の障害者運動は，介助が無償でなされることが多かったこともあり，かなり強いつながり（といってもいわゆる「仲良し」ではなく，喧々諤々の議論をやり合うような関係だが）が障害者や病者と支援者のあいだに形成されていることが多かったようである。

これは医療の内部から出てくる生活モデルには基本的に見られない発想である。医療者たちは自分たちが専門職であるという前提をもっており，適切な介入による「生活の質」の向上を図る。クライアントと人生の多くの時間を共有するといったことは，実際にはあるだろうが，あくまでも副次的に生じることに過ぎない。むしろ，クライアントはクライアント，医療者は医療者として，自らの責務の範囲を意識することは，専門職として必要な専門職倫理（professionalism）だろう。

それに対して社会モデルには，支援者が障害者や病者を支援するという構図そのものを相対化するところがある。もちろん，だからといって障害者や病者と支援者の関係が水平的なものになるということでもなければ，対等なものになるということでもない。ただ，支援者が一方的に支援するという構図は揺るがされる。

社会モデルに従うなら，そもそも支援者が支援するという立場に立てるのは，支援者と名乗っている健常者たちが維持してきた社会がもたらしたものであり，その場合の「支援する」は，いってみれば「骨を折っておいて包帯を巻く」ようなものである。ご大層なことでも偉いことでもない。なんというか，あたりまえすぎる。

それに，障害者や病者に多くの苦労や苦難を与えている社会システムは，お

そらく他の多くの人たちの生きづらさにもつながっている。だから生きづらさを抱えている多くの人たちからすれば，障害者や病者は，本来は同じ社会システムに抗う「仲間」になりうる存在なのだ——しばしば逆に，同じ社会保障の財源や人々の配慮を奪い合う「敵」と目されてしまっているのだけれども。

　そもそも，「病いや障害は『不幸』なのか？」という問いの背景にあるのはなんだったのだろう。確かに，ある状態だからといって「不幸」か「幸福」かを決めつけられるのは不当であり，その状態だけを改善しようとされるのは不当だろう。だが，それだけが問題だったのだろうか。

　本来，他人の人生を「幸福」だの「不幸」だのと決めつけるのはおかしいはずだろう。なぜ自分が「幸福」か「不幸」かを他人に決められてなくてはならないのか。自分の人生が幸福か不幸かを他人が勝手に決めつけてきたら，つい反発したくならないだろうか。そこに強烈なまでの傲慢さを嗅ぎ取るからだと思う。そもそも，この「私」にだって，「私」の人生を「幸福」か「不幸」か決められないはずである。人生の中には浮き沈みがあり，「幸福」に感じるときもあれば「不幸」だと感じることもある。人の生きていく過程をもって「幸福」だの「不幸」だのと表現することは，ふと自分に当てはめてみれば，奇妙なくらい傲慢で，まったく合理的ではない表現だとわかる。

　この感覚は，多くの人が共有しているものなのだと思う。にもかかわらず，重篤な病いや障害を抱えた人にはそのような決めつけをしてもいいように思ってしまうのだとしたら，私たちはなにをしているのだろう。「不幸」だと思ったとしても，そのときに同情しているか，配慮しているか，優しい気持ちをもっているか，あるいは殺意を抱くか，それは人それぞれだろう。だが問題は，なぜその人たちに「不幸」という決めつけを平気でできてしまうのかという点にある——「青い芝の会」が提起した問題は，こんにちにおいても色濃く残っている。

　いいかえれば，「不幸」の原因が病いや障害だとみなされるかどうかということだけが問題だったわけではない。ある人を支援するというとき，同時に，自分たちは「助ける強者＝勝者」として，相手は「助けられる弱者＝敗者」としてとらえてしまってはいないか。「病いや障害は『不幸』なのか？」という問いかけは，あなたは病者や障害者を，そしてあなた自身をどうとらえている

のかという問いかけでもあったのである。

　だとしたら，時代が変わったとしても，医療化批判や社会モデルがもっていた意義やインパクトは消えない。これらの議論には，支援関係そのものを問い直す要素が含まれており，その点がもつ意義やインパクトは，生活モデルへの転換が進んでもなお残り続けるのである。

5　過去の理論がもつ潜勢力

　医療化批判を経て社会モデルにいたる議論は，病いや障害が「不幸」だという決めつけが不当であることを明らかにし，そのうえで，もし「不幸」と呼ぶべき事態があるとしたら，それは病いや障害が「不幸」なのではなく，病者や障害者を「不幸」な状態にさせる社会の問題だ，ということを示してきた。

　21世紀に入って，私たちは，医療化批判が直面していたような，医師が圧倒的な権威をもつ医学モデル中心の保健・医療・福祉から，人々の生活の質を重視する生活モデルにもとづく包括的なケアシステムの時代へと変化のときを迎えている。

　この時代状況を踏まえて医療化批判や社会モデルをとらえ返すと，それらが表面上の議論で言ってきたこととは少し異なる次元でもっていた潜勢力がみえてくる。それは，支援関係を相対化する可能性をもっていたことである。そもそも「病いや障害は『不幸』か？」という問いの背景には，なぜ病者や障害者には平気で「不幸」「幸福」という意味づけをしてしまうのか，という問題がかかわっている。

　こうした潜勢力がみえてくることは，今後の地域包括ケアシステムを構想するうえでも重要な意義をもっていると私は思う。ひとつには，先に挙げたように，さまざまな生きづらさを抱えた人たちの中から支援対象を選別するのではなく，ともに問題を解決する道を探ることを可能にするからである。これまでなら，「障害」だの「貧困」だののレッテルを与えなければ支援は受けられなかった。だがそれは他方で，「真に障害があるのか」「真に貧困にあるのか」，あるいは「病気といってもそうなったのは本人の責任ではないか」といった，いわば「仮病」を疑ったり，責任免除を限定しようとしたりする言説をはぐく

んできてしまった。だがもう，レッテルを代償にして支援を与えるような仕組みから抜け出してもいいだろう。もっと単純に，「どの人であってもあんまりひどくは困らない」ことを目指した地域包括ケアシステムを構想していく必要がある。

　もうひとつには，その担い手についてである。地域での生活をサポートするとき，どうしても大きな役割を果たすようになるのが介護・介助職である。従来の支援の考え方からすれば，支援者は専門職であることが前提とされてきたが，本当はそういう像で描くことには限界があるだろう。もう少し，ともに生きるような存在として，介護・介助職を構想していくことが必要なのではないか。これは，近代型の雇用システムそのものを見直すことにもつながってくるかもしれない。

　「病いや障害をもっているからといって『不幸』だとは限らない」——そう言っただけでは不十分なのだ。なぜ人をつかまえて「幸福」だの「不幸」だのと語れると思ってしまうのか，私たちはその人たちや自分自身をどうとらえているのか。ここまで問うてこそ，「病いや障害は『不幸』なのか」という問いに応えることになるのである。

 読書案内

北島行徳，1999，『無敵のハンディキャップ——障害者が「プロレスラー」になった日』文春文庫。

　　知る人ぞ知る，障害者プロレス「ドッグレッグス」立ち上げのころのエピソードが語られている。ドッグレッグスには，障害者同士のプロレスもあるが，障害者と健常者のプロレスもある。なんだそれは，と思うかもしれないが，社会モデルだなんだという理論ではないかたちで，障害という問題に直撃で取り組んだ試みだと思う。本は3部作となっていて，このあとも『ラブ＆フリーク——ハンディキャップに心惹かれて』（文藝春秋，2000年），『弾むリング——四角い「舞台」がどうしても必要な人たち』（文藝春秋，2002年）と続く。格闘技が苦手な私はまだ生では見たことがないが，知り合いが出たときの映像や，映画『ドッグレッグス』で激しい殴り合いを見ているうちに，なぜか涙を流していた。残念ながら本はすべて絶版なのだが，いまは古本も容易に入手できるので，ぜひ手にとってみてほしい。

角岡伸彦，2010，『カニは横に歩く――自立障害者たちの半世紀』講談社。

関西の障害者運動を，そのそばにいてかかわり続けたひとりである著者の視点から描いた一冊。この章で描いた社会モデルがもっていた潜勢力は，社会モデルを理論的に追いかけているだけではなかなか見えてこない。この本を読むと，当時の，なにももたなかった障害者たちにとって，あるいは傍らにいた健常者たちにとって，運動がもっていたインパクトが，理屈と異なるレベルで伝わってくる。あわせて，文献に挙げた深田耕一郎『福祉と贈与』（大部だが読みやすい）や安積ほか『生の技法』の第1章（ほかの章もよいが，第1章はインタビューなので読みやすい）も読んでもらうと，さらに当時の空気が伝わってくるのではないかと思う。

柴田靖子，2016，『ビバ！インクルージョン――わたしが療育・特別支援教育の伝道師にならなかったワケ』現代書館。

障害児への特別支援教育は，「障害児」と認定されると提供される「配慮」なのだが，その実質はなんだろうか。こうした問いかけは，1970年代の運動から繰り返されているが，この本はそうした運動の流れにのったものでは必ずしもない。むしろ，ふたりのお子さんが偶然に異なる教育システムに触れたがゆえに見えてきたものについて，経験にもとづいて書かれた本である。なんといっても著者の率直な姿勢が読んでいてとても気持ちがいい。それだけに，「配慮」の向こう側について考えさせられる。学生には，学校生活で味わってきた苦労ゆえに統合教育に批判的な人が少なくない。だが，ちょっと立ち止まって考えてほしいのは，本当に苦労したのは障害児が同じクラスにいたためなのか，それとも障害児との出会いを不幸で不快なものとした学校の仕組みのためなのか，ということである。

文献

安積純子・尾中文哉・立岩真也・岡原正幸，［1992］2013，『生の技法――家と施設を出て暮らす障害者の社会学』生活書院。

Conrad, Peter and Joseph W. Schneider, 1992, *Deviance And Medicalization : From Badness to Sickness : Expanded Edition*, Temple University.（＝2003，進藤雄三・近藤正英・杉田聡訳『逸脱と医療化――悪から病いへ』ミネルヴァ書房。）

Freidson, Eliot, 1970, *Professional Dominance : The Social Structure of Medical Care*, Atherton Press.（＝1992，進藤雄三訳『医療と専門家支配』恒星社厚生閣。）

深田耕一郎，2013，『福祉と贈与――全身性障害者・新田勲と介護者たち』生活書院。

Groce, Nolla E., 1985, *Everyone Here Spoke Sign Language : Heredity Deafness on*

Martha's Vineyard, Harvard University Press.（＝1991，佐藤正信訳『みんなが手話で話した島』築地書館。）

Henderson, Virginia A., 1960, *Basic Principles of Nursing Care*. ICN.（＝1973，湯槇ます・小玉香津子訳『看護の基本となるもの』日本看護協会出版会。）

星加良司，2013，『障害とは何か――ディスアビリティの社会理論に向けて』生活書院。

猪飼周平，2010，『病院の世紀の理論』有斐閣。

Illich, Ivan, 1975, *Medical Nemesis: The Expropriation of Health*, Calder & Boyars（＝1979，金子嗣郎訳『脱病院化社会』晶文社。）

川島聡，2013，「権利条約時代の障害学――社会モデルを活かし，超える」川越敏司・星加良司・川島聡編『障害学のリハビリテーション――障害の社会モデルその射程と限界』生活書院。

Oliver, Michael, 1990, *The Politics of Disablement*, The Macmilan Press.（＝2006，三島亜紀子・山岸倫子・山森亮・横須賀俊司訳『障害の政治――イギリス障害学の原点』明石書店。）

Parsons, Talcott, 1951, *The Social System*, Free Press.（＝1974，佐藤勉訳『社会体系論』青木書店。）

斉藤道雄，2016，『手話を生きる――少数言語が多数派日本語と出会うところで』みすず書房。

末永弘，2011，「日々続いていく支援」「支援」編集委員会編『支援――個別ニーズを超えて』1：44-49，生活書院。

武川正吾，2001，『福祉社会――社会政策とその考え方』有斐閣。

立岩真也，2014，『自閉症連続体の時代』みすず書房。

上田敏，2013，『リハビリテーションの歩み――その源流とこれから』医学書院。

横塚晃一，［1975］2007，『母よ，殺すな！』生活書院。

渡邉琢，2011，『介助者たちはどう生きていくのか』生活書院。

工藤保則

第8章

逸脱と社会病理
——私たちはなぜ「よくないこと」をしないのか

1 社会や人間を映す鏡

「よくないこと」が好き

　社会学は「よくないこと」が好き，と言ったら言い過ぎだろうか。社会学の創始者のひとりであるエミール・デュルケームは19世紀後半のフランスにおける自殺に注目して『自殺論』をまとめた（Durkheim 1895=1978）。20世紀前半のアメリカでは，シカゴ学派といわれる都市研究者グループのひとりであるクリフォード・ショーが非行少年の遍歴過程を分析した『ジャック・ローラー』を著した（Shaw 1930=1998）。20世紀後半の日本では，社会学者の見田宗介が連続ピストル射殺事件の犯人を題材に「まなざしの地獄」を書いた（見田［1973］2008）。時代も国も異なるのだが，どれも社会学の代表的作品である。「よくないこと」を深く見ていくと，社会や人間の奥が見えてくるのだろうか。

　社会学を学ばなくても，人々は「よくないこと」を見聞きするのが好きだ。テレビのワイドショーや雑誌は犯罪や事件といった「よくないこと」で溢れている。映画や小説にも「よくないこと」を扱ったものは少なくない。「よくないこと」は社会や人間の刺激物であるかのようだ。

　さらに言うと，私たちは「よくないこと」を指摘するのが好きだ。「あいつはよくない」と口にするとき，それは「あいつのふるまいはよくない」つまり「あいつはよくないことをする」ということを意味する。だが，「よくない」と言われた人は，他の人から見れば，別によくないことはなかったりする。逆に

「あいつはよくない」と指摘した当人が，別の人から，「あいつはよくない」と言われたりもする。「よくないこと」は，社会や人間のうらはらさを表すようだ。

このように「よくないこと」は多様であり，社会や人間を映す鏡である。そのような「よくないこと」は，社会学では「逸脱」という言葉でまとめられる。

「逸脱とはどういうことか」「私たちはなぜ逸脱をしないのか」

本章では，「逸脱とはどういうことか」について考察したい。また，「私たちはなぜ逸脱をしないのか」についても考えてみたい。多くの読者にとって，結果としてよくないことをする，他人の目から見たらよくないことをする，ということはあるかもしれないが，自ら進んでよくないことをすることはほぼないのではないだろうか。よって，「私たちはなぜ逸脱をするのか」という問いよりも「私たちはなぜ逸脱をしないのか」という問いの方がリアリティをもちうるだろう。

議論を始める前に確認しておきたいことがある。逸脱という概念には，逸脱的な状況と逸脱的な行為・行動のふたつが含まれる。前者と後者を厳密に区別する場合もあるが，すべての社会的状態は行為・行動に行きつくと考えることも可能である。したがって，本章では，逸脱という言葉を逸脱行為・行動の意味で用いることにする。

2　逸脱と社会規範

逸脱の諸形態

『ラルース社会学事典』には，逸脱とは「所与の社会体系における効力のある規範の侵犯であり，そのように認識されるがゆえに罰せられるもの」と説明されている。これは学術的に正確な定義であるが，かなり広義であり，多様な現象をとらえるには十分ではない。そこで，まず逸脱の諸形態を示し，簡単な説明をしておこう。

「犯罪」：殺人，強盗，傷害，窃盗など，それを放置しておくと社会の安定

が損なわれるようなもっとも程度の激しい逸脱である。このほか，すぐに
社会の安定性が損なわれるというわけではないが，軽犯罪や交通違反など
の軽度な犯罪による違反行為も含まれる。

「非行」：未成年によって行われた上記の犯罪以外の犯罪，あるいは犯罪に
つながるおそれのある虞犯行為のこと。成人が行った場合は問題とはされ
ないことも多い。

「問題行動」：取り締まる法律があるわけではないが，社会や集団の秩序維
持の妨げになるものとしてマイナス評価を受ける行為のこと。

「異常行動」：問題行動のように社会や集団のマイナスになるわけではない
が（そういう側面もあるのだが），大多数の人がとるであろう普通の行動とは
異なっている行動のこと。正常と対比されるものだが，その規定は難しく，
社会や時代によって変わっていく。

　これら逸脱は，ある特定の社会や集団の一定の基準によって「よくないこ
と」と認識されるものであり，普遍的・絶対的な「よくないこと」が存在する
わけではない。どのような社会でも逸脱を規定する基準があり，それについて
先にあげたデュルケームは「逸脱行動のどれが悪でどれが悪ではないかは社会
によって異なり，それを決めるのは『世論』である」と述べている。デュルケ
ームの言う世論とは，社会全体の利益（あるいはそう考えられているもの）を損
なう行為をその社会の標準的（と考えられているもの）な行為から切り離す基準，
すなわち「社会規範」のことである。

基準としての社会規範

　逸脱を規定する基準としての社会規範は多様であるが，その性質によって，
以下に示すような「慣習」，「習律」，「道徳」，「法」の 4 つに分類することがで
きる。

　「慣習」：それぞれの社会において，伝統的に行われている事柄・やり方。
衣食住から慣習法まで生活のあらゆる面に存在している。文化人類学にお
ける文化の定義「生活様式の複合的全体としての文化」とほぼ同義と言っ

ていい。

「習律」：社会生活における態度や行動を規制する枠組み。「正しく真実である」という信念にもとづき，無意識的ではあるが，公共の福祉という観点から整序された行動様式である。

「道徳」：善悪という価値観にもとづく日常的な社会規範のこと。宗教的な背景をもつものもある。基本的には個人の価値観にもとづくが，多くの場合，それぞれの社会の構成員がもつ道徳には共通性がみられる。また，社会状況や時代精神によっても変化する。

「法」：社会の構成員の権利の保護にかかわる，成文化された社会規範。それに従わない者には公式に制裁が用意されている。法秩序を守らせるための専門スタッフも存在する。

このように社会規範の性質には違いがあるが，社会の構成員が守らなくてはならないとされているのはいずれも同じである。そのためどの社会でも，守る者には報酬を，守らない者には制裁を用意しており，それを「サンクション」という。慣習には情緒的な制裁と報酬というサンクションがある。習律には非公式な制裁があり，報酬はその制裁をまぬがれることである。道徳における制裁はまわりから人格的な非難を受けることであり，報酬は内面の安定を得ること，さらにはまわりから人格的な賞賛を得ることである。法には制裁として刑罰が用意されているが，特別な報酬は存在しない。

意識的であるかどうかは別として，人々はこうしたサンクションに動機づけられて社会規範を守ろうとする。それは社会規範への同調である。一方，サンクションがあるにもかかわらず守ろうとしないことは社会規範への非同調であり，これこそ逸脱にほかならない。

逸脱研究の歴史

逸脱現象についての研究は，もともとは社会病理学と呼ばれる研究領域の一部であった。社会病理学は，19世紀末のヨーロッパにおいて急激な産業化・都市化によって都市の諸問題が顕在化したことをきっかけに，都市下層民やその居住区に注目し，そこには産業化・都市化の負の側面が凝縮されているととら

えた。逸脱は社会における病巣のようなものと考えられ，それを治療したり，取り除いたりすることで，健康な社会に戻していこうという発想がなされた。

　「病理」という言葉が表しているように，あらかじめ対象を善悪に二分し，正常に対する異常をとらえようとする。病理細胞が正常細胞に悪影響を与えるというような，一見したところ科学的な説明がなされるが，その実，道徳的な価値判断（だけ）にもとづくカテゴリー化であった。

　この社会病理学とは違った考え方をしたのがデュルケームである。デュルケームは都市の諸問題を絶対的な病理とはとらえず，「標準からの隔たり」という観点からとらえようとした。都市における一定の割合の逸脱現象の存在は「正常」とみなすべき状態で，「逸脱」ではない。逸脱とは，その一定の割合＝標準から大きく外れた状態のことであるとデュルケームは考えた。

　デュルケームの「標準からの隔たり」というとらえ方を引き継いだのが，20世紀初頭アメリカのシカゴ大学の研究者たち（シカゴ学派）である。彼らは，急速に都市化するシカゴをフィールドとした経験的調査を行い，エスノグラフィ（民族誌）を数多く残した。

　当時のシカゴは，19世紀末のヨーロッパの都市が経験した以上の都市化・産業化の波の中にあった。さまざまな民族，さまざまな文化が流入し，社会はある種の混乱状態にあった。そうした多様な価値観が混在する社会では「病理」という道徳的価値判断は意味をもちえず，「標準からの隔たり」である逸脱もある特定の文化・生活様式であるととらえられた。逸脱研究はその後，ロバート・マートン，エドウィン・サザランド，アーヴィング・ゴフマンらによって継承され，理論的に精緻化されていった。

　ここまでみてきたように，たんに個人の欲求の追求だけでは逸脱とはみなされない。その社会や集団の基準・標準となるもの＝社会規範に照らし合わせて判断されるのである。

　1節で提示した問いに，答えておくことにしよう。

　逸脱とはどういうことか？　それは，ある社会・集団の標準的類型や文化的基準，つまり社会規範からの偏差のことである。たんにそれ自体が「よくないこと」なのではなく，まわり（社会や集団）との関係の中で「『よくあること』ではないこと」が逸脱とされるのである。

私たちはなぜ逸脱をしないのか？　それは，ある社会・集団の標準的類型や基準に合わせているほうが楽であり安心できるから，そのことにより制裁を受けなくて済むから，である。

　しかし，留意すべきは，社会規範は確固としたものでないということである。社会規範はつねにぼんやりとしており，ゆれうごき，変化する。よって，そういうものを基準にして判断される逸脱も明確にとらえるのは難しい。ならば，逸脱とはつねに問われ続けるものだと言えるだろう。

3　身近な例から考える

ある学生の授業風景

　身近な例から「逸脱とはどういうことか」「私たちはなぜ逸脱をしないのか」について考えてみたい。以下は，私のゼミに所属するある学生の語りである（2016年6月7日聞き取り）。

　自分で言うのもなんだが，僕は高校まではごくふつうの生徒だった。欠席や遅刻もほとんどなかったし，授業中は先生の話をまあ聞いていた。まわりもだいたいそういう感じだった。それなりに受験勉強もして，大学入試に合格した。第3希望の大学だったけど，うれしかった。

　入学式には「充実した大学生活を送ろう」という気持ちで行った。4月は高校生のときのような感じでまあまじめに授業を受けていたけど，ゴールデンウィーク前に参加したサークルの新歓で先輩たちは「授業はてきとうでも単位はもらえる」「授業はサボっても別に問題ない」「大学は自由だ」と言っていた。それを聞いたときは，やっぱり少し驚いた。

　ゴールデンウィークが終わって大学にだんだん慣れてくると，僕も「大学は自由だ」と思うようになっていった。自分でも驚くくらい一気に授業に対する意識が下がっていって，「別にいいか」という気持ちになった。出席を取る授業には出て行ったけど，遅刻することもよくあった。出席を取らない授業には行かなかったり，行っても教室で友だちとしゃべったり，スマホをいじったりしていた。友だちもまあ同じようだった。それでも前期の単位はほとんど取れ

たので，ますます「別にいいか」と思うようになった。

　夏休みはバイトと遊びであっという間に終わった。後期に入って，必修の授業のあいだの時間を埋めるためにある授業に登録した。後からシラバスを見ると「1回目の授業において，評価のことも含めて授業に関することを説明する」と書いてあったから，1回目の授業にしぶしぶ出て行った。開始直前に教室に行くと，担当の先生はもう来ていた。

　授業開始のチャイムが鳴ると，その先生は「シラバスに書いているように，今日は授業に関して大切なことを話します」と言って授業を始めた。先生の自己紹介のあと，授業内容の説明と授業の進め方の説明があった。その最後に，「授業における約束事について説明します。理由のない遅刻はやめてください。私語もやめてください。授業に関係ないものを机の上に置くのもやめてください。みなさんが教室に来ているのは授業に参加するためという前提で接します。これらは言うまでもないことと思います。受講時のマナーみたいなものです。守ってくれない場合は，私だけでなく他の学生にも迷惑になるので注意をします」と言った。

　それを聞いて「偉そうなこと言いやがって」と思った。その後，その先生は「なぜそのような約束事を言うのか」という話をした。「自分が学生のとき，決して真面目な学生ではなかったけど，学生に対して不誠実な先生はいやだった。教室に平気で遅れてくる，学生がしゃべっていてもほったらかし，しょっちゅう休講する，というような先生が多くいた。それだけが理由ではないけれど，それも理由のひとつで大学に行かなくなってしまい，卒業するのに7年もかかった。その後，大学院に行って，今は大学の教員になっているが，あのころの自分の『先生，ちゃんとしてよ！』という気持ちは忘れないようにしておこうと思っている」というような話だった。

　先生の話を聞いて「この授業，厳しそうでいやだな」と思ったが，「この先生の言うことはわからなくもないな」とも思った。

　2回目の授業も出席した。前回の授業で先生が言っていた約束事は覚えてはいたけど，いつもの習慣で，授業が始まってすぐに横に座っている友だちとしゃべり始めた。すると，斜め前に座っている女子学生がちらっとこちらを見た。「嫌がっているな」と思っていたら，先生が「そこのふたり，おしゃべりをや

めてください。おしゃべりがしたかったら教室から出ていって，外でゆっくり話してください」と言った。まわりもこっちを見てきて，恥ずかしかった。

　ここで授業に行かなくなるのもなんだか癪なので出席し続けた。すると，だんだん授業がおもしろくなっていった。1〜2回休むことはあったけど，ほとんど出席した。

　最終回の日，今日が最後かと思うと少し残念な気持ちになった。僕が言うのもなんだけど，教室の環境がよかったので，知らず知らずに授業に集中していた。授業評価アンケートでは「この授業にとても満足した」に〇を付けた。

教室における逸脱

　この事例において，教員が「マナーみたいなもの」と言ったものは，習律と考えてよいだろう。2節で，習律とは「社会生活における態度や行動を規制する枠組み。『正しく真実である』という信念にもとづき，無意識的ではあるが，公共の福祉という観点から整序された行動様式である」と述べた。初学者用のある社会学事典の中では「習律とは，慣習のうち，それに従わないと周囲に迷惑をおよぼすので，怒られたり，注意されたり，白い目で見られたりといった非公式の制裁をくわえられるものを言う」「マナーがそれにあたる」（森下2000：46）と説明されている。

　授業の場における習律からの逸脱＝マナー違反とは，遅刻する，私語をする，スマホをいじる，理由もなく途中退出をするなど，いわば授業に参加する気がない行為である。例にあげた学生は，大学入学直後はそうでもなかったが，まわりの影響もあって，教室においてだんだんと逸脱的な行動をとるようになっていった。

　この授業において，学生が教師から一度注意をされて以降，なぜ逸脱的な行動をとらなかったのかといえば，「教師からの注意」や「まわりの学生からの冷たい視線」という制裁があったからだと言えよう。しかしそれだけではなく，この授業においては「こういう約束事がある」ということを本人も理解したからだろう。そして，他の学生と同じように授業の約束事に従っておくことで自分も楽になり，得るものがあるとわかったのだろう。

　以上はあくまでこの教室（授業）においてのことであって，別の教室（授業）

では様子は変わってくる。教師が教室をコントロールしない／していない授業では，この学生もそれなりの態度で授業を受けているようである。それは教員の側からみれば逸脱となるが，教室の中にいる多くの学生の側からみれば「同調」になる。ひとりの人物が，ある場所では同調的であり，ある場所では逸脱的である。また，その逸脱／同調もなにを基準にするかによって，反対の行為にもなる。社会規範と同様に，逸脱／同調も絶対的なものではないのである。

　私たちの日常生活には習律が無数にある。サークル内，アルバイト先，家庭内……，生活をしている場面のすべてにおいて存在する。多くの人は，その存在をふだんは気にも留めていないだろうが，身のまわりにいつも存在し，私たちの行為を拘束しているのである。これは社会規範すべてにおいて言えることである。

4　身近な素材を通して考える

映画『ディア・ドクター』

　道徳や法からの逸脱について身近な素材を通して考えたい。身近な素材には，音楽，雑誌，マンガ，テレビ番組，ネット動画などいろいろあるが，ここでは2009年公開の『ディア・ドクター』という映画を取り上げる。日常生活の中に潜む隙間を巧みに描く西川美和監督の作品であり，第83回（2009年度）キネマ旬報ベスト10の日本映画第1位となっている。

　映画のストーリーを簡単に紹介しよう。

　ある年の8月下旬。山あいの小さな村から，村で唯一の医師・伊野（笑福亭鶴瓶）が失踪した。伊野は数年前，長く無医村だったこの地に着任し，さまざまな治療を一手に引き受けて村人たちから絶大な信頼を受けていた。すぐにベテラン刑事ふたりが捜査を進めるが，伊野の生い立ちを知る者は村の中にひとりもいなかった——。

　遡ること約2ヶ月前。東京の医大を出たばかりの相馬（瑛太）が研修医として赴任してくる。看護師の大竹（余貴美子）と一緒に診療所を切り盛りしているのは伊野という中年医師であった。最初は僻地医療のやり方に困惑していた

相馬だったが，伊野とともに働くうちにこれまで味わったことのない充実感を覚え始める。

　ある日，鳥飼かづ子（八千草薫）という未亡人が倒れ，伊野が診察する。胃痛もちの彼女は長らく診療所を避けてきたが，都会で医師として勤務する末娘・りつ子（井川遥）の手を煩わせたくないがため，次第に伊野に心を開いていった。

かづ子「……あの先生」

伊　野「ん？」

かづ子「娘には，言わないでいただけませんか」

伊　野「え」

かづ子「あの……」

伊　野「はい」

かづ子「……私の体，もう，大分，いけないんでしょうかね」

伊　野「いやいや，そうは言ってません。そういうことは，わかんない」

かづ子「あのね，先生なるべく，なんにもしなくていいですから」

伊　野「……」

かづ子「なんにもしたく，ないんです」

伊　野「でも，お嬢さんがそれじゃあ納得されませんよ。せっかくお医者さんなんだから，いくらでも……」

かづ子「そう。だから黙っててほしいの。私の今言っていることって，あの子の人生，否定しているのとおんなじですから」

伊　野「……」

　8月中旬。伊野は夜になると，点滴をもってかづ子の家を訪れるようになっていた。ある晩，玄関で伊野を見送ったかづ子はひどい吐き気でうずくまってしまう。駆け戻って背中をさする伊野に，かづ子は娘が来るのでなんとかしてほしいと必死に訴えた。

　8月下旬。帰省しているりつ子が診療所に伊野を訪ねてきた。胃潰瘍にしては症状が長引きすぎではないか，と問いただすりつ子に伊野は懸命な説明を試みる。やがて自分なりに納得した彼女は非礼を詫び，来年の今頃まで帰ってこられないので，母をお願いしますと頭を下げた。その直後，伊野は突然，原付

バイクに飛び乗って診療所を後にし，そのまま二度と戻らなかった……。

　9 月初旬。刑事たちは，まだ伊野の消息を追っている。診療所は閉鎖，相馬も次の赴任先へと去っていった。かづ子は，りつ子が勤める病院に入院しているが，娘はまだ母親に本当の病名を告げられないでいる。

ニセ医者で好人物

　伊野はニセ医者，つまり法から逸脱した人物である。だが同時に，道徳的によい行為をしている人物でもある。診療所に寝泊まりし，乞われればいつでも往診に行く。どのような患者にも労を惜しまず親身になって治療する。過疎・高齢化の村では高度な医療が必要なケースはあまりなく，高齢者の生活伴走的な医療が求められる。伊野はそれを誠実に行っている。そのため，村人からは「神様仏様より先生のほうが頼り」とか「村の誇りだ」などと言われている。

　相馬も伊野の姿勢に影響を受けるようになる。ある晩，「研修全部済んだら，また春からここ，置いてもらえませんか」と言ってきた相馬に対して，伊野は「俺はこの村が好きで居てるのと違う。ずるずる居残ってしもただけや」と本音とも嘘ともつかないことを言う。そこからわかるように，伊野の胸の内は複雑そうだが，それでも伊野は「いい先生」として地域に尽くすことで，それなりの満足感は得ているようである。

　考えてみれば，伊野はニセ医者だからこそ道徳的ないい人物でいることができたのかもしれない。道徳という社会規範に従うことがニセ医者である伊野にとっては好都合なことだったとも考えられる。道徳的にふるまうことで，村人にいい先生と思ってもらえるからだ。いい先生と思ってもらえれば，なにも疑われることはなく，ずっと診療所の医者（のふり）をしていられる。

　法的な逸脱と道徳への同調は矛盾なく，ひとりの人間の中で共存しうるのである。

「その嘘は，罪ですか。」

　しかし，鳥飼かづ子の嘘に付き合ったことで，伊野は失踪することになる。かづ子の嘘に付き合わなければ，おそらく伊野はそのままニセ医者を続けることができただろう。いや，嘘に付き合ったとしても，伊野の懸命な説明により

りつ子の疑念も晴れたようだったので，失踪をしなければニセ医者を続けることもできただろう。

ところが，伊野は失踪した。

伊野は自分も全力で嘘をついている身なので，かづ子の嘘にも全力で付き合おうと考えたのではないだろうか。そこには，患者のためを思ういい医者（実際はニセ医者であるのだが）の姿がある。しかし，かづ子の嘘に付き合うということは，実際の医療行為にかかわることであり，ニセ医者という逸脱行為がさらに進み，嘘が発覚することである。伊野は，かづ子は1年ももたないと思い，りつ子に病気のことを黙ったままかづ子の近くにいるのがいいのか，本物の医者であるりつ子のところにかづ子を託したらいいのか，と悩んだ末，失踪する。自分が消え，りつ子に母かづ子を託すことで，少しはかづ子の生命を伸ばすことができるかもしれないと考えたのではないだろうか。そこには嘘がばれるとかばれないとかいう次元を超えた，「かづ子にとって何が一番いいことなのか？」という，道徳的な人間としての問いがあったように思う。

失踪したことで，つまり医者という存在証明がなくなってしまったことで，ニセモノという事実だけが残った。伊野は道徳的ないい人物であるという実体がなくなってしまい，ただの逸脱者になってしまったのである。そうなると，あれだけ「先生，先生」と言って慕っていた村人たちは手のひらを返すような言動をとるようになる。一方で，ニセ医者という法的な逸脱者に対して厳しい態度をとるべきである刑事やりつ子は，村の事情やかづ子の思いを知るにつれて，伊野に対してなんともいえない複雑な感情を抱くようになる。

村に住んでいない刑事や医師であるりつ子は，村人たちとはやや異なる社会規範の中に生きている。しかし，その刑事やりつ子も，伊野をたんなる逸脱者（詐欺師，ニセ医者）ととらえていいのかどうか，悩んでしまう。りつ子は刑事に「私が（診療所に）行かなかったら，あの先生なら，どんなふうに母を死なせたのかなって（思うんです）……。もし捕まえたら，聞いておいてください」と言う。りつ子の勤める都会の大学病院にはないものを，そして村で生活するうえでなによりも必要だったものを，ニセ医者である伊野が担い，果たしていた，ということをよく理解しての言葉であろう。伊野のことを「あの先生」と呼んでいる意味は大きい。刑事も「ニセモノがニセモノなりにこの村を支えて

いた」とつぶやくのである。

　社会規範は，その社会・集団ごとに，多様で多重にはりめぐらされている。そこからの逸脱もそう単純なものではない。あるひとりの人物においても，時間の経過とは関係なく，場所の違いにも関係なく，同じときに，逸脱と同調が当然のように同居する。そして，まわりの人たちは，じつは不確かな社会規範や自分の基準に照らし合わせて，その人物を，逸脱的と判断したり，同調的と判断したりする。

　3 節では，習律という社会規範のひとつに注目したとき，ひとりの人物において，逸脱と同調が時と場所によって変わることがあるとした。一方，本節では，法と道徳という社会規範のふたつの要素に注目してみたとき，ひとりの人物において，逸脱と同調は同居することがあると述べた。このようにみてくると，社会規範，それに対する逸脱と同調は，確たる実体のないもののように思えてくる。

　『ディア・ドクター』劇場公開用パンフレットにおいて，西川美和監督は伊野の人物像を，「人々の真ん中にいて，みんながそちらを向いているけれど，よく見ると実体がないというか……。むしろ液体のようにヌルヌルした，実につかみ所のない人間なんです」と述べている。まるで社会規範について述べているかのようである。ニセ医者（空虚な人物）を中心にある種の調和と平穏を保っていた村は，つかみ所のない社会規範を基準としながら営まれている私たちの社会のメタファーではないだろうか。そして，映画のキャッチコピー「その嘘は，罪ですか。」は，映画を見る人たちに「逸脱とはどういうことか」と問いかけてくる。

5　社会を見失う

不安，孤独，空虚さ

　孤独な個人が集まった社会は「繊細な壊れ物」（Goffman 1959=1974：64，奥村 1998：38）のようである。だから，こわれないようにするための仕組みがいろいろと用意されている。そのひとつが――とても大きなひとつが――社会規範である。社会規範は社会の要であり，社会が成立するための絶対条件である。

「社会とは社会規範である」と言ってもいいくらいである。個人の側に立って別の表現をすれば、「社会規範は人が生きていくための指針である」。

それにもかかわらず、社会規範は固定的ではなく、ゆらぎ、変化する。その社会その集団ごとに異なる。時代によっても変わる。このように、社会規範は単純なものではない。とても複雑なものである。しかし、その多様さ、多重性によって社会規範は、個人を社会につなぎとめる役割を果たしている。

そう考えると、逸脱とは「なにかをきっかけにして、社会との係留点を見失うこと。自らの社会的位置を見失うこと」とみなせるだろう。失うのではない、見失うのである。

社会にいながら社会とのかかわりを見失う。それは強度の不安、孤独、空虚さを呼びおこす。私たちは、強度の不安、孤独、空虚さからのがれるために逸脱しないようにするのではないだろうか。

それと同時に気がつくのは、人も「繊細な壊れ物」かもしれないということである。そういう目で見れば、『ディア・ドクター』において、伊野が村から失踪する途中でかづ子とたまたま田畑越しに出会い、大きく手を振るシーンでの伊野の表情が、不安と孤独に満ちたものだったことが思い出される。

シテン

逸脱には個人的な事情による逸脱と社会的な事情による逸脱がある。後者の方が社会の、そして社会学のダイナミズムを感じやすいかもしれないが、本章はあえて前者に注目した。「身近なことを通して社会学を学ぶ」ということを、読者に体感してもらいたかったからである。

最後に、「身近なことを通して社会学を学ぶ」ということについて少しだけ述べておきたい。

先ほど、「社会とは社会規範である」と述べた。社会とは、私たちが日常生活を送るこの社会そのものである。社会学を学ぶ学生は「社会学は『社会問題』を扱う」と思いがちである。まるで、社会がその人自身とは別のところにあるかのように。もちろん社会問題を考えることはとても大切であるが、自分自身も社会に含まれているという視点を欠いてはならない。社会はここに（も）あるのだ。

　ニュースになるような犯罪や事件に注目すれば，逸脱は自分の生活世界とは別のところにあるものと思うかもしれない。そして，白だ黒だと単純化してとらえ，理解したつもりになる。しかし，自分が立っている地平から出発するならば，リアリティをもって考えることができるようになる。そして，身近でありまえだからこそ，余計にわからなくなったりもする。これが日常生活をシテン（視点・始点・支点）にする，ひとつの社会学の学び方である。日常生活をシテンにすれば，社会を見失うことはないだろう。

　ここまでみてきたように，同調（的行為）によって社会は安定に向かう。だが，同調によって社会に変革が起こることはない。社会変革はつねに逸脱（者）が起こすと言っても間違いではない（断るまでもないが，ここでいう逸脱（者）には犯罪（者）は含まない）。逸脱を契機にして，それまでの社会が革新されてきたことは指摘しておく必要があるだろう。——そう考えると，社会を確信犯的に見失うということもあり得るようだ。

 読書案内

大村英昭・宝月誠，1979，『逸脱の社会学——烙印の構図とアノミー』新曜社。
　それぞれアノミー論，レイベリング（ラベリング）論に興味をもっていた著者たちが，逸脱現象をトータルに把握し，体系的に記述しようとした著作。理論と実証の両面から逸脱を分析した本書は，日本の逸脱研究の古典となっている。
吾妻ひでお，2005，『失踪日記』イースト・プレス。
　ギャグマンガ家の著者が原稿を放り出して失踪し，路上生活を送ったときのことを描いたエンターテイメント・ノンフィクションマンガ。第34回日本漫画家協会賞大賞，第10回手塚治虫文化賞マンガ大賞などを受賞した。著者はその後，過度の飲酒でアルコール依存症となり，その治療のために入院したときのことを描いた作品（『失踪日記2——アル中病棟』2013年，イースト・プレス）もある。読めば逸脱者のリアルが感じられるだろう。
桑原晃弥，2011，『スティーブ・ジョブズ全発言——世界を動かした142の言葉』PHPビジネス新書。
　「社会変革はつねに逸脱（者）が起こすと言っても間違いではない」の例として，アップル社共同設立者のスティーブ・ジョブズの名をあげても異論はないだろう。決して同調的ではない彼の発言は，読者の胸を熱くする。

文献

『Dear Doctor』製作委員会編, 2009, 『ディア・ドクター×西川美和』ポプラ社。

『ディア・ドクター』劇場公開用パンフレット, 2009, アスミック・エースエンタテイメント。

『ディア・ドクター』, 2009, 原作・脚本・監督:西川美和, 『Dear Doctor』製作委員会。

Durkheim, Émile, 1895, *Les règles de la méthode sociologique*, Félix Alcan.（= 1978, 宮島喬訳『社会学的方法の規準』岩波文庫。）

Goffman, Erving, 1959, *The Presentation of Self in Everyday Life*, Doubleday & Company Inc.（= 1974, 石黒毅訳『行為と演技――日常生活における自己呈示』誠信書房。）

見田宗介, [1973] 2008, 『まなざしの地獄――尽きなく生きることの社会学』河出書房新社。

森下伸也, 2000, 『社会学がわかる事典――読みこなし使いこなし活用自在』日本実業出版社。

中野正大・宝月誠編, 2003, 『シカゴ学派の社会学』世界思想社。

奥村隆, 1998, 『他者といる技法――コミュニケーションの社会学』日本評論社。

Shaw, Clifford R., 1930, *The Jack-Roller*, The University of Chicago Press.（= 1998, 玉井眞理子・池田寛訳『ジャック・ローラー――ある非行少年自身の物語』東洋館出版社。）

清永賢二・岩永雅也編, 1993, 『逸脱の社会学』放送大学教育振興会。

第9章

階層・階級・不平等

―― 親から子どもへ格差が受け継がれやすいのはなぜか

岩間暁子

1 現代日本における不平等をめぐる諸問題

「一億総中流社会」から「格差」「貧困」の時代へ

　「格差」「貧困」という言葉は，現代日本を特徴づける重要なキーワードである。みなさんのなかにも「卒業後すぐに正社員として就職できるだろうか」「就職先が『ブラック企業』だったらどうしよう」という不安を感じている人がいるかもしれない。

　近年では，値段も手ごろで分量的にも文章表現の面でも読みやすい新書の書名に「ブラックバイト」「下流老人」「下流中年」「一億総貧困化」「貧困世代」「シングルマザーの貧困」「生活保護」といった言葉が踊る。なかには出版からまもなく版を重ねる本が少なくないことからも，格差・不平等問題への関心の高さがうかがえる。

　新聞報道でも「格差」「貧困」を扱った記事が増えている。表9 - 1は，朝日新聞のデータベース「聞蔵Ⅱビジュアル」を用いて，1985年から10年ごとに各キーワードが含まれた記事の件数を調べた結果だが，①1985年から1995年の10年間で「格差」という言葉は約1.7倍も多く使われるようになったこと，②「貧困」は1985年を基準にすると，1995年には約4.5倍，2005年には約6.5倍，2015年には約10倍も多く使われるようになったことが確認できる。

　じつは，「平等 - 不平等」という観点から日本社会を理解しようとする説明図式は大きく変化してきた（岩間 2008a）。高度経済成長期（1955年から1973年の

表9-1 新聞記事に現れる「格差」「貧困」
というキーワードの件数

	格差	貧困
1985年	639件	111件
1995年	1,173件	494件
2005年	1,595件	720件
2015年	1,539件	1,178件

出所：筆者作成。

第1次オイル・ショックまで）が終わりを迎えた1970年代半ば以降，世論調査で「中意識」をもつと答えた人の割合が9割に達していることが明らかになり，「一億総中流社会」という言葉が日本社会を特徴づける重要なキーワードとして広く用いられるようになった。現実の日本が必ずしもほかの先進国より平等だったわけではないが，少なくとも人々のあいだでは「日本は平等だ」という認識が広く共有され，社会学者や経済学者を中心に「中意識」「中流意識」の内実や機能などをめぐる議論が活発になされた。しかし，1990年代後半からは「格差社会」が「一億総中流社会」にとって代わり，さらに，2000年代後半からはより深刻な「貧困」という言葉で問題がとらえられるように変化したのである。

　こうした不平等にかかわる現象や問題は，社会学のなかで長い伝統をもつ社会階級論／社会階級研究，社会階層論／社会階層研究で検討されてきた。これらの分野では，じっさいの人々の暮らしぶり，自分の地位や生活に対する当人の評価・意識などの実態が社会調査によって明らかにされる一方，不平等問題を体系的・構造的にとらえるために「社会階級」「社会階層」などの概念が用いられてきた。現状や変化を把握するためには，まず「社会階級」や「社会階層」という抽象的な概念をなにによってとらえるのか（職種，学歴など）という測定方法を決めたうえで，社会調査で得られたデータを分析・考察する必要がある。そして，不平等を生み出す社会構造やメカニズムといった「目に見えない仕組み」を体系的に理解する際にも，やはり「社会階級」「社会階層」「社会移動」などの概念が必要となる。

　本章では，「親から子どもへ格差が受け継がれやすいのはなぜか」という問

いに対して，先行研究で得られた知見を手掛かりに考えていく。2節では格差・不平等問題を検討するために必要な主要概念をまず説明する。3節では日本の階層研究の基盤となるデータを収集してきた「社会階層と社会移動に関する全国調査」（英語では Social Stratification and Social Mobility Survey。以下 SSM 調査と略す）の歴史と日本の社会変動をあわせて振り返った後，女性と民族の階層問題が取り上げられてこなかった問題を指摘する。4節では親から子どもへ不平等が受け継がれるメカニズムを説明する代表的なモデル・理論と，SSM 調査データを用いた研究例を紹介する。5節では「問い」に対する答えと，今後の研究に求められる視点を示す。

2　不平等をとらえる概念

社会階級と社会階層

　社会の不平等をとらえるために，社会学では「社会階層（social stratification あるいはたんに strata）」と「社会階級（social class あるいはたんに class）」という概念が用いられてきた（岩間 2008b：9-10）。

　日本の社会科学では，マルクス主義的な理論枠組みに立脚する場合，すなわち生産手段（土地や工場，機械など）の所有の有無を重要な分類基準として社会経済集団を区分する場合には「社会階級」が一般的に用いられる。これに対して，職業や学歴，収入，財産，階層帰属意識，教養や知識，交際範囲などのさまざまな社会的経済的文化的資源を分類基準として用い，それらの保有量や保有する資源の違いなどによって序列づけられる集団を指す言葉として，「社会階層」が広く用いられる。日本の社会科学では，マルクス主義的な立場をとるか否かにもとづき，「社会階級」と「社会階層」のどちらの言葉を用いるかが区別されている。

　他方，欧米の社会科学では必ずしもマルクス主義に依拠しない研究であっても social class（あるいはたんに class）が広く用いられている。それは，social class あるいは class が人々のあいだでも，マスメディアでも社会的地位を意味する日常用語として用いられてきたからだろう。

　「社会階級」は，生産手段の私有と市場経済を特徴とする資本主義の成立期

に，主に工場における過酷な労働条件（長い労働時間，不衛生な環境など）にさらされた都市労働者やその家族がおかれた状況を前提につくられた概念である。生産手段をもつ資本家階級と，生産手段をもたないために労働力を提供することでしか賃金を得られない労働者階級は，利害が対立する関係にあり，両者のあいだには越えられない分断があるという見方をとる。18世紀後半に産業化が世界で最初におきたイギリスでは，こうした階級対立の歴史も古く，この点はイギリスを代表するふたつの政党が保守党と労働党であり，労働者階級は伝統的に労働党を支持してきたことからもうかがえる。こうした現実を踏まえ，イギリスでは階級概念が主に用いられてきた。

これに対して，「社会階層」はマックス・ヴェーバーに遡る地位の多元性に着目した概念であり，アメリカで主に用いられてきた。実際の分析では，職業がもっとも重視されてきたが（職種，職業の社会的評価を表す職業威信スコア，役職，企業規模など），それ以外にも学歴，収入，階層帰属意識，交際範囲，教養・知識，趣味などの多様な資源が用いられてきた。

もうひとつの大きな違いは，階級論では階級ごとの差異は「質的」に異なり，階級間には越えがたい壁が存在するとみなすのに対し，階層論では階層間の違いはあくまでも「量的」であり，高い地位への移動は可能という見方を取る点である。

カール・マルクスは，労働者階級は窮乏化することによって階級意識に目覚め，やがて資本家階級を倒す階級闘争を起こすと予想したが，実際には福祉国家の登場などもあって労働者階級の経済水準が向上したことなどから予想はあたらなかった。

また，欧米諸国では1970年代以降，日本では1980年代以降，主要産業が第2次産業（製造業）から第3次産業（サービス業）に変わり，工業社会／産業社会からポスト工業社会／ポスト産業社会に移行するなかで，労働や労働者のあり方が多様化した。

こうしたことから，現在では階層論アプローチを用いた不平等研究が多くなっている。

社会移動

　不平等の問題は経済学でも研究対象とされてきたが，社会学との大きな違いがふたつある。ひとつは，基本的に経済学は研究対象を収入または所得，財産などの経済資本の不平等に限定するのに対し，社会学は経済面以外のさまざまな不平等も研究対象とする点である。

　もうひとつの大きな違いは，経済学では通常，一世代における不平等（人が一生のあいだに経験する生活水準や職業の変動など）が検討されるのに対し，社会学ではこうした「世代内移動」に加えて，出身家庭の階級／階層が子どもの到達階級／階層にどのような影響を及ぼしているのか，という「世代間移動」も重要な研究対象とする点である。ときには「祖父-親-子ども」といったより長い期間の 3 世代に渡る不平等も取り上げられる。

　つまり，①経済的次元に限定せず，より多元的な次元で不平等に迫るとともに，②世代を超えたより長い時間軸のなかで不平等問題を明らかにする点に社会学の不平等研究の特徴がある。

　個人や集団の社会的地位の移動を指す概念が「社会移動（social mobility）」であり，世代内移動と世代間移動の両方が含まれる。社会移動研究では，職業で社会的地位をとらえる方法が一般的だったため，階層論における世代内移動の研究は，経済学や経営学で行われてきたキャリア研究と研究関心や知見の面で共通する点も少なくない。

　これに対して，世代間移動は社会学の独自性が高い研究テーマである。世代間移動の分析では，父親と息子の職業カテゴリーのクロス表を作成し，それをもとにカテゴリー間の関連度を検討する方法が伝統的に用いられてきた。「父親の職業と無関係に息子が自由に職業を選べる状態であれば，両者のあいだには関連性はないはずである」という考え方にもとづき，息子が父親と同じ職業カテゴリーの仕事に就く頻度が多い社会ほど不平等であるとみなす。

　ガンゼボームらは先行研究のレビューにもとづき，第 2 次世界大戦後の世代間移動に関する階層研究を 3 つの時代に分けている（Ganzeboom et al. 1991）。第 2 次世界大戦後から1960年代までの第 1 世代の研究では，クロス表をもとにした「移動率（mobility rate）」などのさまざまな指標が用いられた（Lipset and Bendix 1959=1969）。しかし，この時代はセイモア・リプセットとラインハル

ト・ベンディックスの研究が典型的なように，職業を用いた世代間移動は数ある研究テーマのひとつに過ぎず，政治意識との関連などさまざまな現象が研究テーマとされた。第2世代では，父親の職業や学歴によって息子が到達する学歴，初職，現職は影響を受けるかどうかを検討する「地位達成モデル」が中心テーマとなった（詳細は4節）。第3世代では，第1世代で行われていた父親と息子の職業の関連性をログニリア（対数線形）分析でより厳密に分析するアプローチが主流となった（Erikson and Goldthorpe 1992）。

　なお，貧困研究を中心に考えられてきた「絶対的貧困」「相対的貧困」という概念については岩間（2015）を参照のこと。

3　SSM 調査と不可視化されてきた問題

主な研究テーマの変遷

　日本の社会階層研究は，1955年の第1回調査から10年おきに実施されてきたSSM 調査を軸に進められてきた。SSM 調査の歴史は，当然ながら日本の社会変動と密接に連動しており，各回の主な研究テーマを通して日本の不平等問題へのアプローチの変遷を知ることができる。

　また，各 SSM 調査の主な研究テーマの設定のみならず，ランダム・サンプリング（無作為抽出）を用いて収集した大量のデータに対して多変量解析を適用するという，いわゆる計量社会学的アプローチの積極的な採用についても，欧米，とりわけアメリカの階層研究の影響が色濃く見られる。以下では既に刊行物が出ている第6回調査までの歴史を通じて，日本の階層変動を振り返る（岩間 2008b：19-31；岩間 2017）。

　SSM 調査は第2次世界大戦の敗戦から10年後に第1回調査が実施された。日本社会学会の公式行事とされ，国際社会学会の国際共同研究事業「社会階層と社会移動の国際比較研究計画」プロジェクトへの参加を目標としたものであり，1956年に開催された第3回世界社会学会議には実際に英語の調査報告論文が提出された。しかし第1回調査は，データ収集は社会学者，データ解析は文部省統計数理研究所という分業体制がとられたため，社会学の理論や仮説にもとづいた分析はほとんど行われなかった（富永編 1979：iii）。

　高度経済成長の折り返し地点にあたる1965年実施の第 2 回調査は，農村から都市への急激な人口流入，ホワイト・カラーの増加，高校進学率の上昇などの大きな社会変動を背景に，急激な産業化や経済成長によって引き起こされた社会移動の解明が主たる研究テーマとなった。リプセットとベンディックスをはじめとして，当時関心を集めていた欧米のさまざまな先行研究との比較をめざし，新たに考案された「安田の開放性係数」などを用いて，社会移動の基礎分析が多面的に行われた（安田 1971）。

　1971年のドル・ショック，1973年の第 1 次オイル・ショックを経て経済が停滞していた一方，脱産業化の兆候があらわれ始めていた1975年に第 3 回調査が実施された。1955年からの20年間は，日本の主要産業が第 1 次産業から第 2 次産業に移行した時期であり，労働力不足のもとで労働者の転職を防ぐために導入された「年功序列制度（年齢とともに昇進・昇給）」や「終身雇用制度（定年までの雇用を前提）」などによって目に見えるかたちで人々の暮らしぶりが向上していった（ただし，それはあくまでも日本人の男性に限定されていた）。また，1970年代初めには高校進学率が90％に達し，親よりも子どもの学歴が高くなっていった。さらに，この時期は農村から都市への人口移動も多く見られ，地域移動と社会移動を同時に体験する人も少なくなかった。

　こうした社会状況を背景として，第 3 回調査では，①（過去 2 回のデータも利用しながら）1955年からの20年間における階層構造の趨勢および社会移動の趨勢，②チェコスロヴァキアのパヴェル・マホニンを中心とした研究グループによる「地位の非一貫性」研究（Machonin 1970）などを参考にした社会的地位の多元性，③地位達成における教育の機能，④階層意識の解明（社会階層の平準化は意識の面にどのようにあらわれているのかなど）の解明とともに，⑤職業威信スコアの作成という 5 つの研究課題が掲げられた（富永編 1979）。

　後述するピーター・M・ブラウとホティス・ダドリー・ダンカンの地位達成モデルをきっかけとして，世界の階層研究は多変量解析を用いた研究に移行したため，国際学会で報告するためには，クロス表にほぼ限定されていた分析レベルを大幅に高めなければならず，そのために，職業の社会的評価を数値化した職業威信スコアが作成された。第 3 回調査は，計量社会学的アプローチの採用を前提とする現在の日本の階層研究に連なる分岐点となったのである。

第4回調査は，1979年の第2次オイル・ショックを乗り越え，製造業を中心とした輸出産業の好調に支えられた「経済大国」としての地位を固めた時期である1985年に実施された。この時期は，経済のサービス化や情報化，グローバル化の波に本格的にさらされる前でもあった。「産業化と階層構造の変動」「社会意識（階層帰属意識や不公平感など）」「教育と社会移動」という3つの主要なテーマが掲げられた。不公平感が新たな分析課題として加えられたものの，基本的には第3回調査の研究テーマが受け継がれている。全体として，第4回調査の主眼は前回までに出されていた主要研究テーマをより高度な手法で分析することにおかれていた。

　1995年に実施された第5回調査は，日本社会の成熟化を反映するかたちでテーマが多様化した。その成果は『日本の階層システム』という6巻本として刊行された。研究テーマをあらわす副題は第1巻から順に「近代化と社会階層」「公平感と政治意識」「戦後日本の教育社会」「ジェンダー・市場・家族」「社会階層のポストモダン」「階層社会から新しい市民社会へ」であり，幅広いテーマが取り上げられている。第3巻までは第4回調査で掲げられていた3つの主要テーマと基本的に一致しているのに対し，第4巻以降は新しいテーマである。第5回調査では職業不平等を中心とした従来のテーマに加えて，文化資本やボランティア活動などのよりソフトな次元の不平等も取り上げられるようになったと言える。

　2005年から2006年にかけて実施された第6回調査では，バブル経済崩壊後の格差拡大や雇用の流動化，フリーターやニートの増加などを踏まえ，伝統的なテーマに回帰した。その成果は3巻本として（『現代の階層社会』）刊行されているが，副題は順に「格差と多様性」「階層と移動の構造」「流動化のなかの社会意識」である。第6回調査では初めて韓国や台湾でも調査が実施され，グローバル化が進むなかで資本主義体制をとるほかの国や地域の階層構造との共通点や相違点がより広い視点から検討された。

ジェンダーの視点の導入

　第3回調査まで調査対象者は男性のみだったが，第4回調査から初めて女性も調査対象となった。それまでは男性の不平等を分析することが社会全体の不

平等の解明になるという暗黙の前提が置かれていたのである。欧米の階層研究でも，「結婚前の女性の階層は父親の職業，結婚後は夫の職業でとらえられる」という見方が1970年代初頭までとられていた。

　こうした前提が置かれた背景として，先進諸国では，産業化とともに男性は仕事に専念して家族を経済的に支え，女性は家事や子育てといった再生産労働やケアに専念するという性別役割分業が労働者階層にも定着するようになったことが挙げられる。つまり，職業によって社会階層を測定する方法を採用する以上，職業をもたない女性の社会階層の問題は社会階層論が想定した分析枠組みの外に置かれたのである。実際には女性単身世帯や母子世帯のように，女性自身が就業することによって生計をたてていた世帯もあったが，大多数の人々が結婚し，性別役割分業にもとづく家族生活を営んでいるなかでは，こういった世帯は「例外」とみなされ，分析の対象外とされてきた。

　「男性の階層を研究することが普遍的な階層研究である」という男性中心主義の家父長制的家族モデルを前提としてきた階層研究に対してフェミニズムから批判が出され，女性も含めた階層研究の必要性が指摘された（Acker 1973；岩間 2008b：31-4）。こうした欧米の研究動向や，女性の就業率の上昇などを受け，女性が調査対象とされるようになったのである。

　また，男性の職業によって階層が測定されてきたため，結果的に母子世帯の子どもたちの世代間移動の問題が扱われてこなかった。この点について，従来の世代間移動研究は「社会全体」ではなく，「長期間家族を形成することが可能であった人たち」についての研究にすぎなかったのではないか，という問題提起もなされている（稲葉 2011：251）。

民族・国籍の不平等の不可視化

　SSM 調査では選挙人名簿を用いて対象者を無作為抽出によって選ぶ。そのため，選挙人名簿に登録されていない（選挙権をもたない）外国籍の人の不平等問題は検討されていない。また，民族の質問項目も含まれていないため，日本国籍を取得したほかの民族的出自をもつ人々の状況もわからない。

　日本では，アイヌや沖縄の人々，在日コリアンなどが代表的な民族的マイノリティに相当するが，国勢調査を含めて公的な民族統計が一切とられていない

ため（この点は国連の人種差別撤廃条約委員会から批判を受け続けている），日本の民族分布は不明なままである。

　日本は戦前，「大日本帝国」の拡張をめざし，1895年の台湾の植民地化を皮切りに，1905年に南樺太を領土とし，1910年に朝鮮半島を植民地とし，1919年に南洋諸島を組み込み，支配下の人々を「帝国臣民」とした歴史をもつ。大日本帝国内の臣民数は現在の日本の総人口約1億人とほぼ同規模だったが，このうち約3割は朝鮮人や台湾人などの非日本人であり，「内地（現在の日本国内）」の人口は7000万人ほどにすぎなかった（小熊 1995：4）。しかし，敗戦後に日本はこうした元帝国臣民の日本国籍を一方的にはく奪し，「外国人」であるという理由で長いあいだ社会保障制度などの対象外としてきた（田中 2013）。在日コリアンが日本に残留せざるを得なかった主な理由は，35年に及ぶ日本の植民地支配下で土地や家などを奪われ，生活基盤が朝鮮半島にはなかったこと，帰国時に持ち帰れる資産に対して日本政府が大幅な制約を課したことなどだった。また，朝鮮半島に一度は戻ったものの，生活苦などから日本に戻ってきた人も少なくなかった。

　1989年の「入国管理法及び難民法」の改正により，制限のないかたちでの就労が可能となったのが日系人（近代以降，ハワイや南米などに「海外移民」として渡った人々とその子孫）である。バブル経済に沸く日本に対し，南米では経済不況が続いていたため，多くの日系人が来日し，中小零細企業を中心とした製造業の現場では労働力不足を補う貴重な労働力となった。「『デカセギ』終了後に帰国するだろう」という政府の想定を超えるかたちで日系人の定住化が進んだが，支援策は日系人が集住する地域の自治体の努力にもっぱら委ねられ，全国レベルの政策は存在しないため，子どもたちの不就学の問題などが深刻化している。

　こうした歴史や現状を踏まえると，日本でも欧米と同様に，民族や国籍の違いを組み込んだ階層研究が求められている。

4　階層・階級再生産の主なモデルと理論

　社会学の不平等研究では伝統的に，親から子どもへ不平等が受け継がれる再

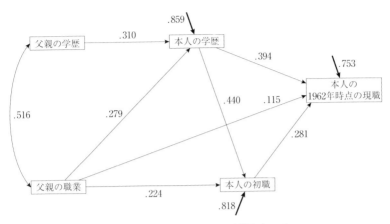

図 9-1　ブラウとダンカンの地位達成モデル

出所：Blau and Duncan（1967：170）より作成。

生産の問題が重要な研究テーマのひとつだが，ここではアメリカの社会学者ブラウとダンカンの地位達成モデルをまず紹介した後（Blau and Duncan 1967），第 6 回 SSM 調査データを用いた最近の研究例を紹介する（中尾 2011）。続いて，フランスの社会学者ピエール・ブルデューとイギリスの社会学者ポール・ウィリスによる文化を介した階級再生産理論を紹介し，ジェンダーの違いも考慮しつつ第 5 回 SSM 調査データを分析した研究を取り上げる（片岡 1998a；1998b）。

地位達成モデル

　図 9-1 は，調査対象となった男性の社会階層を現在の職業（1962年時点）でとらえ，出身階層（父親の学歴と職業）と本人の業績（学歴と初めて就いた職業）の各々がどの程度影響を与えているのかを検討している。近代では「進学や就職は，属性（本人が選べない出身家庭の階層，性別，人種，民族など）ではなく，業績（本人が挙げた成果など）によって決まるべき」という理念が掲げられるようになったが，実際にそれが実現されているかどうかをこのモデルは検討している。

　5 変数はすべて数値化されたうえでパス解析という当時最新の分析方法が適用され，職業の数値化のため「社会経済的地位指標」（学歴と職業の情報から作成）が利用された。

図には3種類の矢印が用いられているが，一番細い矢印は0〜1の範囲の値をとり，値が大きいほど影響力が大きいことを意味する。父親の学歴と職業はともに息子が獲得する学歴に影響を及ぼしているが，その大きさは父親職業（.279）よりも父親学歴（.310）の方が大きい。息子現職にもっとも大きな影響を及ぼすのは本人学歴（.394）であり，本人初職も一定の影響力をもつが（.281），同時に父親職業も直接効果をもつ（.115）。父親の学歴や職業は息子学歴に影響を与えていることから，これらは息子の学歴や初職を介して息子現職に対する間接効果ももつ。全体として，1962年時点でも父親の学歴や職業が息子の地位達成に影響を及ぼしていた事実が明らかになった。

　本人の学歴，初職，現職に対する太い3つの矢印は，モデルでは説明できない割合（たとえば，息子学歴が父親学歴と父親職業で決定されない割合は85.9%，換言すると父親学歴と父親職業で14.1%は説明される）を表す。最終的な被説明変数の本人現職は4つの説明変数により24.7%が説明される。左端の父親学歴と父親職業を結ぶ矢印は両者の関連性を示す相関係数（.516）を表す（相関係数は0〜1の値の範囲をとり，1に近いほど関連が強いことを意味する）。

　このモデルは階層再生産が生じている様子を視覚的にわかりやすく示しているものの，「親の階層が子どもの階層にどのように影響を及ぼすのか」を説明しているわけではない。この点を明らかにするため，ウィスコンシン大学の研究者が中心となって，親や教員といった「重要な他者」が進学を勧めたかどうかなどの社会心理学的な変数を追加した，いわゆるウィスコンシン・モデルなどがその後検討されている（Sewell et al. 1976）。

日本の地位達成モデル

　日本でもこうした地位達成ルートが存在しているのか。中尾啓子は第6回SSM調査データを用いて，ジェンダーによる違いも考慮しつつ，日本，韓国，台湾の国際地域比較の観点から分析している（中尾 2011）。

　ここでは紙幅の制約上，日本の結果だけを紹介しよう（図9-2）。本人学歴は男女ともに父親の学歴と職業の影響を受けているが，これらの変数が説明する割合は男性（20.2%）よりも女性（27.4%）で高いことから，父親階層は息子より娘により大きな影響をもつ。父親学歴は息子現職には効果をもたないが娘

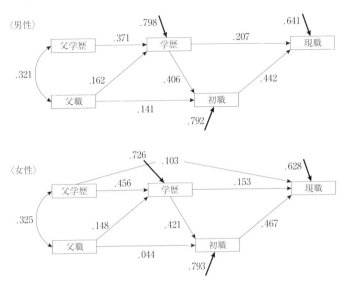

図 9 - 2　2005年 SSM 調査データを用いた地位達成モデル

出所：男性については中尾（2011）の図 2 と表 1 をもとに，女性については中尾（2011）
の図 5 と表 4 をもとにいずれも筆者作成。

現職には効果をもつこと，逆に父親職業は息子初職にはある程度の効果をもつ
が（.141），娘初職にはほとんど効果をもたない（.044）といったことが示され
た。男性が多い職種と女性が多い職種に分かれているなど，職業階層の構造自
体が男女で違うため，厳密な比較は難しいが，ジェンダーと社会階層が結びつ
いて不平等が再生産される状況が示されている。

文化的再生産

　地位達成モデルがアメリカで盛んに検討されていた同時期に，フランスでは
ブルデューが「文化資本（cultural capital）」の役割に着目し，文化資本を介し
て階級・階層が再生産されるメカニズムの存在を理論化した。こうした文化資
本を介した階級・階層の再生産は文化的再生産と呼ばれているが，ブルデュー
は文化を介した階級・階層的地位の再生産だけではなく，文化や文化資本その
ものの再生産（親がもっている階級・階層と関連のある文化資本が子どもに受け継が
れること）という意味でも文化的再生産という言葉を使っている点に注意が必

要である。

　ブルデューは貨幣や土地などの経済資本が投資，蓄積，転換されることにな
ぞらえ，社会的に高い価値があるとされる文化の保有が資本として機能するこ
とに着目して文化資本という概念を構築した。ブルデューとジャン＝クロー
ド・パスロンの『再生産』は，支配階級の子どもは入学前に学校文化に適合的
な文化的素養を家庭で身につけられるのに対し，中間階級や庶民階級の子ども
にはその機会が乏しいといった出身家庭の文化資本の差が教育達成の違いを生
み出すこと，そして文化資本を介した階級再生産が，一般的に「中立的」と見
なされる学校の承認を得ることで正当化されていることを明らかにし，大きな
反響を呼んだ（Bourdieu and Passeron 1970=1991）。

　ブルデューは多くの著作のなかで多面的に文化資本について述べているため，
簡潔な定義の紹介は難しいが，もっとも直接的に論じた論文によると，文化資
本は①個人に蓄積される言語，知識，教養，技能，趣味，感性などの「身体化
された文化資本」，②書物，絵画，楽器，道具，機械など物質として所有でき
る「客体化された文化資本」，③身体化された文化資本が公的な承認を得た学
歴や資格などの「制度化された文化資本」という３つの形態をとる（Bourdieu
1986）。①の獲得には長い時間が必要とされ，隠蔽度が高く，また親から子へ
の相続の確実性はもっとも低い。譲渡が容易なのは②だが，本人が①を保有す
るか保有している別の人の手ほどきがなければ使いこなせない。文化資本を獲
得する場は家庭と学校であり，家庭ではごく早期に自然なかたちで始められる
のに比べて，学校では遅く始まるため，①の獲得には家庭が果たす役割が大き
い。

　同じころ，イギリスではウィリスが中等学校で実施したエスノグラフィにも
とづき，「野郎ども」と自称する労働者階級の生徒は反学校的な文化を身につ
け，肉体労働者の父親の「男らしさ」を肯定的に評価することで自ら進んで労
働者階級の仕事を選択していくことを明らかにした（Willis 1977=1996および第
12章の「読書案内」参照）。つまり，労働者階級に特有の文化が結果的に労働者
階級を再生産していたのである。

日本における文化的再生産論の検証

　こうした文化を介した階層再生産理論は，フランスやイギリスといった，エリートと庶民とのあいだの格差が総じて大きいと思われる社会で考えられた理論だが，日本にもあてはまるのか。

　教育の階層再生産の代表的仮説は，①経済障壁説（家族の経済状態が進学を決定），②文化的再生産説（学校での成功に有利な文化資本を家庭で相続できた子どもほど進学で有利），③学校外教育投資効果説（塾や予備校，家庭教師などの学校外教育の利用が高い教育達成を可能とする），④少子化による投資戦略説（きょうだい数が少ないほどひとりあたりの子どもにかけられる教育投資が高くなるため，高い教育達成が可能となる）の 4 つである（片岡 1998a）。

　片岡栄美は②と③の仮説を中心に検討しているが，出身家庭の文化資本は，(1)身体化された文化資本（子ども時代に家族が本を読んでくれた経験，家でクラシック音楽を聴いた経験，家族と一緒に美術館や博物館に行った経験），(2)客体化された文化資本（15歳時に家庭にピアノ，文学全集・図鑑，美術品・骨董品があったか），(3)制度化された文化資本（両親学歴）によって測定された。③については，小・中学校時に半年以上，塾や予備校に通ったり，家庭教師がついた経験を尋ねた質問項目をもとに測定された（片岡 1998a）。

　構造方程式モデルを用いた分析により，女性には②文化的再生産説があてはまるのに対し（子ども時代に家庭で文化資本を蓄積した女性は学校でよい成績をとり，高い学歴を獲得する），男性には③学校外教育投資効果説があてはまることが明らかになった。ただし，後者については世代差が見られた（35〜49歳の年齢層では学校外教育投資は効果的な戦略だったが，塾や予備校に通った経験者が50％を超えた20〜34歳の若年層では学歴上昇効果はほとんど見られない）。

　片岡の研究では，女性の場合，②文化的再生産説は，高い職業階層への到達，階層が高い配偶者との結婚といった，学歴以外の地位達成においてもあてはまることも明らかにされている（片岡 1998b；2000；2003）。

5　これからの階層研究

先進国がゆたかさを実現した1960年代以降も階層再生産の問題をめぐって研

究が積み重ねられてきた。本章の問い「親から子どもに格差が受け継がれやすいのはなぜか」に対する答えを 4 節の各研究の知見にもとづいて簡潔に答えると、「文化資本や経済資本に関する家庭環境の差を子どもが自力で埋め合わせることは容易ではない社会の仕組みがあるから」ということになる。

近現代社会では、「個人は属性ではなく業績によって評価されるべきである」という理念が前提とされている。しかし、実際には日本を含めた先進国においても、本人が選択できない出身家庭の階級・階層によって成績や学歴といった業績は規定されているという事実があり、この点を見逃すことはできない。

雇用の流動化・非正規化・不安定化，ICT 技術の発達，新保守主義的な政策の導入などによって、安定した正規雇用の仕事に就くためには高い学歴がより求められるようになっており、階層再生産の問題はいっそう深刻になっている。

同時に、職業で不平等の問題をとらえるアプローチだけでは抜け落ちてしまうニートや失業者の割合も増加している。また、少子高齢化やグローバリゼーションにより、日本国籍をもたない人々や、民族的マイノリティの人々の存在感も日本社会で増している。階級・階層研究で蓄積されてきた研究手法や知見を土台として、多様化する格差・不平等問題の解明に向けた新たな研究が求められている。

 読書案内

岩間暁子，2008，『女性の就業と家族のゆくえ——格差社会のなかの変容』東京大学出版会。
　1 章では女性の社会階層の問題や社会階層と家族の関係などに関する欧米と日本の各々の研究史，第 1 回 SSM 調査から第 6 回 SSM 調査の研究テーマの変遷が概説されている。2 章以降では，2 種類の全国データに基づき，日本の女性と家族の格差が考察されている。
吉川徹，2009，『学歴分断社会』ちくま新書。
　従来の社会階層論では職業にもとづく世代間移動が中心的な研究課題だったが，雇用の安定性の低下とともに，職業の代わりに学歴を用いた階層研究の有効性が増しているという見解に基づき，社会調査データを用いて大卒と非大卒層のあいだの分断状況を説明している。

竹ノ下弘久，2013，『仕事と不平等の社会学』弘文堂。
　　欧米と日本の階級論／階層論の研究史，パス解析やログリニアモデルなどの解説
　　のほか，教育と労働市場にかかわる不平等に関する計量分析も含められており，
　　本章の内容をさらに掘り下げて知りたい読者にお勧め。第12章では国際移民の問
　　題も取り上げられている。

文献

Acker, Joan, 1973, "Women and Social Stratification: A Case of Intellectual Sexism," *American Journal of Sociology*, 78 (4): 936-945.

Blau, Peter M. and Otis Dudley Duncan, 1967, *The American Occupational Structure*, The Free Press.

Bourdieu, Pierre and Jean Claude Passeron, 1970, *La reproduction : éléments pour une théorie du système d'enseignement*, Editions de Minuit.（＝1991，宮島喬訳『再生産――教育・社会・文化』藤原書店。）

Bourdieu, Pierre, 1986, "The Forms of Capital," Richardson, John G. ed., *Handbook of Theory and Research for the Sociology of Education*, Greenwood Press, 241-258.

Erikson, Robert and John, H. Goldthorpe, 1992, *The Constant Flax : A Study of Class Mobility in Industrial Societies*, Oxford University Press.

Ganzeboom, Harry B. G., Donald J. Treiman and Wout C. Ultee, 1991, "Comparative Intergenerational Stratification Research: Three Generations and Beyond," *Annual Review of Sociology*, 17: 277-302.

稲葉昭英，2011，「ひとり親世帯における子どもの教育達成」佐藤嘉倫・尾嶋史章編『現代の社会階層 1　格差と多様性』東京大学出版会，239-252。

岩間暁子，2008a，「〈格差論〉の現在と家族・労働・福祉――「中流論争」との比較から」『和光大学現代人間学部紀要』1：183-194。

岩間暁子，2008b，『女性の就業と家族のゆくえ――格差社会のなかの変容』東京大学出版会。

岩間暁子，2015，「家族・貧困・福祉」岩間暁子・大和礼子・田間泰子『問いからはじめる家族社会学――多様化する家族の包摂に向けて』有斐閣，49-75。

岩間暁子，2017，「社会階層論と家族社会学」藤崎宏子・池岡義孝編著『現代日本の家族社会学を問う――多様化のなかの対話』ミネルヴァ書房，85-106。

片岡栄美，1998a，「教育達成におけるメリトクラシーの構造と家族の教育戦略――文化投資効果と学校外教育投資効果の変容」近藤博之編『教育と世代間移動』1995年 SSM 調査研究会，35-66。

片岡栄美, 1998b, 「地位達成に及ぼす読書文化と芸術文化の効果——教育・職業・結婚における文化資本の転換効果と収益」片岡栄美編『文化と社会階層』1995年SSM調査研究会, 171-191。

片岡栄美, 2000, 「文化的寛容性と象徴的境界——現代の文化資本と階層再生産」今田高俊編『日本の階層システム5　社会階層のポストモダン』東京大学出版会, 181-230。

片岡栄美, 2003, 「『大衆文化社会』の文化的再生産——階層再生産, 文化的再生産とジェンダー構造のリンケージ」宮島喬・石井洋二郎編『文化の権力』藤原書店, 101-135.

Lipset, Seymour M. and Reinhard Bendix, 1959, *Social Mobility in Industrial Society*, University of California Press. (＝1969, 鈴木広訳『産業社会の構造』サイマル出版会。)

Machonin, Pavel, 1970, "Social Stratification in Contemporary Czechoslovakia," *American Journal of Sociology*, 75 (5)：725-741.

中尾啓子, 2011, 「地位達成モデルの東アジア国際比較」石田浩・近藤博之・中尾啓子編『現代の階層社会2　階層と移動の構造』東京大学出版会, 289-300。

小熊英二, 1995, 『単一民族神話の起源——「日本人」の自画像の系譜』新曜社。

田中宏, 2013, 『在日外国人——法の壁, 心の溝［第三版］』岩波書店。

Sewell, William H., Robert M. Hauser, and David L. Featherman eds., 1976, *Schooling and Achievement in American Society*, Academic Press.

富永健一編, 1979, 『日本の階層構造』東京大学出版会。

Willis, Paul E., 1977, *Learning to Labour : How Working Class Kids Get Working Class Jobs*, Saxon House. (＝1996, 熊沢誠・山田潤訳『ハマータウンの野郎ども——学校への反抗　労働への適応』筑摩書房。)

安田三郎, 1971, 『社会移動の研究』東京大学出版会。

第10章

都市とコミュニティ
——都市研究には社会学のどんな姿が映しだされているか

小川伸彦

1 社会学はなにをしようとする学なのか

　惹きつけられるもの。でも不気味さもあるもの。つくられたのか，勝手にできたのかわからないもの。そういう得体のしれなさをもつ存在が都市である。では社会学はこの都市をどのように論じてきたのか。本章ではこの問いについて，都市だけを扱うのではなく，「社会学」とはなにかという問題とつなげながら考えてみたい。

わかりにくさ

　社会学はわかりにくい学問だといわれることが多い。じつは，社会学者に問いかけても見解は千差万別で，その答えはひとりの研究者の中でもつねに変化や深化を続けている。本書も，さまざまなテーマを通じて社会学とはなにかというたったひとつの問いに繰り返しアタックする登山隊の記録のようなものといえよう。都市というテーマに迫るためにも，社会学とはなにをしようとする学なのかという問いから始めたい。

　誤解から解いておこう。社会学はその名称のせいで，社会そのものを研究すると思われがちである。しかしそれは正確ではない。社会学とは特定の視角から人間を研究する学問だからである。特定の視角とは，人間が他者とともに社会的連関の中に生きているということの重視である。それゆえ「社会」学と呼ばれており手法も社会科学的であるが，同時に人文科学でもあるという二重構

造をもつ。この学が，哲学・倫理学や文学などと深いつながりのある人間の学であることを忘れてはならない。

社会学のふたつのタイプ

　では，社会学が実際に行われる際のスタンスはどのようなものだろうか。それは大きく世直し型と謎解き型に分けることができるだろう。

　なにかの困難（社会問題と呼ばれることが多い）に直面した社会と人間を，よりよいと思われる方向に導くにはどうすればよいか。これに取り組むのが世直し型の社会学であり，いじめ・家庭内暴力・差別現象・貧困問題・環境問題・過労死や自殺などのテーマが扱われる。一方，謎解き型はよりよいものを想定したりめざすことをひとまず棚上げにして，なにがなぜ起きているのか，というメカニズムの解明に徹しようとする。

　たとえば朝の時間。バス停や駅から教室まで偶然いっしょになった友人と歩く場面を思い浮かべてほしい。セリフを書いた台本が前もってあるわけでもないのに，自然に会話をし，気がついたら教室に着いている。しかし，その自然な会話を舞台に立って観客の前でもう一度やってくださいといわれたらどうだろう。おそらく至難のわざである。「自然」ほど難しいものはないと感じることになるだろう。自然なコミュニケーションがいかに達成されているのかという「謎」がここにある。社会学のなかでは会話分析やエスノメソドロジーの分野がこの謎に取り組んでいる。

　世直し型と謎解き型というふたつの「型」があるとはいえ，社会学がふたつあるということではなく両者はつながっている。たとえば会話分析には，相手の話をさえぎって自分の発話をかぶせるという現象とジェンダーとのかかわりを指摘した研究がある（好井 1991）。自然にみえる会話の「謎」を解いていると，ジェンダー間の権力関係という歪み，つまり「世直し」系の問題が見つかったというわけである。逆にいじめ問題のような急いで解決（世直し）したいテーマでも，まずはじっくりメカニズム（謎）の解明から始める場合もある（ex. 亀山 1988）。このように社会学は世直しと謎解きの両方に強い関心があり，その双方が有機的につながることで，社会学はいっそう社会学らしくなっていく。このことをまずおさえておきたい。

「を」と「で」

　社会学とはなにかを考えるうえで，もうひとつ注意すべきことがある。それはいわば問いの射程距離にかかわる。たとえばさきほどの「会話」の場合，「自然」なものは「意識」しはじめるとなぜスムーズに遂行できなくなるのか，という新たな謎が発見されたともいえる。もしその方向に研究を進めるなら，それはもう会話だけの研究ではない。ネクタイを結んだり自転車に乗ったりという「自然」なふるまいも「意識」しだすとなぜかギクシャクする（長谷 1991）といったテーマが前面にあらわれ，会話は一例にすぎなくなる。これはどういうことなのか。それは，「会話を」研究するのか，「会話で」研究するのかというふたつのスタンスがありうるということだ。「会話で」とはつまり，会話観察を通して〈自然さと意識の関係論〉に取り組むということ。遠くをねらっているので問題意識の射程距離は長い。

　これこそが，社会学を理解するうえでおさえておきたいもうひとつの重要なポイントである。社会学は，目の前の問題を個別に追究しつつ，その先や奥にあるより普遍的・抽象的な問題にまで迫ろうとする。つまり社会学は，「を」から入って「で」へと進もうとする学問なのである（cf. 柳田国男の郷土研究論，柳田 [1933] 1963：67）。扱うテーマには，たとえば婚活のようなジャーナリスティックな印象のものもある。しかし問題意識が〈その先・その奥〉に照準されているという点で，社会学はジャーナリズムとは本質的に異なっているといえよう。

　したがって，文化社会学・逸脱の社会学・家族社会学・教育社会学などのいわゆる連字符社会学は，社会学の仮の姿にすぎない。本当に存在しているのは，ザ・社会学ひとつだけ。それはひとつの大きな山のようなもので，登山の比喩をふたたび使うなら，それぞれの連字符社会学はその山にアタックするさまざまなルートだとイメージするとよい。到達した標高が上がるにつれ，〈その先・その奥〉への眺望がひらけてくる。

　エミール・デュルケーム，ゲオルグ・ジンメル，マックス・ヴェーバー，タルコット・パーソンズ，ロバート・マートン，ニクラス・ルーマン，ジグムント・バウマン，ピエール・ブルデューなど多くの先行する社会学者はみな，さまざまなジャンルを縦横に渡り歩きながら〈その奥〉を抉り出そうとしている。

宗教社会学者・政治社会学者・経済社会学者・教育社会学者・家族社会学者といった沢山の顔をもっていても，その素顔は，ただシンプルに社会学者としか名付けようがない存在である。

　本章のテーマである都市に関する社会学的研究にもやはり，世直し型の研究と謎解き型双方の研究があり，さらに，都市「を」研究する志向の強いものと，都市「で」研究しようとするものとがある。

2　問題としての都市

　都市という存在は，まさに「問題」を生み出すものとして経験されてきたからこそ，研究対象としてまな板の上に載せられることになったともいえる。現代の都市社会学の原点に位置するといえるのは，1920〜30年代のシカゴ大学社会学部を発信源とするシカゴ学派の諸研究だが，この学派が「問題」に取り組んだ際のキーワードは，「解体」であった。

都市の同心円理論

　シカゴ学派の中心人物のひとりであるアーネスト・バージェスは，都市を同心円理論（concentric zone theory）によってとらえた（図10-1）。かなり大規模な都市的世界に共通するメカニズムを見破り，その空間的かつ時間的特性をたった一枚の図に凝縮して表現したのである。

　みなさんも経験があるのではないだろうか。大都市を2〜3分あるいても周囲の様子はそんなに変化しないが，10分ほど歩くと，最初とはかなり異なる景色のなかにいる自分に気づく，といったことである。これは偶然の変化なのだろうか。この図はそれに関して，「いや，偶然ではない。一定のパタンがある」と教えているのである。

　この図によると都市は，内周から外周に向けて，順に〈Ⅰ　ループ（中心業務地区）〉〈Ⅱ　遷移地帯〉〈Ⅲ　労働者住宅地帯〉〈Ⅳ　住宅地帯〉〈Ⅴ　通勤者地帯〉と呼ばれるゾーンからなる。きれいな多重円になるかどうかは重要な問題ではない。そもそもシカゴにしても東はミシガン湖に面しており，本図を縦断するラインは湖岸線である。重要なのは，中心から外に向かって変化のスペクトラ

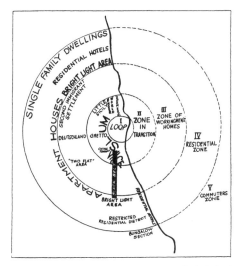

地区名称（abc 順）
apartment houses アパート居留地域
black belt 黒人地帯
bright light area 栄光にみちた地域
bungalow section バンガロー区域
China town チャイナタウン
Deutschland ドイツ人社会
Ghetto ユダヤ人街
Little Sicily リトル・シシリー
residential hotels 居住者用ホテル
restricted residential district 住宅専用地区
roomers 下宿屋地域
second immigrant settlement 二世移民街
single family dwellings 独立家族住宅
slum スラム
"Two Flat" area「二階建」地域
under world どん底社会
vice 悪徳地帯

図10 - 1　都市地域（Urban Areas）

出所：Burgess（1925：55）
注：地区名称対訳は本図の邦訳（53頁）によった。

ムがあるという構造が明示されたこと。そして，富のある中心部から離れれば
離れるほど貧しくなるというような単純な構図ではないことの指摘である。都
市における「解体」について，バージェスはこう述べる。

　　中心業務地区をとりまく劣悪な地帯には，いわゆる「スラム」や「悪地」
　　がつねに見いだされる。ここは，貧困や堕落や疾病に沈んだ地域であり，
　　犯罪や悪徳に満ちた暗黒街である。劣悪化しつつある地域には「地獄に落
　　ちた魂」の煉獄である下宿屋街がある。（Burgess 1925：54-5=2011：30）

　この解体には，「社会解体」と「人格解体」のふたつが想定されており，彼
はそれを「流動性」概念で把握しようとする。もちろんバージェスは，解体的
な現象をすべて否定的にとらえるわけではない。解体が社会秩序の「動的な均
衡」をもたらし，社会の「再組織化」や「効果的な適応」に資する場合は，
「正常」であると見ている。そうは言っても，シカゴ学派のまなざしは解体現
象に注がれていた。その関心の焦点は，シカゴ学派による数々の調査研究（モ

1923	ネルス・アンダーソン『ホーボー──ホームレスの人たちの社会学』＊
1927	フレデリック・スラッシャー『ギャング──シカゴにおける1313のギャング研究』，アーネスト・マウラー『家族解体』
1928	ルイス・ワース『ゲットー』＊
1929	ハーヴェイ・ゾーボー『ゴールドコーストとスラム』＊
1930	クリフォード・ショウ『ジャック・ローラー──ある非行少年自身の物語』＊
1932	ポール・クレッシー『タクシー・ダンスホール』＊，エドワード・フレイジア『シカゴの黒人家族』，ポーリン・ヤング『ロシア人街の巡礼者たち』
1933	ワルター・レックレス『シカゴの悪徳』
1936	ノーマン・ハイナー『ホテル・ライフ』＊
1937	エドワード・サザランド『プロの窃盗犯』＊

注：＊は邦訳のあるもの。

ノグラフ）のタイトルを見るだけでも明白である（表10‑1）。

　そしてバージェスは，これらのモノグラフに結実することになる研究プロジェクトのいくつかをわざわざ挙げて，自分の論文がその「序説として役立つかもしれない」（ibid. 61‑2=37）とまで述べているのだ。

生活様式としてのアーバニズム

　理論的な探究としてバージェスと双璧をなす論文が，ルイス・ワースの「生活様式としてのアーバニズム」（Wirth 1938=2011）である。現代の都市社会学の原点といってもよいほどの重要文献であり，詳細に紹介や検討をしだすときりがないが，そのエッセンスを問われれば，この論文の〈Urbanism as a Way of Life〉というタイトルこそをみよ，といえばよいだろう。つまりワースの着想のエッセンスは，「アーバニズム」と「生活様式（way of life）」からなるいわば二頭立て馬車のかたちをしているのだ。

　前者に関して重要なことは，彼が都市をたんに「シティ」という所与の空間としてとらえたのではなく，「アーバニズム（＝都市化）」という動態的なプロセスとしてとらえた点にある。これにかかわる言明をふたつ紹介したい。

　　都市は，相対的に〔人口量が〕大きく，密度が高く，社会的に異質な諸
　　個人からなる，永続的な居住地であると定義される。（ibid., 97，〔　〕は引用
　　者による）

　　アーバニズムはそのような場所〔＝上記のように定義された都市〕に限られるわけではなく，都市の影響が及ぶところではどこでも，さまざまな程度においてあらわれるものである。（ibid.,〔　〕は引用者による）

　都市をプロセスとしてとらえるという発想から自然に出てくるのは，プロセスの深化の差やグラデーションをどうとらえるか，という視点である。するとどうしてもいくつかの指標を設定し，それぞれがどの程度なのかという度合いによって都市化を把握する必要がでてくる。そこで提出されたのが，〈人口量〉〈居住地の密度〉〈居住者と集団生活の異質性〉（ibid., 100-8）の３つの指標であり，ワース理論のかなめ石といえる。この理論の魅力は，とてつもなく複雑な存在に見える都市化現象をこのわずか３つの指標にまで絞り込み，すべてはそこに起因・派生するものとして説明しようとした点にあるといえよう。

　一方，「ウェイ・オブ・ライフ（生活様式／生き方）」のほうは，なんとなくふんわりした語である。人口や異質性といった構造的な話をしていたはずなのに，急に人間臭くなる。しかしここでこそ，冒頭でのべたことを思い出してほしい。社会学は人間の学なのだという話である。都市についても，それを社会学的にとらえようとするなら，「人間」がでてこなければならない。それをワースは行っているのだ。そして，「アーバニズム」と「ウェイ・オブ・ライフ」という二頭の馬を揃えたワースは，都市認識を牽引する御者たる社会学に対して，都市（化）と人間がどうつながるかという関係論を中心に据えよと命じているのだ。

　このワース論文は，その後の都市社会学にとって決して無視できない大きな存在となった。しかし，都市論が完成したわけではもちろんない。もしあなたなら，この論文にどのようにツッコむだろうか。腕を組み天井を睨んで考えるのもありだが，学問の世界でのツッコミ（＝反論）には，誰でも真似できるパタンというものがある。すなわち，①定義を疑う，②因果を疑う，③前提や研究動機を疑う，の３つである（できればこの３つをヒントに，ここであなたなりのワースへの反論を考えてから先を読んでほしい）。

　まず①だが，ワースが都市化というものを，人口量・密度・異質性の３指標で概念化（＝定義）しているあたりをまず問題にできよう。また②としては，そのような都市化が進展すると，本当に彼のいうような解体的な生活様式が出

現するのかという，結びつけ（＝因果）への疑問が浮かぶ。さらに③について
は，ワースが議論の最初から，都市化をどちらかというとネガティブなものと
決めてかかったうえで（＝前提），世直しをめざしている（＝研究動機）のでは
という印象が強い。

3 コミュニティ問題・下位文化論・マルクス主義的都市社会学

喪失論・存続論・解放論

　実際にその後の都市社会学の歩みにおいても，さまざまな論者がほぼこの3
つの切り口からワースに反論をした。そのなかでも，とくに③にかかわるもの，
つまり都市を解体の場だと問題視すること自体が問題なのではないか，と切り
返す諸議論が重要であり，それらを整理するバリー・ウェルマンの次のような
仕事も現れた。

　彼は，1979年に発表した論文で，それまでの都市社会学を「コミュニティ問
題（The Community Question）」の観点から3つの思潮に分類してみせた（Well-
man 1979：1201-8=2006：160-8）。すなわち，Ⅰ：喪失論（The Lost argument），
Ⅱ：存続論（The Saved argument），Ⅲ：解放論（The Liberated Argument）で
ある。

　順に説明しよう。まずⅠの喪失論は，官僚制社会の集約である都市において
人々は「強い紐帯」を失い「社会解体的な結果」がもたらされるという考え方
である。ワースが「都市の接触は，じっさいに対面的なものであるかもしれな
いが，それにもかかわらず，非人格的，表面的で，一時的で，断片的である」
（Wirth 1938：12=2011：103）と述べたあたりをウェルマンは引用し，ワースを
このコミュニティ喪失論者の中心に据えている。

　Ⅱのコミュニティ存続論についてウェルマンは，「近隣や親族の連帯は産業
的・官僚制的社会システムにおいても依然として力強く繁茂しているという主
張」だと整理している。その代表格は，ハーバート・ガンズの『都市の村人た
ち』（Gans [1962] 1982=2006）である。一見スラムに見える大都市の一角。イタ
リア人街である。そこにガンズは住み込んで調査を行った。だんだん見えてく
るものがある。そこは解体などしておらず，「顔なじみの人間関係や親族の強

172

い絆があり，互助の精神が生きる空間」（寺岡 2008：168）であったのだ。その反面，市民的な活動を組織する力は脆弱で，行政による再開発（クリアランス）の方針に抗することなくこの地域はやがて消滅してしまう。告発の書ともいえる一冊だが，都市社会学の研究史では都市におけるコミュニティの存在・存続を検証した代表作とされる。

　ではウェルマン自身の立場はどのようなものか。それがⅢのコミュニティ解放論で，キーワードは第一次的紐帯（primary tie）である。一般に第一次集団（primary group）というときは，家族・近隣や遊び仲間など，対面的に接触し親密な関係にあること自体が大事な集団を指すが，ウェルマンは「近隣，親族集団，利益関心集団，職場などにみられる様々な第一次的紐帯」という表現を用いる（Wellman 1979：1202=2006：160）。つまり，第一次的紐帯とは関係のあり方を示す概念であり，どんな集団内にもこの関係は成立しうるというわけである。この発想が解放論に直結する。都市では「いまや第一次的紐帯は密に編まれた単一の連帯へと束ねられているのではなく，まばらに編まれ，空間的に分散し，枝分かれした（ramifying）構造」をもち，このことを重視する解放論のおかげで，「コミュニティ問題はそのルーツである地域から自由になることができた〔解放された〕」（Wellman 1979：1207=2006：166-7，〔　〕は引用者による）というのだ。そしてウェルマンはこれをカナダのトロントにおける調査で実証しようとした。この着想は，当時は存在しなかったサイバー空間での人と人との紐帯論にも応用できそうな現代性も秘めており，コミュニティ論の風通しはよくなるのかもしれない。しかし，都市の境界をまたぐ紐帯をも含みこむ議論であるため，都市にしかないものを摑み取ろうという迫力は減じた面もある。

　また，Ⅱのガンズの議論にも物足りなさが残る。都市がじつは解体的空間ではなく，その中に村のような緊密なコミュニティが生きていたというだけなら，結局は都市も村だったということになり，都市だけにあるものを取りこぼしかねないからだ。

アーバニズムの下位文化理論

　ガンズやウェルマンとは異なる着想でこの隘路を突破しようとしたのがクロード・フィッシャーであった。その議論は「アーバニズムの下位文化論（Subcultural Theory of Urbanizm)」（Fischer 1975=2012）と呼ばれており，この論文は著書『都市的体験』（[1976] 1984=1996）とともに都市社会学の基本文献として，その有効性の検証を試みる議論はいまもなされている（ex. 田村 2015）。

　この理論のキーワードは "unconventionality" で，通常は「非通念性」と訳される。わかりやすく表現するなら，「ふつうじゃない性」とでも言えるだろう。

　ふつうじゃないものには正負いずれかの評価が付与されることが多い。筆者なりの例を挙げるなら，学校でみんなが運動会をしているのに，ひとりだけ砂場で棒を振り回している子。これはネガティブな方向にふつうじゃないケースとみなされ，「逸脱」という言葉が使われがちだ。しかし，これこそフィッシャーが避けようとした語であった。つまり都市とは，逸脱によってどんどん解体していく場所なのではなく，ふつうじゃないことが新しいポジティブなものをも生む世界ではないのか。そう考えた末に彼がたどりついたのが，逸脱も含みうる「非通念性」概念だったといえよう。それは，解体でもなく古きよき共同性でもない，第三の都市の姿を摑むための概念なのである。

　もう少し説明しておこう。フィッシャーによれば都市とは，多様な人々が流れ込む異質性の高い空間であると同時に，一定の制約はありつつも選択可能なさまざまなネットワークからなる場でもある。ワースは，「アメリカの都市は高度に分化した生活様式をもつ雑多な人びと」からなり，彼らの間では，「コミュニケーションがもっとも希薄で，無関心がもっとも大きい」（Wirth 1938=2011：110）という。しかしフィッシャーによれば人間たるものつい似た者がくっつき合いたがる（同類結合原理）ため，結果としてはちょっと変わった者たちが集まって新しいことやものを生み出し始めるのだという。さらに人口の集中によって都市度が増し，新しいことやものにかかわる人の数が一定量（臨界量）を越えていくことで，下位文化は強化されるという。

　これが都市的で非通念的な下位文化の形成・維持の過程であり，それは必ずしも反社会的なものではないという発想がフィッシャーのベースにある。先ほどの例で言えば，棒を振り回す子どもがひとりぽっちではなく，似た子がだんだん集まり，ついには第二の運動会が砂場で始まるようなものである。「より大きな社会体系と文化の内側に存在しつつも，相対的に独自性のある社会的下

位体系（個人間のネットワークと制度のセット）と結びついた様式的な信念・価値・規範・慣習のセット」（Fischer1975：1323=2012：135）というのが「下位文化」の定義である。先ほどの例にあてはめて，学校全体を社会体系，砂場で展開しているやんちゃな動きを下位文化の萌芽とイメージしてもらえればわかりやすいかもしれない。

マルクス主義の立場からの批判

　互いに異なるかにみえる上記の諸理論にも，じつは共通性がある。都市がな・
にを生み出すか，を問題としている点だ。このために，これらの理論は批判に
さらされることとなった。1978年に象徴的な出来事が起きる。誌上シンポジウム「マルクスと都市」が，都市研究専門誌 *Comparative Urban Research* を舞台に展開されたのである（Gering ed., 1978）。上でみたフィッシャーの論考を含む3本の論文（Fischer, 1975, Castells, 1975, Mellor, 1975）が検討の俎上に据えられ，計10人の論者が，都市社会学の研究枠組みをシカゴ学派 VS. マルクス主義という構図のもとに厳しく点検しあう論考を寄稿したのである（奥田・広田編訳 1983）。従来の研究を批判する側にたったのは主にヨーロッパ出身でマルクス主義的立場に依る都市社会学者であり，検討対象となったマヌュエル・カステルの論文とこの誌上討論のために書き下ろされた地理学者デヴィッド・ハーヴェイの文章が論点を浮き彫りにしている。

　カステルは上記の論文のほか，すでに大著『都市問題』を1972年に発表しており，ハーヴェイも『社会的正義と都市』（邦題『都市と社会的不平等』）を1973年に世に問うていた。カステルは，「都市イデオロギー」という概念を用いて，都市が存在することを大前提にして議論をすすめたシカゴ学派を断罪する。そして「集合的消費」の概念によって，国家が都市に用意するもの（住宅・交通・福祉・医療など）に依存しなければ人間が生きていけなくなっているという状況を問題化していた。一方のハーヴェイは，都市が建造物・構造物（港湾・鉄道・道路・港湾施設や工場・オフィス・住宅など）からなる環境であることを直視する。都市でこの建造環境（built environment）（奥田・広田編訳 1983：151）が創出・破壊・再構築されるのはたんに利便や安全のためではない。資本主義社会においては，あり余った資本を有効に循環させるための投下先が建造物な

であり，この循環に取り込まれ商品化した特異な空間こそが都市であるとハーヴェイはみなして，その歪みを理論的に追求した。

　シカゴ学派やガンズ，ウェルマン，フィッシャーらが措定しているよりもさらに大きな力が都市を動かしていることを，彼らは指摘しようとしたといえるだろう。つまり，都市がなにを生み出すかというより，むしろ都市そのものを生み出すもの，都市的な社会関係や権力関係を生み出すものに焦点が合わせられている。しかしそこにも難点はあった。彼ら（特にカステル）が鋭く追及し批判する権力作用は，都市に固有のものというよりも，大きな資本の力が支配する近現代社会全体にあてはまってしまうからだ。ただしその批判の地点からUターンして，再度，都市に固有のものを見極める道を選ぶのか，それとも都市に固有のものなどなく，すべては近代社会の一コマなのだと開き直ってしまうのか，そこには正解はない。なにを最終的に解明したいのかによって左右される事柄だからである。

4　都市「で」研究する

　バージェスやワース以来の都市をめぐるさまざまな視座の布置関係や展開プロセス，いわば学問的バトルをみてきたが，冒頭でふれた社会学の類型に照らせば，世直し型の見地から都市「を」研究する，という傾向は共通しているといえよう。ただこうした研究は役には立ちそうだが，逆に，ちょっと役に立ちすぎるようなニュアンスがあり，〈その先・その奥〉を見極めるという意味での社会学的醍醐味は必ずしも十分ではない。

実験室としての都市――　R・パークの視座
　ここまで紹介してこなかったが，都市社会学の原点に位置するシカゴ学派のさらに総帥ともいえる人物がいる。ロバート・パークである。ミシガン大学卒業後，新聞記者時代を経てハーバード大学で学び，さらにドイツのハイデルベルク大学で学位論文「大衆と公衆」によって博士号を得てシカゴ大学社会学部に着任したパークは，ほどなくして論文「都市―都市的環境における人間行動研究のための諸提案」（Park 1915）を発表した。

　「諸提案（suggestions）」とある通り一種の調査項目集のかたちで構成されており，論文としては一風かわった姿をしている。下記がその目次である。

　　1．都市計画と地域組織（都市計画／近隣地区／居留地と凝離地域）
　　2．産業組織と道徳的秩序（職業階級と職業類型／ニュースと社会集団の移動性／証券取引所と暴徒）
　　3．第二次的関係と社会統制（教会，学校，家族／危機と裁判所／商業化された悪徳と酒類販売／政党政治と宣伝／広告と社会統制）
　　4．気質と都市環境（個々人の動員／道徳地域／気質と社会的感化）

「ニュースと社会集団の移動性」「証券取引所と暴徒」など，都市をとらえる着眼点の広さや独自性が見て取れるだろう。なかでもしばしば注目されるのが，この論文の末尾に登場する〈実験室としての都市〉という視点である。

　　人間のもっている性格や特質のうち，小さなコミュニティでは通常はうやむやにされたり抑圧されてしまうようなものをすべて，大都市というものは大規模なかたちで公衆の面前にくりひろげ，露わにする傾向にある。この傾向がとりわけ促進されるのは，例外的で常軌を逸した人間に対して大都市が提供する機会のゆえである。都市というものは，つまるところ，人間の本性の中にある善と悪をたっぷりと見せてくれる。人間の本性や社会諸過程を都合よくかつ有益に研究できる実験室もしくは臨床実習室（クリニック）として都市があるのだという見方が正当化されるのは，おそらく何にもまして上記のような理由によるのである。（ibid., 612. 訳文および傍点は引用者による）

ここにあらわれているのは，まさに本章の1節で紹介した「で」のスタンスではなかろうか。都市そのものを研究すれば足りるのではない。真に解明したいのは，人間の本性や社会諸過程である。そのための好適なる「実験室」や「クリニック」として都市が選ばれているのである。なお，パークやその弟子たちが採用した方法的視座は，動植物の生態を研究する学問の手法を活かしたもの

で，〈人間生態学 Human ecology〉と呼ばれている。

ジンメル都市論に学ぶ

　さらにここで想起されるのは，パークもベルリン大学でその講義を受講した
ゲオルグ・ジンメルである。彼は世紀初頭に怜悧な都市論「大都市と精神生活」
（Simmel 1903=1978/2011）を公表したが，その都市に対するまなざしのあり方を
表現するのにふさわしい言葉は，〈両義性〉であろう。たとえば彼は都市におい
て人間は孤独な存在であるというが，同時に，だからこそ自由なのだと切り返
す。都市というものをまるでひとつの書物であるかのように読み解いていくジン
メルの議論は，決して読みやすいものではないが，波長があえば引き込まれる
スリリングさに満ちている。なかでも重要なキーワードは「非人格性」である。

非人格性と貨幣

　「人格的」である状態とは，人間と人間が，お互いをかけがえのない存在と
して認め合いながら関係しあっているような状態である。認め合うといっても
好意をいだいている必要はない。あいつだけは許せないと思いっきり憎んでい
る場合も人格的関係である。その逆が「非人格性」だ。つまり，かけがえのな
さのない状態。目の前の人間が，他の人間と容易に取り替えの効くような状態
である。ここまで読まれたあなたは，そんな非人間的な関係はいくらなんでも
ひどすぎる，と感じるかもしれない。しかし，例えばコンビニエンスストアで
バナナを買う際，そのバナナを誰が売ってくれるかにこだわることは通常はな
い。どの店員さんであれ，欲しいバナナを正しい値段で売ってくれれば，それ
でよい。このとき店員さんは取り替えの効く存在になっているが，それをだれ
も非人間的な買い方だとは思わない。ここには非人格的な関係が成立している
のである。なぜそのようなことが可能になっているのだろうか。

　現代人の心が冷たくなったからだろうか。いや，そうではない。ジンメルは
こう書いている。「貨幣は，〔個別性にではなく〕すべてに共通のものにのみ関心
を持ちます。交換価値を求め，あらゆる質や個別性を『いくら？』という問い
に還元します。……人間はあたかも数であるかのように，それ自体無差別であ
る要素であるかのように扱われます」（Ibid., 2011：5，〔 〕は引用者による）。ここ

で鍵を握っているのは,「貨幣」という形象である。もし貨幣がなければどうなるだろうか。バナナをたまたま持っている人を探し出して,どうかお願いしますと頼み込んで好意でわけてもらうか,自分の持っているみかんや芋などと交換してもらうことになるだろう。そのとき相手は,取り替えの効きにくい存在になっている。しかし貨幣が流通しており,モノが商品となっている場合には,やり取りするふたりの関係からはかけがえのなさが消える。

　そしてジンメルは,「貨幣経済は大都市を支配しています」(ibid., 2011：6)と記し,この「非人格化」や「匿名性」(ibid., 2011：18)が,都市的現象であることを,田舎／小さな町／小さな社会と対比しつつ描いている。しかし貨幣経済が非人間的な現象だとは限らない。特定の相手への依存から解放されるということであり,「自由」への一歩かもしれないのだ。意地悪されてバナナが手に入らない,ということも(貨幣があれば)なくなる。都市こそは貨幣経済の拠点であり,人々は貨幣を介した関係を日々繰り返しているうちに,孤独になる一方で,他者への依存の軛から解放された自由な状態を獲得する可能性を手にするのである。

ジンメルの教え

　ジンメルの都市論はこのように近代社会論でもある。ただし,そこにはカステルやハーヴェイとは異なる特徴がある。ひとつは,近代的現象が都市に集中的にあらわれていた時代に書かれたものであること。それは,近代とはなにかを解明するための妥当な対象として都市がありえた時代であった。都市を考えることは,取りも直さず,近代をつかまえることであったのだ。また,貨幣というまさにマルクス主義的なテーマを扱いながらも,それを多くもつ者(＝資本家)を断罪するような方向に議論を進めない点でも大きく異なっている。

　ところでジンメルは,論考の末尾で大都市の機能やそこにおける生活について述べたあとに,こう書きつけている。「非難することも,承認することも,われわれのの課題ではない。ただ理解することのみが課題なのである」(ibid., 1978：112)と。

　ややわかりにくい文章である。大都市の圧倒的な存在性に対する諦めの境地の表現のようにも見えるからだ。しかしこれは,謎解きに徹することの宣言と

も読めないだろうか。都市を研究するにしても，そこでなにが起きているかをクールに解明し尽くすスタンス。せっかちになにかを解決する（＝世直し）ことをつい重視しがちなわれわれに，エレガントな戒めを残してくれているように読めるのだ。

 読書案内

松本康・森岡清志・町村敬志編，2011-12『都市社会学セレクション全3巻』日本評論社。

　　ゲオルグ・ジンメルから現代まで25本の論文を通して都市社会学の歩みが俯瞰できる基本文献集成。本章で紹介できなかったギデオン・ショバーグ，サスキア・サッセン，エドワード・ソージャの論考や，日本の都市社会学の必読文献もこのセレクションで読める。

白波瀬達也，2017『貧困と地域──あいりん地区から見る高齢化と孤立死』中公新書。

　　「日雇労働者の町」から「福祉の町」へ。そう形容される大阪・あいりん地区の歴史と現在を丹念に描写・分析した社会学的調査研究。貧困・高齢化・孤立化の問題に直面するであろう日本各地の地域の姿こそがこの地区に映し出されている。

宇沢弘文，1974『自動車の社会的費用』岩波新書。

　　自動車は社会になにをもたらしたのか。その経済学的分析を通して都市的空間の本質にも迫る。シンプル・イズ・ベスト。対象を一点（＝自動車）に絞って突破する構想力や社会的費用という概念の魅力も学べる。40年を経て古びない名著。

文献

Burgess, Ernest, 1925, "The Growth of the City: An Introduction to a Research Project," Robert Park, Ernest Burgess and Roderick McKenzie, *The City*, University of Chicago Press, 47-62.（＝1972，大道安次郎訳「都市の発展──調査計画序論」大道安次郎・倉田和四生訳『都市──人間生態学とコミュニティ論』鹿島出版会，49-64；＝2011，松本康訳「都市の成長──研究プロジェクト序説」松本康・森岡清志・町村敬志編『都市社会学セレクション』第1巻，21-38。）

Castells, Manuel, 1972, *La Question Urbaine*. Maspero (English edition=1977, *The Urban Question*. Edward Arnold.)（＝1984，山田操訳『都市問題──科学的理論と分析』恒星社厚生閣。）

Castells, Manuel, 1975, "Urban Sociology and Urban Politics : From a Critique to New Trends of Research," *Comparative Urban Research*, 3(1) : 3-15. (=1983, 奥田道大・広田康生訳「都市社会学と都市政治——最近の研究動向への一批判」奥田道大・広田康生編訳『都市の理論のために——現代都市社会学の再検討』3-15。)

Fischer, Claude, 1975, "Toward a Subcultural Theory of Urbanizm," *American Journal of Sociology*, 80(6) : 1319-41. (=2012, 広田康生訳「アーバニズムの下位文化理論に向かって」松本康・森岡清志・町村敬志編『都市社会学セレクション』第 2 巻, 127-64。)

Fischer, Claude, [1976] 1984, *The Urban Experience* Harcourt Brace Jovanovich. (=1996, 松本康・前田尚子訳『都市的体験——都市生活の社会心理学』未来社 [改訂版の訳]。)

Gans, Herbert, 1962, *The Urban Villagers : Group and Class in the Life of Italian -Americans,* Free Press ; Updated and expanded ed. 1982. (=2006, 松本康訳『都市の村人たち——イタリア系アメリカ人の階級文化と都市再開発』ハーベスト社。)

Gering, John ed., 1978, "Marx and the City : A Symposium," *Comparative Urban Research*, 6 (2-3) : 5-96. (=1983, 「論争・新都市社会学とシカゴ社会学——誌上シンポジウム「マルクスと都市」の全記録」奥田道大・広田康生編訳『都市の理論のために——現代都市社会学の再検討』95-284。)

長谷正人, 1991, 『悪循環の現象学——「行為の意図せざる結果」をめぐって』ハーベスト社。

Harvey, David, 1973, *Social Justice and the City,* Edward Arnold. (=1980, 竹内啓一・松本正美訳『都市と社会的不平等』日本ブリタニカ。)

亀山佳明, 1988, 「学校と暴力——デュルケムの理論に依拠して」『ソシオロジ』33(1) : 57-75。

松本康・森岡清志・町村敬志編, 2011-12, 『都市社会学セレクション全 3 巻』日本評論社。

Mellor, Rosemary, 1975, "Urban Sociology in an Urbanized Society," *The British Journal of Sociology*, 26(3) : 276-293. (=1983, 奥田道大・広田康生訳「都市型社会における都市社会学」奥田道大・広田康生編訳『都市の理論のために——現代都市社会学の再検討』16-49。)

中野正大・宝月誠編, 2003『シカゴ学派の社会学』世界思想社。

奥田道大・広田康生編訳, 1983, 『都市の理論のために——現代都市社会学の再検討』多賀出版。

Park, Robert, 1915, "The City : Suggestions for the Investigation of Human Behavior in the City Environment," *American Journal of Sociology*, 20(5)：577-612. (この論文をやや改変したバージョンを掲載した1925年刊行の *The City*〔書誌情報は Burgess 1925参照〕からの邦訳＝2011, 松本康訳「都市――都市環境における人間行動研究のための若干の提案」松本康・森岡清志・町村敬志編『都市社会学セレクション』第1巻, 39-87。)

Simmel, Georg, 1903, "Die Großstädte und das Geistesleben,"*Jahrbuch der Gehe-Stiftung* Dresden 9：185-206. (＝1978, 松本通晴訳「大都市と心的生活」鈴木広編『増補都市化の社会学』誠信書房, 99-112；＝2011, 松本康訳「大都市と精神生活」松本康・森岡清志・町村敬志編『都市社会学セレクション』第1巻, 1-20。)

田村公人, 2015,『都市の舞台俳優たち――アーバニズムの下位文化理論の検証に向かって』ハーベスト社。

寺岡伸悟, 2008,「都市の村人―― H. J. ガンス『都市の村人たち』」井上俊・伊藤公雄編『都市的世界 社会学ベーシックス 4』世界思想社, 167-176。

Wellman, Barry, 1979, "The Community Question：The Intimate Networks of East Yorkers," *American Journal of Sociology*, 84(5)：1201-31. (＝2006, 野沢慎司・立山徳子訳「コミュニティ問題――イースト・ヨーク住民の親密なネットワーク」野沢慎司編・監訳『リーディングス ネットワーク論――家族・コミュニティ・社会関係資本』勁草書房, 159-204。)

Wirth, Louis, 1938, "Urbanism as a Way of Life," *American Journal of Sociology*, 44：1-24. (＝2011, 松本康訳「生活様式としてのアーバニズム」松本康・森岡清志・町村敬志編『都市社会学セレクション』第1巻, 89-115。)

柳田国男,〔1933〕1963,「郷土研究と郷土教育」『定本 柳田國男集』第24巻, 筑摩書房, 66-94。

好井裕明, 1991,「男が女を遮るとき――日常会話の権力装置」山田富秋・好井裕明編『排除と差別のエスノメソドロジー――〈いま‐ここ〉の権力作用を解読する』新曜社, 213-249。

第11章　グローバリゼーションとエスニシティ

第 11 章

グローバリゼーションとエスニシティ
——社会や社会学理論にどのような変化をもたらしたか

水上徹男

1　グローバリゼーションとエスニック・コミュニティの形成

　グローバリゼーション（globalization）は，現代の社会学における重要な概念であるだけでなく，経済学，政治学を含む社会科学の領域で広範囲に使用される用語になっている。さらに地理学，歴史学，カルチュラル・スタディーズなどの領域でも取り上げられ，マスメディアでも使用されるが，なぜそれほど普及したのだろう。グローバリゼーションが進行してなにが起きたのだろう。あるいは，なにが変化するのだろうか。たとえば，われわれの身近な生活場面では，どのような変化があったのか。また，国際社会では，どのような変化が起きてきたのか。

　グローバリゼーションがもたらした変化について，人の移動の活発化に目を向けると，日本では1980年代半ば以降とくに注目を集めた現象として海外から訪れる人々の増加があげられる。もちろんそれ以前から外国人住民はいたが，この時期には大都市の都心から周辺地区のインナーシティに海外からの移住者が顕著に増加した。1980年代後半には，外国人を受け入れる開国か，鎖国すべかという議論にまで発展している。日本社会のなかに新たなマイノリティ集団が登場して，その後は出身国の多様化も進んできた。

　東京のインナーシティには特定の出身国の人たちが集住して，エスニック・コミュニティを形成している。たとえば，新宿区の大久保地区はコリアンタウンと称されるほど韓国系の商店が立ち並んでいるが，近年ではムスリム向けの

食品店も増加しており，多様なエスニック・ビジネスの発展がある。江戸川区の西葛西地区周辺にはインド出身者が集住して，ICT 産業で働く人やそうした人のための食料品店などが存在する。豊島区は中国出身者が多く，なかでも池袋地区は中国系のエスニック・ビジネスが盛んなため，買い物や食事にこのまちを訪れる中国出身者は毎日約 1 万人と推定される。さらには，電気製品や薬などを買い求める中国からの観光客も多い（Mizukami 2016：10）。このように日本を訪れる人々は，かつてないほど増加した。

　地球規模の人の移動の活発化は，グローバリゼーションの一面である。しかし，国境を越えて行き交っているのは人だけでない。物や資本，イデオロギーや知識なども交流する。本章では，グローバルな人の移動の活発化に巻き込まれた日本社会で，なにが変化してきたかについて考察する。あわせてエスニシティに関する理論やグローバリゼーションに関連したマクロな理論も取り上げ，変化し続ける社会に対応して，それを分析する社会学の研究枠組みも変化してきた事情について説明する。

2　外国人住民の増加と研究対象としてのエスニック集団

バブル経済と外国人の流入

　日本は19世紀後半から20世紀前半にかけて，出稼ぎ目的の人々を送り出す移民送出国だった。その主要な目的地であるアメリカ合衆国へは1940年に本土には約12万7000人，ハワイ地区には約15万8000人の日本人とその子孫が渡っている（Kashima 2003：9）。またブラジルへは1908年に公式な移民が始まり，1943年 8 月までに約19万人がブラジルに渡った（日本移民80年史編纂委員会 1991：140）。太平洋戦争で中断したが1953年に戦後の計画移住として再開し，1973年に最後の移民船が日本からの移住者をブラジルに運んだ（日本移民80年史編纂委員会 1991：256）。移民送出国だった日本は1980年代半ばに移民受け入れ国へと転換した。とくに東京では新宿や池袋などで，アジア系を中心としたエスニック人口の顕著な増加を経験している。

　池袋駅が位置する豊島区の登録外国人人口は，1980年代半ば以降に急増した。いる。1984年の登録外国人人口は約5000人だったが，1988年には約 1 万人，

1992年には 1 万5000人を超え，10年のうちに 3 倍以上となった。年度により多少の増減はあるが，その後も増加を続け2017年 1 月時点で約 2 万7000人と豊島区全体の約9.5％を占めている。1980年代の池袋界隈では空室が目立つ古い木造のアパートに，アジア圏を中心とした移住者が入居していった（奥田・田嶋1991）。高齢化が進んでいた地区に，20代，30代の単身の外国人の若者が住むようになり，エスニック・ビジネスも発展していった。

　日本ではなぜこのように1980年代半ば以降に外国人住民が増加したのだろう。その背景には1980年代の「バブル景気」を引き起こす原因になった1985年の「プラザ合意」がある。このとき，先進 5 ヶ国（アメリカ合衆国，イギリス，ドイツ，フランス，日本）がニューヨークのプラザホテルで会合を開き，累積するアメリカ合衆国の貿易赤字の原因となっていたドルの為替相場の変更などに合意した。その結果，為替は円高ドル安に転換して円の為替水準が高く保たれるようになり，日本は「バブル景気」と称される好景気を迎えた。製造業が隆盛し，アジアの開発途上国を中心に外国からの労働力を引き付け，大都市圏のインナーシティに新たなエスニック・コミュニティが形成された。なかには学生ビザで入国，日本語学校の学生になって事実上就労する人々もいた。

　1980年代以降に流入した外国人は「ニューカマー（newcomer/s）」と呼ばれ，1990年代初期以降に増加したブラジルなどの中南米からの日系人移民を含む。ニューカマーには観光目的などでの短期滞在者は含まれず，一定期間の滞在者を指し，出身国だけでなく来日の社会的背景も多岐にわたっている。

地域社会の変化と外国人住民の支援

　ニューカマーに対して，日本に永住している在日朝鮮人やその子孫は「オールドカマー」と称されることがある。1952年にサンフランシスコ講和条約が発効されたとき，旧植民地出身者に「日本国籍」は適用されず，在留資格が暫定的に認可された（田中 2013：44-45）。その当時外国人登録数（外国人人口）は約60万人で旧植民地出身者が大多数（約95％）を占めていた（田中 2013）。この「オールドカマー」には第 2 次世界大戦以前に日本に来た在日朝鮮人やその子孫だけでなく，1972年の日中交正常化以前に定住した台湾・中国出身者なども含まれる。

ニューカマーの流入は，地域社会にさまざまな変化をもたらした。地方自治体によっては外国人相談窓口を設けたり，多言語による広報誌を発行したりするようになった。だが，外国人住民に向けた行政サービスは十分ではなく，1980年代中期以降になると外国人住民が直面する問題に対応するため，人権保護を目的とした支援団体が形成された。1990年代半ばまでに，日本全国でさまざまな支援団体が創設され，各地域の事情を反映した活動を行ってきた。たとえば，1986年4月に日本キリスト教婦人矯風会が母体となって緊急保護を求める女性の避難センターとして新宿区に「HELP」が正式に設立され，1987年5月には外国人労働者との連携を進める「カラバオの会」が横浜寿町に設立された。

　1987年12月には20人ほどのバングラデシュ人と数名の支援の日本人が「バングラデシュ・ジャパン・ピープル・フレンドシップ・ソサエティー（Bangladesh Japan People Friendship Society）」のちに改称して「Asian People's Friendship Society：APFS」という団体を板橋区で発足させた。板橋区は安価な木造アパートや中小零細企業が多くあるインナーシティで，大山駅周辺にパキスタン人，上板橋周辺や北区東十条・滝野川辺りにバングラデシュ人が集住していた（吉成 1993）。当時 APFS のメンバーには多数の未登録バングラデシュ人が含まれていた。海外出稼ぎ者からの送金が外貨獲得に大きな比重を占めるバングラデシュにとって，1980年代半ば以降一時的に日本はもっとも魅力のある就労目的地となった。日本に滞在するバングラデシュ人は，比較的裕福な家庭の出身が多く，教育水準の高い若者という特徴があり，当時本国では人口の6割近くがほとんど教育を受けていなかったのに対して，来日するバングラデシュ人の6割近くが中等教育前期課程修了（SSC）あるいはそれ以上の学歴を有し，30才以下が8割以上を占め，主に中小零細企業に就業していた（Mahmood 1994：513-515）。

　外務省ではバングラデシュやパキスタンからの資格外就労者を制限するため，1989年1月15日に，3ヶ月間の観光や商用にはビザを免除するという両国とのビザ免除相互取り決めを保留した。1990年6月には入管法改正があり，未熟練労働に従事する南米の日系人以外の「単純労働者」の受け入れを制限したうえ，不法就労者を雇う雇用者に対する罰則規定も設けた。

3　エスニシティとはなにか

エスニシティの基準と条件

　日本の社会学でエスニシティが広く注目を集めるようになったのは，ニューカマーが増加した1980年代半ば以降である。エスニシティの実証的な研究として，エスニック集団を対象とした調査が実施されてきた。エスニシティとエスニック集団の語は互換的に用いられるが，次のような指摘もある。エスニック集団がエスニシティそのものではなく，「エスニシティはエスニック集団の変数であり，函数である」（綾部 1993：12-13）。エスニックという言葉は一般的に使用されており，アジアの料理をエスニック料理と表現したり，エスニックファッションやエスニック音楽などの言い方もある。

　エスニシティの概念はアメリカ合衆国で使われ始め，1960年代までにその文化人類学的使用法が広まった（Jenkins 1997：11）。しかし，その定義にはあいまいな点が多い。セボルド・イザジフはなんらかのかたちでエスニシティの問題を扱った社会学や人類学の論文65編から，もっとも頻繁に言及された属性を5つ抽出した（このうちエスニシティについてなんらかの定義を行っていたのは13編のみだった）。それが，①共通の出自，②同一文化，③宗教，④人種，⑤言語である。この5つを彼はエスニシティの定義の基準としたが，研究者によって強調点が異なる場合がある（Isajiw 1974=1996：86）。

　同じエスニシティにもとづくエスニック集団も，共通の祖先・言語・宗教，共有された生活習慣や文化をもつとされる。これらの基準は日本語の「民族集団」という用語にもあてはまるが，エスニック集団と民族集団は異なる概念だという解釈もある。エスニック集団は，国民国家のようなその集団を「包括する上位の社会」があって，そのなかに存在するのに対し，民族集団は包括的な上位の社会を条件としないため，国民国家の境界とは別に広がっている（青柳 1996：13）。ひとつの国民国家がいくつもの民族集団で構成されている場合，他の国家にも存在している民族集団を，特定の国民国家内ではエスニック集団とみなすことができる。換言すれば，民族はある特定の条件のもとではエスニック集団となる（青柳 1996：14）。

主観的アプローチ

　民族を固定的な概念とすれば，エスニシティは流動的概念であり，異なる文化集団との相互作用で認識される。エスニシティを理解するうえで大事なことは，その二面性である（Guibernau and Rex 2010：7-8）。ひとつは，ある集団の構成員が自分たちはそのエスニシティに属すと主張し，そう感じていることである。もうひとつは，他の人たちから，彼らがそのエスニシティに属していると見なされることであり，このような二面性によってエスニシティが成立する。あなたが日本人である場合に，自分自身で日本人と認識していると同時に，周囲にいる人々もあなたを日本人と同定している状態である。したがって，エスニシティの定義には，自らの認識によって決まる主観的な要素も含まれる。

　このような見方は，アメリカの大学で広く文化人類学のテキストとして使用されたフレデリック・バルトの『エスニック集団と境界』（Barth 1969）で提示された。彼はエスニック集団が形成する境界に着目して，エスニシティの動態的な特徴を示した。ある集団には他の集団との関係で自らの成員資格を決定したり，非成員を排除したりする基準が存在する。そのような社会的な境界がエスニック集団を分けているという（Barth 1969：14-5）。バルトの主張は，異なる文化集団の接触や相互作用が継続するなかで境界が維持される，すなわち文化的な違いを継続のプロセスととらえた点などが注目された。エスニシティを規定する要素のひとつが主観的な認識であるという見方は，社会学の古典理論にもみられる。

　マックス・ヴェーバーは『経済と社会』の中でエスニック集団を次のように規定した。「体型や習慣あるいはその両方の類似性のため，もしくは植民地化や移住の記憶によって，共通の血統という主観的信念を抱いている人間集団を，『エスニック集団』と称す。……客観的に血縁関係があるか否かは問題ではない。エスニックとしての成員性は，推定されたアイデンティティがあるため，血族集団とは明確に異なる」（Weber 1922=1978：389）。つまり，エスニシティが同定される，あるいはエスニック・アイデンティティが形成されるのは，異なる文化集団とのかかわりの継続を条件とする。すなわち，「その内部にいる人々とその外部にいる人々が，それをエスニック集団と認識すると，それがエスニック集団となる。内部の者（ins）と外部の者（outs）双方が，あたかもそ

れが個別の集団であるかのように，語り，感じ，行動するためである」
(Hughes 1994：91)。

　しかし，「エスニシティとは，白黒割り切れるような明確なものではなく，
流動的な概念であり」，多様な状況への適応にあわせて変化する状態の中で構
成員が内集団を外集団と区別する，ともいわれる (Cohen 1978：388)。自身が
属すると同定している内集団と外集団とのかかわりのなかで，人々がそれぞれ
の集団をどのように考え，どう信じるかによって，エスニック集団が形成され
るということである。バルトの相互作用にもとづくエスニシティという定義に
は，国民国家とのかかわりの考察が欠如しているといった批判もあったが，エ
スニシティを考えるうえで大きな貢献を果たしてきた。エスニシティは人々の
内面的な規定にもとづくというこの主観的アプローチは，現在でも有効な指標
となっている。

4　同化主義と多文化主義

文化的一元論と二元論・多元論

　これまで，移民を中心としたマイノリティ集団が周囲のコミュニティ，ある
いはホスト社会へ定着する形態を描写するにあたって，同化理論や同化概念が
適用されてきた。とくに20世紀前半からの北アメリカを中心としたさまざまな
移民コミュニティの研究において，同化概念は主要な役割を果たしてきた。

　同化に関する研究には，「長期間にわたるタイム・スパンのもとで世代間を
マクロに考察する事例から，個人の社会適応やライフ・ヒストリーを取り上げ
るミクロな視点，社会階層を収入や職種などで分析する大規模な数量的比較調
査など」多様な事例がある (水上 2009：287)。同化とは文化変容あるいはその
プロセスと理解され，その発生条件はふたつ以上の異なる文化集団による長期
間の直接的な接触であり，個人や集団が経験や歴史を共有することで他の個人
や集団の記憶，感情，態度を取得する (Park and Burgess [1921] 1969：735-6)。

　しかし，ふたつ以上の異なる文化集団の接触による文化変容といっても，同
化のプロセスでは，双方の変化ではなく一方が他方の文化へと収斂されること
が強調された (水上 2009：286)。また，ホスト社会の慣習などを習得して行動

様式を変化させるだけでなく，同化には内面の変化も含まれる。同化理論では新天地にやってきた移民がホスト社会に適応するプロセスにおいて，内面を含めた自身の文化を変容させることをとらえる。これは，一方の集団が他方へと一方的に変容をすることをあらわすため，文化的一元論とも称される。一般的には，移民などのマイノリティ集団がホスト社会の支配的な集団（dominant group）に近似していくことである。しかし植民地などの事例では，人数の少ない政治経済的に優位な集団が，人数の多い集団に同化を迫ることがあった（水上 1996：45）。

　20世紀半ばを過ぎると，同化理論への批判的な見解にもとづくモデルの提示もあった。たとえば，1956年ハバナでのユネスコの会議において，ボリーは文化的統合（cultural integration）という概念を用いて，同化が単一の方向を表すのに対して統合は移民と非移民双方の理解と文化変容による社会的な規範への適応過程であると指摘して，二元的（あるいは多元的）過程としての統合を強調した（Borrie 1959：96）。言い換えれば，これまで同化理論の扱う範囲は，エスニック・コミュニティが主な対象だったが，統合理論の導入によってホスト社会の変化も対象になったのである。

同化主義的アプローチから多文化主義への移行

　この統合（integration）という用語は，1970年代初期にカナダ，その後オーストラリアで公的に採択された多文化主義（multiculturalism）のキーワードとなった。カナダは多文化主義政策採択前の1960年代にケベック独立派による独立運動や暴動が起き，1969年にフランス語も英語同様に公用語化している。オーストラリアの国内事情としては，1960年代に非英語圏出身の南ヨーロッパからの移民人口の増加と関係した移民児童の教育問題が深刻になっていた。社会福祉関係者からは同化を基調とした既存の制度に対する問題が指摘され，メルボルンでは教師ら学校関係者が，移民に対する同化を基調とした制度による対応を問題視した公開討論を開催している（Martin 1978=1987：44）。

　統合の概念には，同化主義への反省も含まれる。同化主義はマイノリティ集団に対してホスト社会への同化を強制するため，異質性を許容することはない。したがって，エスニック・コミュニティの形成といった活動を認める必要はな

い。また同化主義による圧力は，移民や先住民族であるマイノリティ集団に自身の文化遺産の放棄を迫る場合があり，マイノリティの子どもの成長過程におけるアイデンティティ形成にネガティブな影響を与える傾向があった（水上1997：207）。アメリカ合衆国ではアメリカ化というゴールに向かう教育システムによるアメリカ様式の強制が「プエルトルコ人，メキシコ人，黒人，インディアンの生徒のエスニック・アイデンティティを崩壊させ，自己嫌悪や喪失感をもたらした」（Seda Bonilla 1973：119）。同化と統合の相違は，後者がアイデンティティなどの内面や宗教の転換を強要することはなく，社会参加を促すところにある。同化主義では，ホスト社会は変容する必要はなく，移住者だけに同化を迫る。したがって，移住者などのマイノリティ集団が同化せず社会に適応できないことはマイノリティ集団側の責任であり，公的な政策の不備が批判されることはない（水上 1997：208）。また，ホスト社会のマジョリティとは異なる文化集団が，自身の文化遺産を放棄して新たな規範を修得するという方向性は，ホスト社会自体が同質的であるという前提にもとづく。そのため，多様な文化による社会形成や主流と想定された文化集団内の差異などを，あまり考慮していない。

　異なるエスニック集団によるさまざまな組織の形成も，同化主義の下では地域コミュニティ形成の妨げと見なされるが，多文化主義においてはエスニック集団の形成した組織が公的援助の対象となる場合がある。たとえば，オーストラリアにおける多文化主義政策の採択は，かつての同化主義の時代に考慮されなかった新たな施設の開設や，新しい政策の展開に結びついていた（Jupp 1991：141）。しかしながらカナダやオーストラリアの多文化主義も1970年代の採択から今日にいたるまで，否定的な見解も含めてさまざまな論議があった。また多文化主義に対する評価も，国によって一様ではない。たとえば，イギリスでは多文化主義は失敗したという意見が強いが，オーストラリアでは支持率が高く，近年の調査でも国民の約85％は多文化主義が自国のためになると回答している（Markus 2014：43）。

多文化共生の模索

　1980年代半ば以降に活性化した日本国内のエスニシティ研究は，日本社会に

おける多文化主義的なアプローチなどを提示してきた。多様な国の出身者と地域生活をともにする「多文化共生」をテーマに，ニューカマーを中心とした人々の生活実態や日本社会の変化を例証してきた。1990年代になると学術的な世界だけでなく，市民団体や自治体も活発に「多文化共生」を掲げ，共生社会への指針形成が自治体の政策課題のようになった。いくつかの地方自治体が導入した多言語による情報提供を含めた内なる国際化政策は，異なる文化を認めずに日本社会への適応を促す同化主義的な対応とは異なり，それはホスト・コミュニティ側の変容もともなうものである。

　2005年6月に総務省は「多文化共生の推進に関する研究会」を設置し，「自治体が多文化共生を進める上で必要となる『多文化共生施策の推進体制の整備』の考え方を整理した」（総務省 2006）。社会学などの学術的な領域や支援運動を越えて，多文化共生は中央省庁の取り組みとしても検討されるにいたった。しかしながら，移住労働者（migrant workers）を含めて，いまだに多様な問題に直面している外国人住民が存在している。また，国内の多文化共生という名の行政の取り組みは必ずしも事実上の多文化主義的アプローチではなく，むしろ同化主義的内実がみられる，というエスニシティ研究にかかわる社会学者らからの指摘もある。

5　グローバリゼーションと反グローバリズム

グローバリゼーションの二面性

　前節ではエスニック社会の多様化やホスト社会の対応の変化などについて述べたが，こうした変化はグローバリゼーションの発展の結果とみることもできるだろう。グローバリゼーションの語は，現在いろいろな分野に普及しているが，この語が広く使われるようになったのは1990年代に入ってからである。なぜ短期間のうちに社会学など多くの学問領域で重要な地位を占めるようになったのだろう。

　その理由のひとつは社会の変化にあわせて，グローバリゼーションの研究がそれ以前の研究の枠組みそのものを再考，あるいは転換させるようなものだったからである。グローバリゼーションは，これまで国民国家を中心にとらえて

いた枠組みを、地球規模の見方に変えた。じっさいグローバリゼーションは国境を越えた多様な領域の相互連関、相互依存を対象にするため、その分析には国民国家を越えた視点という、新たなパースペクティヴの提示が必要だった。

　グローバリゼーションは、時間と距離の縮小がその特徴とされる。時間と空間の圧縮と表現されることもあるが、じっさい、運輸や通信技術の進歩により、人・商品・情報の移動や輸送についての負担が、時間的にもコスト的にもこれまで以上に軽減されるようになった。情報通信の発展に着目すれば、インターネットはローカルな事象を瞬時にグローバルに伝達する。インターネットを使ったコミュニケーション・ツールの進歩は、隣人よりも距離的には遠い他国の人を身近な存在に感じさせるほど時間や空間を縮小させた。経済的にも相互関係が拡大、強化されてきたため、グローバリゼーションは、世界の統合ともいわれる。国家間の相互依存がますます深まることによる、「一つの全体としての世界の縮小」（Robertson1992=1997：2-3）とも表現される。一方では世界の均質化が主張されているが、他方では世界の差異化も進行している。

国家横断的な活動の多次元性

　グローバリゼーションは、経済・政治・社会・文化などに多次元的、複合的に影響してきた。研究者によって強調点は異なるが、多様な領域で起きている現象が相互作用しているというところには共通の理解が認められる。経済的次元では、多国籍企業による国家を超えた活動、資本の世界的な動きとグローバル市場の形成などに加えて、インターネットを利用した国家間の資金の移動などが含まれる。大企業のように大きな組織の経済活動だけでなく、個人の送金もグローバルな経済活動である。移住者を対象とした多くの研究が、「移民送出のコンテクストにおける、送金の規模、その規定要因や影響（特にその「生産的な」利用方法）、また、その送金にかかわる経路を精査している」（Vertovec 2009=2014）のはそのためである。

　経済活動には、それぞれの国民国家による政策的な規制があるが、政治的次元でも複数の国民国家によって形成された超国家的な組織が政治的領土を超えて機能している。国民国家を越えた代表的な組織として、国際連合（United Nations）やヨーロッパ連合（European Union）がある。前者は1945年の第2次

世界大戦の終結を機に設立され，後者も同時期からヨーロッパの国際的な協力体制を組織化してきた。

　グローバリゼーションの文化的次元も，他の領域，経済や政治などの影響を受ける。従来，特定の文化を理解するときには，その「ローカル性」との結びつきが前提のようになっていた。それは国民国家という「政治的な領土」のなかで，物理的な境界線で区切られた空間である。しかし，グローバリゼーションは，「文化と場所の固定性」を危うくする（Tomlinson 1999=2000：57）。あるいはその結合を弱めるとの指摘もある。

反グローバリズム運動の展開

　時間や距離が圧縮されるなど生活の利便性が向上したことで，人々はいろいろな場面でグローバリゼーションの恩恵を被っている。しかし，グローバリゼーションの影響については否定的な見解も提示されてきた。代表的なものは，経済的格差の拡大である。グローバリゼーションは富裕層のみがその恩恵を受けるという指摘や，グローバルな市場が，いわゆる西洋の経済活動のルールに準じているため，第三世界の参入は困難になっている，という見解もある。また，インターネットはそれを利用する人々にとって瞬時に情報をやり取りするツールであるが，インフラ整備が整っていない環境でそれを利用する機会のない人々とのあいだに大きな情報格差を生み出す。世界的な均一化の進行がローカルな文化を消滅させる，という見方もある。「先住民は，冷酷なグローバリゼーションによって，小さな文化が消滅の危機に遭うと非難した」（Lechner and Boli 2004：1）。

　グローバリゼーションの進展と同時に，こうした国家間の経済的な格差や環境破壊などに反対する反グローバリズム運動が展開されてきた。この運動の担い手には，第三世界の政府，NGO，学生団体などさまざまな市民団体が含まれる。また，反グローバリズム運動は，ヨーロッパやアメリカの主導する自由貿易への反対や移民受け入れへの反対という主張もある。グローバルな資本主義への対抗としてはサミットやAPECなどの国際会議における大規模な抗議集会がある。なかでも1999年にシアトルで開催されたWHO（世界貿易機構）の閣僚会議では，約5万人の抗議者が警察と衝突し，非常事態宣言も出されて世

界的な注目を集める運動となった。

6　近代世界システムとグローバル・シティ

労働力の国際移動と移住労働者の流入

　日本社会は1980年代に外国からの労働力の顕著な増加を経験することになったが，北アメリカや西ヨーロッパ，オーストラリアなどでは第2次世界大戦後の経済復興期に外国から大規模な労働力が流入していた。労働力の国際移動は，グローバルな人の移動に関する代表的な枠組みであり，第三世界（経済的に貧困な南）から経済先進国（富める北）への人の移動を基本的な構図としている。世界経済と同じく，不均衡に発展した人口問題の南北格差もある。南アフリカや東南アジアのいくつかの国々は自然増による人口増加を示すのに対し，先進国では自然増の比率が低く，高齢化問題に直面している。

　労働力を送出する国の状況には，貧困や失業率の高さがあげられるが，失業率には教育水準に見合う雇用機会がないという潜在的な失業も含まれる（水上1996：21）。対して受け入れ国は，通常 GDP や通貨が高い水準で安定している。第三世界出身で専門技能のない移住労働者は，往々にしてホスト国の労働者よりも賃金が低く，社会的底辺に組み込まれる。日本国内をみても出稼ぎで訪れた多くの人々が，3K（「きつい，汚い，危険」）と称された，職場の安全度，健康度が低い，危険で不快な職に就いた。そのなかには日本で3ヶ月の滞在を許可された観光ビザで入国し，ビザの期限が過ぎても滞在して就労を継続するケースも含まれる。非正規の滞在者となり，社会保障が受けられないと，不安定な生活を余儀なくされることになる。たとえば，健康保険が適用されないため病気になったり，怪我をしても悪化するまで病院に行かずに我慢することもあり，労働条件だけでなく生活面でもさまざまな問題に直面した。

世界システム論と不平等な構図

　ホスト国の社会階層の底辺を形成する移住労働者については，欧米の研究でいくつもの事例が示されてきた。たとえば，ロビン・コーエン（Cohen 1987）やサスキア・サッセン（Sassen 1988＝1992）はヨーロッパや北米の経済的な管理

体制における階層構造として存在する，従属的な地位におかれた輸入労働力である移住労働者の流入や，都市化による経済的再編成にもとづく労働需要を解明した。経済格差は，商品の流通だけでなく商品化された労働にもあてはまり，世界市場のなかで移住労働者の労働力が不当に低く設定されている。従属理論ではひとつの国民国家のなかの都市部と農村部による経済格差だけでなく，いくつもの国家を含めて不平等を分析対象とする。国際貿易において，経済的に立場の強い国々──中核諸国──が，立場の弱い国々──周辺諸国──を従属的な状態に追いやり，不平等な貿易をすすめるという議論と重なる。

　イマニュエル・ウォーラーステインはひとつの国民国家を単位とした分析に限定するのではなく，こうしたより大規模な地域間の関係に焦点をあてて「世界システム論」という研究視角を構築した。西ヨーロッパを中核とする「近代世界システム」が16世紀に成立して世界に広がるなかで，世界経済の中心的な存在となった中核（16世紀にはオランダ）諸国に対して，周辺地域があり，その中間には半周辺と称される国々が存在するという構造的関係を提示した（Wallerstein 2011=2013：91）。中核，半周辺にはそれぞれに異なった労働管理の様式が成立しており，移住労働者のケースは周辺地域から中核となる諸国への安価な労働力の流入ととらえられる。近代資本主義が世界的な規模での分業体制と，それを基礎とした「世界経済」を生んだというモデルの提示であるが，世界経済は政治機構がないため，国家間の報酬の不均等配分の是正は困難である（Wallerstein 2011=2013：411）。ウォーラーステインは1970年代に世界システム論を発表した後も継続的に修正しながら論議を進展させて，グローバリゼーションなどの研究にも大きく貢献してきた。

グローバル・シティへの集積と二極化

　国民国家というフレームではない新たな視点を示したという点では，「グローバル・シティ論」もある。情報通信技術の進歩によって経済活動の地理的な分散と金融業の再編が進むなかで，グローバルな経済活動が集中する場が特定の地域で発展していった（Sassen 2001=2008：5）。具体的には，極端に増大するグローバルな金融活動やそのサービス取引が特定の国々，たとえばアメリカ，イギリス，日本などに集積してきた。それらの中枢となるのが都市であり，サ

ッセンが取り上げたニューヨーク・ロンドン・東京は，国境を超えて拡がる金融活動やサービス活動の中心地たるグローバル・シティになっている。

さまざまな経済セクターとかかわる金融業が，主要な生産者サービスのひとつとなり，専門特化した会計事務所や広告会社，銀行業，証券会社や金融サービスなど主な生産者サービスは主要都市に集積してきた。生産拠点が国際的に分散するなかで生まれた新しい空間経済を管理したり規制したりするための結節点の役割が，特定の都市に集中するようになった。サッセンによれば，ニューヨーク・ロンドン・東京などの大都市は，トップレベルでの管理，調整が行われる場であり，その役割の重要度も増えている。なおかつ，これらの3都市は単一の市場としてトランスナショナルなネットワークを構成している。

大都市は歴史的に富と貧困が集中する場だが，グローバル・シティでも所得格差を含めた社会経済的な二極化が進んでいる。なぜなら「新しい成長セクターが大都市に集積されるなかで，収益性の低いサービスや低賃金労働に対する需要も生み出されているからだ」（Sassen 2001=2008：376）。高級職と低賃金労働者はいずれもグローバル・シティに欠かせない存在である。東京の場合，港区のように外国大使館や外国系企業の本社が集中する専門技能を有する高所得者の多い地域もあれば，社会的な底辺に位置づけられるような移住労働者が多いインナーシティ地区もある。視点は異なるが，世界システム論同様，グローバル・シティ論も移住労働者が世界的な市場のなかで構造的に生み出されることを明らかにした。

7　トランスナショナルな視点

ここまでみてきた，グローバリゼーションに由来する国家間の経済格差の広がり，世界システム論で示された中心国による周辺国搾取の構造，グローバル・シティ論が示した社会経済的な二極化などは，マクロな視点からの分析である。このようなマクロ理論の発展だけでなく，ミクロな領域でも大都市のインナーシティを舞台とするエスノグラフィックな調査研究が蓄積されてきた。

1990年代になってアメリカの文化人類学者らを中心にトランスナショナリズム（transnationalism）という概念が移住研究に広く導入され，現在ではでトラ

ンスナショナリズムの実証的研究が一般化している。これまでエスニック・コミュニティの調査は基本的には受け容れ社会，すなわちエスニック集団が暮らす特定の国民国家内で実施されてきた。換言すれば，従来の社会学や文化人類学のエスニック・コミュニティを対象とした実証研究は，基本的には移住先の当該国家，当該地域のエスニック・コミュニティの研究であり，そのホスト社会のなかでエスニック集団がどのように暮らし，どのように変容するかを例証してきたのである。

　複数の国家を往来し，移民送出国と移民受入国の両方の社会関係に関与しているトランスナショナルな移住者（transnational migrants）は，国家の境界を越えた存在となっている。したがって，ホスト社会で生活しながらも出身国と分離されることなくなんらかの絆を維持しているケースとして，ふたつ以上の地域のネットワーク状況をとらえることが必要になる。東京のバングラデシュ・コミュニティの構成員のなかにも，池袋の中国出身者のなかにも，日本に暮らしていると同時に，出身国とのビジネスを展開し，年に何回も帰国するだけでなく，出身国に残した家族と頻繁に連絡をとりあう人々がいる。グローバリゼーションの進展がこのような生活をかつてより容易にするため，トランスナショナルな移住者は増加するだろう。社会学の分野で近代の代表的なフレームである国民国家という領土内のアプローチからの転換が必要になったことと関係する。またグローバリゼーションの影響で，固有の国民国家とその領域という想定が変化してきたこととも結びつく。

　移住者のホスト社会への定着は一様ではなく，日本のニューカマーの研究でも多様なパターンが示される。「1980年代半ばから1990年代初期にかけて，出稼ぎ労働者と考えられていた外国人住民は，その後に多様な定住形態を顕した。帰国する者，出身国と日本以外の第三国に移住する者，出身国との絆を継続したまま日本で生活するトランスナショナルな移住者となる者，日本での生活基盤を形成して永住化する者など，移動と定住形態の複雑さを示している」（水上 2009：294）。また，移住労働者が自身のトランスナショナルなネットワークを利用してビジネスで成功する事例もある。

　トランスナショナルな移住者の存在は，新たな問題を提起した。それは，国家間を移動する人々の活発化，広域化，複雑化とも関係して，政治的領土であ

る国家への帰属の在り方を問う。たとえば，現在生活している国に自分の市民権はなく，自身の出身国での権利を有するようなケースの存在である。トランスナショナルな展開は，多国籍企業の活動や金融などのグローバルな流れや超国家的組織によるマクロな活動，またよりミクロな人の移動と定着の在り方にもみられる。グローバリゼーション研究のように，領域をふたつに分けて前者を「上からのトランスナショナリズム」と「下からのトランスナショナリズム」（Guarnizo and Smith 1998）として対比させてとらえる視点もある。グローバリゼーションの進行によって，トランスナショナルな活動が活発化してきたが，グローバリゼーションとトランスナショナリズムの研究は重なっている部分も多い。しかし，エスニシティ研究の多くはエスノグラフィックな調査の実践であり，その実証的なデータが国民国家モデルや市民権の再考にかかわるようになった。グローバリゼーションは進行中であり，転換をみたマクロな社会理論と，トランスナショナルな視点の導入とともに変化した実証的エスニシティ研究との接合をさらに検討する段階にあるのかも知れない。

 読書案内

Martiniello, Marco, 1995, *L'Ethnicité dans les Sciences Sociales Contemporaines*, Presses Universitaires de France.（＝2002, 宮島喬訳『エスニシティの社会学』白水社。）

　英語圏と比べてフランスの社会学でエスニシティ概念があまり使用されなかった事情を踏まえて，入門的にエスニシティを紹介した一冊。エスニシティ概念の整理だけでなく，隣接する概念との関係も説明している。

Steger, Manfred, 2009, *Globalization : A Very Short Introduction*, 2nd edition (1st edition in 2003), Oxford University Press.（＝2010, 櫻井公人・櫻井純理・高嶋正晴訳『新版　グローバリゼーション』岩波書店。）

　オサマ・ビン・ラディンの映像にハイテク機器が使用され，右手首にはアメリカ製のタイメックスの時計があった。このような実例に始まり，グローバリゼーションの力学について，さまざまな角度からとらえて，多次元のプロセスを簡潔に解説している。

Vertovec, Steven, 2009, *Transnationalism*, Routledge.（＝2014, 水上徹男・細萱伸子・本田量久訳『トランスナショナリズム』日本評論社。）

　国際的な人の移動やその拡大がもたらす社会，経済，政治などの変容を捉えたト

ランスナショナリズムに関する包括的な研究書である。トランスナショナルな移住者による社会形成の特徴なども提示している。

文献

青柳まちこ, 1996, 「エスニックとは」青柳まちこ編・監訳『「エスニック」とは何か』新泉社, 7-21。

綾部恒雄, 1993, 『現代世界とエスニシティ』弘文堂。

Barth, Fredrik, 1969, "Introduction," F. Barth, ed., *Ethnic Groups and Boundaries : The Social Organization of Culture Difference*, George Allen and Unwin, 9-38.

Borrie, W. D., 1959, *Cultural Integration of Immigrants*, United Nations: UNESCO (United Nations Educational, Scientific and Cultural Organization).

Cohen, Robin, 1987, *The New Helots : Migrations in the International Division of Labour*, Avebury Gower. (=1989, 清水知久訳『労働力の国際的移動——奴隷化に抵抗する移民労働者』明石書店。)

Cohen, Ronald, 1978, "Ethnicity: Problem and Focus in Anthropology," *Annual Review of Anthropology*, 7 : 379-403.

Guarnizo, Luis Eduardo and Michael Peter Smith, 1998, "The Locations of Trans-nationalism," M. P. Smith and L. E. Guarnizo, eds., *Transnationalism from Below*, Transaction Publishers.

Guibernau, Montserrat and John Rex, 2010, *The Ethnicity Reader : Nationalism, Multiculturalism and Migration*, 2nd edition (1st edition in 1997), Polity Press.

Hughes, Everret, 1994, "The Study of Ethnic Relations," L. A. Coser, ed., *On Work, Race and the Sociological Imagination Everett C. Hughes*, Chicago University Press, 91-96.

Isajiw, W. Wsevolod, 1974, "Defining Ethnicity," *Ethnicity*, 1 (2) : 111-124. (=1996, 有吉真弓・藤井衣吹・中村恭子訳「さまざまなエスニシティ定義」青柳まちこ編・監訳『「エスニック」とは何か』新泉社, 73-96。)

Jenkins, Richard, 1997, *Rethinking Ethnicity : Arguments and Explorations*, Sage.

Jupp, James, 1991, "Multicultural Public Policy," C. A. Price, ed., *Australian National Identity*, Academy of the Social Science in Australia, 139-154.

Kashima, Tetsuden, 2003, *Judgment without Trial : Japanese American Imprisonment during World War II*, The University of Washington Press.

Lechner, Frank J. and John Boli, 2004, "General Introduction," *The Globalization*

Reader, 2nd edition (1st edition in 2000), Wiley-Blackwell, 1-4.

Mahmood, R. A., 1994, "Adaptation to New World : Experience of Bangladeshis in Japan," *International Migration*, 32 (4) : 513-532.

Markus, Andrew, 2014, *Mapping Social Cohesion, the Scanlon Foundation Surveys 2014*, Monash Institute for the Study of Global Movements

Martin, Jean I., 1978, *The Migrant Presence*, George Allen and Unwin.（＝1987, 古沢みよ訳『オーストラリアの移民政策』勁草書房。）

Mizukami, Tetsuo, 2016, "Urban Regional Developments in Inner City Tokyo : Toshima City Projects and Significant Sites of Local Cultural Heritage," 『社会学研究科年報』23：7-18.

水上徹男, 1996, 『異文化社会適応の理論——グローバル・マイグレーション時代に向けて』ハーベスト社。

水上徹男, 1997, 「同化・融合理論をこえて——多様性にむけて」奥田道大編『都市エスニシティの社会学』ミネルヴァ書房, 205-225。

水上徹男, 2009, 「メルティング・ポットからトランスナショナル・コミュニティへ——国際的な人の移動と同化理論の推移」高校生のための社会学編集委員会『未知なる日常への冒険——高校生のための社会学』ハーベスト社, 284-296。

日本移民80年史編纂委員会, 1991, 『ブラジル日本移民八十年史』移民80年祭祭典委員会, ブラジル日本文化協会。

奥田道大・田嶋淳子, 1991, 『池袋のアジア系外国人——社会学的実態報告』めこん。

Park, Robert E. and Ernest W. Burgess, 1969, "Assimilation," R. E. Park and E. W. Burgess eds., *Introduction to the Science of Sociology*, 3rd edition (Revised) (1st edition in 1921), The University of Chicago Press, 734-784.

Robertson, Roland, 1992, *Globalization : Social Theory and Global Culture*, Sage.（＝1997, 阿部美哉訳『グローバリゼーション——地球文化の社会理論』東京大学出版会。）

Sassen, Saskia, 1988, *The Mobility of Labour and Capital*, Cambridge University Press.（＝森田桐郎ほか訳, 1992, 『労働と資本の国際移動』岩波書店。）

Sassen, Saskia, 2001, *The Global City : New York, London, Tokyo*, 2nd edition (1st edition in 1991), Princeton University Press.（＝2008, 伊豫谷登士翁監訳『グローバル・シティ——ニューヨーク・ロンドン・東京から世界を読む』筑摩書房。）

Seda Bonilla, Eduardo, 1973, "Ethnic and bilingual education for cultural pluralism," M. Stent, W. R. Hazard and H. N. Rivlin eds., *Cultural Pluralism in Education : A Mandate for Change*, Appleton-Century-Crofts, 115-122.

総務省, 2006, 『多文化共生の推進に関する研究会報告書——地域における多文化共

生の推進に向けて』総務省。

田中宏，[1991] 2013，『在日外国人──法の壁，心の溝［第三版］』岩波新書。

Tomlinson, John, 1999, *Globalization and Culture,* Polity Press.（＝2000，片岡信訳『グローバリゼーション──文化帝国主義を超えて』青土社）

Wallerstein, Immanuel, 2011, *The Modern World-System I : Capitalist Agriculture and the Origins of the European World-Economy in the Sixteenth Century* (New edition, 1st edition in 1974), University of California Press.（＝2013，川北稔訳『近代世界システム I ──農業資本主義と「ヨーロッパ世界経済」の成立』名古屋大学出版会。）

Weber, Max, 1922, *Wirtschaft und Gesellschaft : Grundriß der Verstehenden Soziologie,* Besorgt von Johannes Winckelmann.（＝1978, Guenter Roth and Claus Wittich (editors/translators), *Economy and Society : An Outline of Interpretative Sociology,* University of California Press.）

Vertovec, Steven, 2009, *Transnationalism,* Routledge.（＝2014，水上徹男・細萱伸子・本田量久訳『トランスナショナリズム』日本評論社。）

吉成勝男，1993，「国際都市 TOKYO ──バングラデシュ人とともに」長谷安朗・三宅博之編『バングラデシュの海外出稼ぎ労働者』明石書店，61-90。

第12章

文化と宗教
―宗教は所属を生むか, 孤独を生むか

奥村　隆

1 所属と孤独
――個人的な経験から――

「所属」と「孤独」

　私たちはある集団に所属するとき安心する。逆に，どこにも所属していない
と思うと孤独や不安を感じる。だが，集団に所属しているとき窮屈さや不自由
さを感じ，ひとりでいる自由や気楽さを求めることもある。集団のなかにいる
からこそ深い孤独を感じることもあるだろう。「所属」と「孤独」はどちらも
アンビヴァレント（両義的）なものであるように思う。

　「文化と宗教」をテーマにするこの章を，私は「所属と孤独」という観点か
ら書いてみたい。おそらく多くの人は「文化」という言葉はよく知っていて，
「宗教」は縁遠いものと感じるのではないだろうか。同じ生活様式や価値観を
もつ人たち，好きな音楽やドラマやスポーツが同じ人たち，だから同じところ
で笑ったり怒ったりできる人たちと一緒にいるとき，私はここに所属している
と強く感じることだろう。その話を横で聞きながら，私は一緒に笑えない，そ
の音楽やドラマやスポーツに触れたことがない，生活様式や価値観が全然違う
と感じるとき，会話が盛り上がるほど感じる孤独は深まっていく。

　「文化」全般にあてはまるこのことは，その一形態の「宗教」についてもい
えることだろう。この章は，むしろ縁遠いかもしれない「宗教」を主なテーマ
にしてみようと思う。

大学のチャペルにて

　私は，50代半ばのいま，特定の信仰をもっているわけではない。実家は四国の出で，葬式や法事は真言宗で行ってきた。正月には神社に初詣に行き，クリスマスは家族でツリーを飾ってケーキを食べる。これは多くの日本人と共通するふるまいかもしれない。ただ，年をとるにつれ宗教への関心が強くなってきたのは確かだ。

　私はこの14年間，キリスト教の宣教師が創設した大学に勤めてきた。大学にはチャペルがあって，ある時期からときどき金曜夕方の礼拝に出席するようになった。この空間には，キャンパスともその外の街ともまったく違う雰囲気があり，別の時間が流れるように感じる。

　たとえばオルガンの伴奏のもと，全員が起立して聖歌隊とともに讃美歌を歌うとき，会堂がひとつになるような感覚をもつ。私の声は，それぞれが発する声とひとつになる。聖書の朗読や司祭の説教を聞くとき，同じ言葉を聞きながらその感覚は少し弱まり，ひとりひとりが別様にそれを受け止め考えているように感じる。そして，座って祈りの言葉を口にするとき，私はむしろ自分に自分が投げ返されているように感じる。私が信者ではないことも関係しているのだろう，みんなと同じ言葉で祈りながら私は自分がひとりであることを感じる。

　あるとき，大学に訪ねてきたゼミの卒業生を礼拝に誘ってみた。彼女は，学生時代に礼拝に出たことなんてないです！といいながら楽しんでいて，礼拝のあと，凄くよかったです，ここにいる人たちには「個人」と「社会」と「もうひとつ」があるなと思いました，といった。「もうひとつ」って？と聞くと，ほらここにある私とも友だちとか会社とかとも別のものですよ，という。彼女がなんだかわかったようなことをいうので，私はちょっと悔しかった。

「宗教」と「社会学」

　社会学は「宗教」をとても重要なテーマとしてきた。社会学の土台をつくったドイツのマックス・ヴェーバー，フランスのエミール・デュルケームは「宗教」を社会を考える軸に据え，それを通して「所属と孤独」を論じたともいうことができる。また，現代社会を考えるとき，宗教がグローバルな社会でどんな役割を果たすかは忘れてはならない主題である。

　ずいぶん個人的な経験から始めたが，あなた自身の「宗教」についての経験や感じ方はどんなものだろうか。これから，ヴェーバーとデュルケームによる社会学の古典とされる見解を出発点に，「宗教」についていくつかのとらえ方をたどっていきたい。そこからあなた自身の「宗教」への感覚と，「所属と孤独」をめぐる経験が，少しでもはっきり見えるようになるとよいと思う。

2　孤独を生む宗教／所属を生む宗教
——社会学は宗教をどうとらえてきたか——

宗教＝生を意味づける装置

　それにしても宗教とはなんなのだろう。じつにさまざまな答え方があるが，まずひとつの考え方を記してみよう。

　私たちはいつもなにか「行為」をしている。たとえば，いま私はこの文章を書き，みなさんはそれを読んでいる。私は大学で授業をし，みなさんは授業を受ける。それ以外の時間に，みなさんはサークル活動をしたり，アルバイトをしたりするだろう。では，なぜその「行為」をするのだろうか？

　たとえば授業を受けるという行為にはさまざまな目的があるだろう。知識を得るため，単位を取るため，友だちに会うため（？）など。仮に単位を取るためとすると，では単位を取るのはなんのため？ 卒業するため。卒業するのはなんのため？ 就職するため。就職するのはなんのため？……これをずっと延長してみよう。そのいちばん先にあるもの，考えてみれば，それは「死」だ（誰にとっても）。いま行為しているのはなんのため？——それは死ぬためだ!?

　動物と違って人間は自分が死ぬことを知っている。自分が生まれる前から世界は存在するし，自分が死んでも世界は変わらず続いていくことも知っている。自分は死ぬ，なのになぜ生きるのか？ みなさんのなかにもこの難問を考えたことがある人がいるだろう。

　宗教とは，この問いに答えを与え，人が生きることを意味づける装置である。たとえば死んだあと次の生に生まれ変わるという輪廻の考え方。来世によき生に生まれてくるために，いまのカーストのなかで努力しようという教え（ヒンズー教）や，輪廻する生は苦しいから解脱するように悟りを開こうという教え

（仏教）がインドで発達した。あるいは，神が世界を創造し，人はすべて死ぬが，世界の終わりに神が審判して，ある人には永遠の生命が，ある人には永遠の死滅が与えられるという考え方（キリスト教の「予定説」）。この教えは，誰が選ばれるかは世界の始まりに神が決め，神だけが知っていて人間はそれを変えることも知ることもできないが，その神をただひたすら信じる者は救われる，とする。

プロテスタンティズムと「孤独」

　いま紹介したこの見方は，「行為」の意味を理解することから出発して「社会」を解明しようとしたマックス・ヴェーバーの立場と近い。彼は多くの宗教を比較研究したが，1904〜05年に発表（1920年に改訂）した『プロテスタンティズムの倫理と資本主義の精神』で次の議論を展開している。

　近代的な資本主義の担い手はカトリック教徒よりプロテスタントが多い傾向がある。仮に時給が倍になったとして，旧来の「伝統主義のエートス」（「エートス」＝生活を営む原則となる倫理的基準）では生活に必要なだけ稼げればあとはゆっくりするのがよいと思うのに対し，より多く貨幣を得ようと長時間勤勉に働くべきだとする「資本主義のエートス」がプロテスタント，とくにピューリタンに広がっている。これはなぜか。先述の「予定説」はキリスト教に共通するが，カトリック教会は儀式（聖礼典），善行や寄附，免罪符などにより救いを約束してくれた。ところが宗教改革派とくにカルヴァンは，聖書に書かれていない儀式や善行や音楽などを否定する。自分で聖書を読んで，ただひとりで神と向き合う。自分が選ばれているかどうかは知ることができない，牧師も教会も聖礼典も助けない，ただ神のみが人間を救いうる。この純粋な「予定説」の信仰は，「個々人のかつてみない内面的孤独化の感情」（Weber 1904-05=1989：156）を生む。

　ではどうしたら「私」は永遠の生命へと選ばれていると確信できるのか。信者たちはこう考えた。もし私が「神の栄光」を増すことができれば，選ばれている確率が高いのではないか。たとえば「隣人愛」を実践できれば，より具体的には職業によって隣人に貢献できれば，それは私が選ばれている印ではないか。もっと勤勉に働いて，よりよいものをより安く隣人に提供しよう。いまま

でより合理的なやり方があれば，伝統に縛られずそれを導入しよう。その結果としてお金が貯まっても，休息するとそれだけ確信の機会を減らすことになるから，休息も消費も圧殺しなくてはならない。ピューリタンたちはどんなときも自分が勤勉に働いているかどうかを「自己審査」する。まるで「生涯を通じて修道士」（ibid.：207）になったかのように，職業の世界で禁欲的に努力する。

　ここに描かれるのは人を悲愴なまでに「孤独」にする宗教の姿だ。永遠の生命へと選ばれているかどうか確信するためにひとりで神と向き合い，その目を折り返すように自分を審査して，ひたすら努力する。そのときほかの信者は仲間ではなく，神の選びをめぐるライバルとなる。そしてこの「世俗内的禁欲」の結果，富が蓄積され，資本主義の仕組みが生まれたとヴェーバーは考える。

自殺・孤独・宗教

　エミール・デュルケームが1897年に刊行した『自殺論』も，宗教と「孤独」の関係を論じている。だが，彼が宗教を考えるポイントはヴェーバーとは大きく相違する。

　デュルケームは19世紀を通してヨーロッパで増加傾向にあった自殺について，国によって自殺率が異なることに注目する。1866年から1878年までの期間，イタリアは100万人あたり年間30件台，フランスでは150件ほど，ザクセンでは300件ほどで，ランダムには変化しない。なぜ各社会固有の自殺率があり，こんな差異が生じるのか。これは「臨床医」のように個々の自殺の事例をいくら調べてもわからない。彼はさまざまな集団の自殺率の数字を比較する。

　たとえば軍隊の自殺率は一般社会と比べてどの国でも高い。なぜか。軍隊ではその勝利が個人の生命より，組織の命令が個人の判断よりはるかに重視される。このとき外の社会と比べて自分の存在に価値が感じられなくなり，同じ悩みを抱えた場合に自殺する割合が高くなるのではないか。デュルケームはこれを「集団本位的自殺」と呼ぶ。集団の凝集性が強すぎるとき，いいかえれば集団に「所属」しすぎるとき，個人は生きる意味を見失ってしまう，というのだ。

　だが近代の自殺増加は逆の論理で説明される。つまり集団の凝集性が弱すぎ，個人が集団に「所属」できないから自殺が増加している。家族要因を見ると既婚者より未婚者の，大家族より小家族の自殺率が高い。宗教を見るとプロテス

タントの多い地域がカトリックの多い地域よりずっと自殺率が高いのだ。プロテスタントは信者個人が聖書を読み，信仰について自由検討を行うことを広く認める。これは，教会で儀式を行い神父が聖書を朗読するのを信者が聞く（信者による解釈が許されない）カトリックと比べ，「宗教がひとつの社会」（Durkheim 1897=1985 : 197）となる緊密性をもたない。

　デュルケームはこう説明する。家族や信者仲間がいると自分の意思通り死を選ぶことは難しく，所属集団は自殺の強力な「予防剤」となるが，孤独な個人は「自分自身の運命の支配者」となり，それに終止符を打つ権利を得ることになる（ibid. : 248）。また，「個人」はいずれ死ぬ空間的・時間的に限定されたものであって，生の目標とはなりえず，「生の根拠にも目的にもなっている社会」（ibid. : 252）から切り離されることで生の意味を見失う。この「常軌を逸した個人主義」による自殺を，彼は「自己本位的自殺」と呼ぶ。

　また，所属集団は個人の欲望を「これで十分」「これ以上望むな」と制限する力をもっていた。そこから切り離された個人は「自分の力でなんでもできるという幻想」（ibid. : 312），見境のない欲望をもってしまう。このとき努力してなにかを獲得してもすぐ色褪せ，もっともっとという焦燥感や欲求不満，失敗したときの挫折感や卑小感は大きくなる。欲望の無際限な増大（これを「アノミー」と呼ぶ）による「アノミー的自殺」が，近代に自殺を増加させるもうひとつの論理とされる。

宗教＝集団が執り行う儀礼

　集団の所属を剝ぎ取られた孤独な個人が，社会に投げ出される。その個人は，誰もがもっとできると煽り立てられ過剰に努力する。——ヴェーバーとデュルケームは，「自由」と「平等」を獲得した近代社会が孕む苦悩を同じように診断したともいえるだろう。

　ただし，デュルケームの宗教への基本的な見方はヴェーバーとまったく違う。彼は1912年の『宗教生活の原初形態』で，宗教現象を表象（シンボルや考え方）による「信念」と身体を動かす行動様式である「儀礼」のふたつから成るとし，すべての宗教的信念の特徴は世界を「聖なるもの」と「俗なるもの」の二領域に区別することだという。この本はオーストラリアのアボリジニを事例に，所

属氏族を表象する動植物を聖なるものとして礼拝する「トーテミズム」を検討するのだが，この宗教では人々が分散して経済活動を行う「俗」の時間と集中して宗教的祭儀を行う「聖」の時間がくっきり分かれている（ヴェーバーが描くピューリタンが世俗的な職業の時間において信仰を証明しようとしたのとは異なって）。そしてデュルケームは，聖なる時間に人々が熱狂的に歌謡や舞踏や劇的な演出による「儀礼」を執り行う姿を「信念」よりも詳細かつ鮮かに描く（ピューリタンがクリスマスなど一切の儀礼を廃し，ヴェーバーが予定説の「信念」を主に論じたのとは異なって）。

　「儀礼」には，聖なるものが俗なるものと接して穢れないように接触・注視・言及を禁止する「消極的礼拝」（タブー），聖なるものと直接交流して関係を確認する「積極的礼拝」（いけにえを捧げる供犠，拝礼や讃歌）の二種がある。だがこのふたつの儀礼は（一方は聖と俗を遠ざけよう，他方は近づけようとするのだから）内在的に矛盾し，なんらかの違反をして聖なるものを穢す罪人が現れることがある。これを捕え，裁き，罰する「修復的礼拝」（贖罪）がもうひとつの儀礼である。これら儀礼での「集合的沸騰」により集団はエネルギーを回復し，信徒集団も神々自身も「礼拝を必要とする」（Durkheim 1912=1942：202）。

　宗教とは，集団が同じ場に集まって執り行う共同の儀礼である。人々は集団に「所属」していることを，祈り・音楽・熱狂とともに確かめ合う。デュルケームは，フランス革命がそのような「社会が自ら神となる」時期だったという。いまは革命から100年以上たった「古い神々が老い，あるいは死に，他の神々は生まれていない」過渡期であり（ibid.：342），この過渡期に「自己本位的自殺」や「アノミー的自殺」が社会の病として広がっている，と考えるのだ。

「私」を礼拝する儀式

　ヴェーバーとデュルケームに共通する点をもうひとつあげよう。彼らふたりはともに，近代が進んでいくと宗教の影響力は弱まり，社会は「世俗化」すると考えていた。

　デュルケームは1893年の『社会分業論』で，同じことをする人々が同じだから連帯する「機械的連帯」から，分業が進んで違うことをする人々が違うから（ひとりでは生きられず）連帯する「有機的連帯」へと社会が変化していくと論

じた。この変化により，集団が同じひとつの「聖なるもの」を礼拝する儀式（トーテミズムはその一例だ）は力を失っていくだろう。

　ではこのとき集団の「共同意識」は消滅するのか。いや，そこでも共同意識を感じる対象は存在する，とデュルケームはいう。人々が唯一共有する聖なるもの，それは「個人」だ。「個人こそがある種の宗教の対象となる」（Durkheim 1893=1971：167）。人々は個人・人格・自己の尊厳を拝む共同の礼拝式を執行し，それによってようやくまとまる。

　でもそれはどんな礼拝式なのか。デュルケームのこの指摘を，現代の俗なる都市社会に応用したのがカナダ生まれの社会学者アーヴィング・ゴフマンだ。道で人とすれ違うとき，電車に乗るとき，友人とおしゃべりするとき，私たちはトーテム礼拝と似た「私を礼拝する儀式」を行っていると彼はいう。私たちは「あなた」という神（！）を穢さないために，身体に接触しないよう距離をとり，顔を見ないよう視線をコントロールし，プライバシーに言及しない（＝消極的礼拝）。「あなた」を大切にしていると示せるように挨拶し（拝礼），プレゼントを贈り（供犠），髪切ったんだ似合ってるねと賞賛する（＝積極的礼拝）。

　私たちはこうした信者としてのふるまい（「敬意」）を行いながら，同時に神として拝まれるべき存在としてふるまい（「品行」），自分にどれだけ尊敬が寄せられるかをいつも気にしている。自分で自分に敬意を示しても無意味だから，他者に敬意を示すことで「私」への礼拝式を行ってもらおうと他者との関係を結ぶのだ。「多くの神々はすでに去ってしまったが」，それぞれの「私」は頑固にも神性を保持し，「宗教的配慮」を求めつづけている（Goffman 1967=1986）。

意味の喪失・自由の喪失・ナチズム

　これに対してヴェーバーは，プロテスタンティズムから生まれた禁欲の精神は次のような「世俗化」を帰結すると考えた。選びを証明しようと勤勉に働く人々は結果として富を蓄積する。すると救いよりも「現世への愛着」が増していき，職業の宗教的意味づけは生命を失っていく。人々は懸命に働きゆたかさを獲得するが，働く「意味」がわからなくなる。

　他方，禁欲の結果生まれた資本主義は巨大な機構となり，かつて「薄い外衣」だったものが変更のきかない「鉄の檻」となる。ここに生まれてきた人は

誰もが努力しなければならない。「ピュウリタンは天職人た⸱ら⸱ん⸱と⸱欲⸱し⸱た⸱。わ⸱れ⸱われは天職人た⸱ら⸱ざ⸱る⸱を⸱え⸱な⸱い⸱」(Weber 1904-05=1989：364)。人々は「自由」を喪失し，資本主義の未来には「精神のない専門人」と「心情のない享楽人」が住むことになる，とヴェーバーは予言する。

　「意味の喪失」と「自由の喪失」。——ナチス・ドイツからアメリカに逃れた社会心理学者エーリッヒ・フロムは，1941年の『自由からの逃走』で，このヴェーバーの予言の延長上にナチズムが生まれた，と論じている。資本主義は人々をさまざまな束縛から自由にするが，同時に彼らを「孤独と無力」に陥らせることになり，その源泉はプロテスタンティズムにあった，とフロムはいう。カルヴァンの予定説は神に完全に服従することで自我の安定を生む教えであり，選ばれて救われる人と選ばれず死滅する人を明確に分ける「人間の根本的な不平等」を原理とするもので，「予定説はもっともいきいきした形で，ナチのイデオロギーのうちに復活した」(Fromm 1941=1951：97)。

　従来の束縛「からの自由 (freedom from ～)」を獲得した人々は，愛情や生産的仕事など「への自由 (freedom to ～)」を得られないとき，「孤独と不安」に突き落とされる。そして，別の絆（あるいは「所属」）に向かって「自由からの逃走」を始める。強い者に服従し（マゾヒズム）より弱い人を攻撃すること（サディズム）で力の感覚を満たす「権威主義」，外界を破壊して無力感を克服しようとする「破壊性」，規則通りにふるまう自動人形となって孤独や無力を感じないようにする「機械的画一性」。これらの社会的性格が，ナチズムを生み出した基盤だったとフロムは主張する。

　さて，ここまでの話はどうだっただろうか。「宗教」と「所属と孤独」を社会学がどう論じてきたかは，ある程度わかったかもしれない。でも過去のヨーロッパの話ばかりで，どうにも身近じゃないという感想をもつ人も多いだろう。次の節では，日本のことを論じてみよう。

3 所属と超越性のあいだ
――日本人は無宗教なのか――

「創唱宗教」と「自然宗教」

　日本人は無宗教であるとよくいわれる。私自身と同じような，葬式は仏教，初詣は神道，クリスマスも祝うというふるまいは，おそらく現代の日本人のかなりの割合に広がっているものだろう。これまでのヨーロッパの社会学者たちの議論は，冒頭に触れたチャペル内の空間は説明するかもしれないが，その外の日本社会からはずいぶん遠い話にも感じられる。

　宗教学者の阿満利麿は『日本人はなぜ無宗教なのか』で次のように論じている。日本人は「無宗教」といわれるが，「信心」や「祈る」ことはやはりある。だから「無神論者」ではない。この事態を考えるのに重要なのは，「創唱宗教」と「自然宗教」の区別である。「創唱宗教」とは特定の人物が特定の教義を唱え，それを信じる人々がいる宗教で，教祖・教典・教団によって成り立つ。キリスト教，仏教，イスラームなどの世界宗教や新興宗教を考えればよい。これに対して，「自然宗教」は誰によって始められたかもわからない自然発生的な宗教で，教祖・教典・教団をもたない。なんらかの超自然的なものを信じる気持ちが，先祖たちのあいだで受け継がれ，こんにちまで続いてきているというものだ。

　阿満は，多くの日本人は「無宗教」なのではなくて，「自然宗教」の信者なのではないか，と考える。初詣も墓参りもお盆の帰省も「自然宗教」によるものである。「創唱宗教」は人生の矛盾や不条理を根本的に解決しようとするもので，矛盾や不条理への自覚，人生に対する懐疑や否定がその出発点であって，普通の生活とは異なる立脚点をもつ。日常生活を持続させることを重視する人にとっては創唱宗教の前提となる不条理への自覚そのものが恐怖の対象となり，それが「創唱宗教」への警戒心を生み，「無宗教」と答えさせるのではないか（阿満 1996：13-29）。

神と仏

　では，どのような「自然宗教」が日本にはあったのか。阿満は日本の民家での神仏の祭り方に注目する。伝統的な民家には土間に火のカミや水のカミが祭られ，敷居にも敷居のカミがいる。板間の仏壇や神棚には家の先祖や鎮守の神が祭られる。座敷には立派な神棚があり，伊勢神宮，八幡神社，春日神社，鹿島神宮などのお札がある。この「土間‐板間‐座敷」の神仏は，身近で親しみあるカミからより遠くの普遍的な神仏へ連なる特殊と普遍の組み合わせのシステムとなっていた。また神と仏の関係も，神々にはこの世のことを願い，仏にはあの世や来世のことを願うという棲み分けがあった（ibid.：101-3）

　ところが日本の近代化はこのシステムを分断してしまう。明治維新は，天皇の祖先神である「アマテラス」を絶対神とした天皇崇拝を軸にして「国民国家」を創ろうとするプロジェクトだった。そのために，明治政府は神仏判然令（1868年）を発し，廃仏毀釈を行った。つまり神社から仏教色を一掃し，仏教寺院の破壊，僧たちの強制的還俗など国家神道以外の「創唱宗教」への弾圧を進めた。その結果，仏は神という手足を失って現世でどうすればいいかわからなくなり，神は仏に任せていた来世の領域を引き受けなければならなくなった。

　また神社合祀令（1906年）は全国の神社を天皇崇拝のものとその他に分ける政策で，身近な氏神が突然他村の神社と合併されたり，国家が正統とした以外は淫祠として禁止されたりした。こうして11万あった神社が国家・府県・村が経営する神社2000以下に減少する。身近な神々，名もない神々が信仰対象から外され，日本人の信仰の「毛根」が排除されてしまった。阿満は，だから近代日本には「痩せた宗教観」しかない，と主張する（ibid.：103-6）。

「軸の時代」と世界宗教

　このことを，阿満がいう「創唱宗教」の側から考えてみよう。

　ドイツの哲学者カール・ヤスパースは，インドでブッダ，中国で孔子や老子，パレスチナで古代ユダヤの預言者たち，ギリシアでプラトンや悲劇詩人たちが，直接の交流なく，だが同時に出現した紀元前800年から200年の時期を「軸の時代」と呼ぶ。彼らは共通して人間の限界を意識し，世界の恐ろしさと自己の無力さに根本的な問いを発した。つまり「創唱宗教」の前提となる矛盾や不条理

への認識を，この人々は同時に獲得したわけだ。現代の世界宗教は「この時代に実現され，想像され，思惟されたもの」（Jaspers 1949=2005：21）に端を発しており，古代人が残したメッセージにいまも立ち帰りつづけていることになる。

　ではなぜこの時代に，同時にそうしたメッセージが発せられたのか。アメリカの宗教社会学者ロバート・ベラーは，『宗教生活の原初形態』に描かれたような狩猟採取社会が平等主義的だったのに対し，農耕社会になると余剰生産物が増加して支配階級が生まれ，「軸の時代」にはより大きな不平等を抱えた初期国家が誕生していた，という。このとき，富，権力，名声，自尊心の追求を「悪」として道徳的に批判する新しいタイプの人物が生まれる。それがブッダや孔子やユダヤの預言者たちで，彼らは「すべての人を平等に尊重する社会」を理想として掲げ，現存秩序とは異なる「普遍的倫理」を主張した（ベラーほか編 2014：207-11）。彼らは「世捨て人」（古代インド）や「糾弾者」（古代ユダヤ）であり，役職に就かずに（あるいは短い期間低い役職に就くだけで）権力を外部から批判し（儒家），都市のなかにいながら都市を外部から批判した世捨て人（ソクラテスとプラトン）だった（Bellah 2012）。彼らは，日常の普通の生活・現存の秩序には「所属」しない。「普遍的倫理」によってその外の地点にいる。

　軸の時代から数百年後に現れたイエスもそうした人だったといえるだろう。聖書学者・田川建三の『イエスという男』によれば，イエスはローマ帝国の支配，ユダヤ教の支配体制，拡大する経済的不平等に対して憤り，皮肉をいい，挑発し，反抗し続けた人だった。「神の国は貧しい者のものである」というメッセージは当時の秩序に対する尖鋭な批判であり，彼は取税人や売春婦などの差別された貧しい人々の近くにいて，正しいことを正しいと主張した。そして冤罪で訴えられ，弟子に売り渡され，人民裁判で有罪とされ，十字架上で殺される（田川 2004）。逮捕される直前にゲッセマネの園で，起きていろと命じた弟子たちが眠っているのを見た彼の孤独と絶望はどれだけのものだっただろう。「人の子は枕するところもない」。イエスもまた「所属」の外にいて，「普遍的倫理」を語り続けた。

日本は「非軸的」である

　このような，自分が所属する共同体を超えた普遍的な原理を「超越性」と呼

んでもいいだろう。「個人」（孤独）でも「社会」（所属）でもない，それとは別の「もうひとつ」（冒頭に紹介した卒業生がいったように！）の原理。ではこれは日本社会ではどうなのか。

　ベラーは日本では「超越性は速やかに沈降する」と述べる。日本は「世界の外」に参照点をもって現存社会を批判する「軸的宗教」に晒されなかったわけではなく，7 世紀から仏教や儒教に，16 世紀からはキリスト教に強い影響を受けてきた。だが仏教も儒教もキリスト教も，日本では現世批判の論理は骨抜きにされ，超越的な「軸」とはなりえなかった。ベラーは宗教共同体への所属と国家共同体への所属は別ものだというが，明治以降の「国家神道」は国家所属と切り離せず，それに埋め込まれている。日本では「聖性」「国家」「社会」が互いに埋め込まれ，「個人」の自律性はそれに呑み込まれる（Bellah 2003：1-62）。

　この意味で日本は「非軸的」である。ベラーによれば，日本では超越的現実と国家，国家と社会，社会と個人の分化が達成されることはなかった。阿満は，社会学者・きだみのるの『にっぽん部落』を引いて，日本のムラで最重要なのは「何事につけても一つに纏まること」であり，ムラの日常関係を危うくする個人の突出した考えはいかに優れたものでも受け入れられることはない，という（阿満 1996：146-150）。きだの『気違い部落周游紀行』には，東京近郊のムラで，人間の性にあった生き方を善とする仏教の教えを説いて尊敬を集めた住職が，突出したがゆえにムラから追放された経緯が記されている（きだ［1948］1981：54-61）。ここでは，「超越性」よりも「所属」がはるかに重視されている。

「羞恥」と「半所属」

　ではその「所属」とはどのようなものか。少し遠回りだが，社会学者・作田啓一の論文「恥と羞恥」を参考にしよう。よく西欧は内面的な「罪の文化」，日本は外面的な「恥の文化」をもつと対比されるが，作田はこう論じる。行動は，ある規準に同調しているか逸脱しているかの「規律機能」，仲間に比べ優れているか劣るかの「比較機能」によって統制され，前者は親，教師，憧れの人物，理想の集団，神などの「規準設定者」（権威者，準拠集団）を，後者は生活をともにする「所属集団」を基準にする。そして，規準設定者に対する逸脱者が「罪」を，所属集団に対する劣位者が「恥」を感じる。

西欧の近代は，仲間＝所属集団の意見がどうであれ超越的権威を内面化した個人が自己の正しいと信ずる方向に向かう「自由と独立」をモデルとする。これに対して日本社会には，「恥」と似ているが異なる「羞恥」「恥じらい」という感情が広がっていると作田はいう。これは，「規準設定者・準拠集団」の視線と「所属集団」の視線に同時に晒され，両立しないときに生じる感情である。作田は有島武郎や太宰治のような裕福な家庭の子弟が貧しい人々のなかで感じる恥じらいを例にするが，地方出身の金持ち学生は地域社会（所属集団）では優位だが，都会の貧しい学生たち（準拠集団）のなかでは裕福さは劣位を感じさせる。所属集団と準拠集団の視線を同時に感じるとき，「羞恥」が生まれる。

　作田は，日本では社会と個人の中間にある集団の自立性が弱いため「羞恥」が生じやすい，と指摘する。所属する集団がひたすら個人を守るなら，仲間と比較した「恥」による行動制御だけあればよい。だが，たとえばあるムラで犯罪者が生まれたとき，ムラはその人を世間の非難から守るどころかムラの体面を傷つけたと世間の非難に同調する。中間集団が外の視線に対して自立的でないため，成員はいわば「半所属」の状態に置かれる（作田 1972：295-316）。

　きだは『にっぽん部落』で，「他部落の者に笑われたり負けたりするのをどの部落の者も好まない」（きだ 1967：37）という。ムラの仲間の視線とともに，ほかのムラからどう見えるかをムラはいつも気にしている。おそらくこれは，現代日本の「所属」についてもかわらずあてはまることだろう。

無責任の体系

　前節末にフロムのナチズム論に触れたが，この節の最後に，日本のファシズムについて政治学者・丸山眞男が論じた「軍国支配者の精神構造」を紹介しておきたい。

　丸山は，日本のファシズムを「膨大なる『無責任の体系』」と性格づける。そこには「神輿」（権威），「役人」（権力），「無法者」（暴力）がいて，無法者から始まった運動が徐々に上方に働き，「神輿」はたんなるロボットであって担ぐ人たちが運んだところに行く。第2次世界大戦にいたる日本の指導者層は「誰も責任を取らない状況」にあり，誰もがほかの人を見ながら批判されないように，なにかをするということを怖れていた。周りの目を怖れる。だが誰も

責任をとらない。無責任な無法者集団がやることを上の者は責任をもって統制しない。

　東京裁判の証言記録を引きながら，丸山はふたつの論理を抽出する。ひとつは「既成事実への屈服」，すでに決まったことには従わざるを得ない（私は個人的には反対だったけれど）とする態度。もうひとつは「権限への逃避」，その案件は自分の管轄には属さないので責任がないとする態度。ドイツでは無法者が無法者として国家権力を掌握したのに対して，日本では神輿・役人・無法者の誰もが責任を果たさないまま戦争になだれ込んだ（丸山 1964：90-130）。

　丸山は，これが「日本」であり，「これは昔々ある国に起こったお伽噺ではない」（ibid.：130）という。彼もまた，日本の思想が「超越的・普遍主義的な参照点」を欠いている，と考えていた。「超越性」より「所属」を重視し，中間集団の自立性が弱いために所属集団の視線と外の視線とをいつも気にして，批判されないように怖れ，誰も責任をとらない。——もしかしたらチャペルの外の空間には，いまもこうした「日本」が広がっているのかもしれない。

4　所属なき信仰のゆくえ
——世界は世俗化しているか——

世界の再魔術化？

　2 節で，ヴェーバーもデュルケームも，近代化において宗教の社会的影響が小さくなる「世俗化」が進むと考えていた，と述べた。ヴェーバーはこれを「世界の脱魔術化（Entzauberung）」と呼ぶ。世界から宗教も魔術も聖なるものも消えていき，合理的・科学的な世界に変わっていく，というのだ。

　一方でこれは正しい予想だったように思う。日本社会で「創唱宗教」を信じる人は減っているようだし，私たちは宗教的な説明よりも科学的説明をはるかに信憑する。だが他方，いま宗教をめぐる事件や出来事を頻繁に聞く。たとえばイスラーム過激派によるテロリズムのニュースが日々届けられる。

　果たして世界は「世俗化」しているのだろうか。最終節ではドイツの社会学者ウルリッヒ・ベックの議論を紹介し，私たちが生きる世界での「文化と宗教」を考える見取り図を得たい。そしてここでも，「個人＝孤独」と「社会＝

所属」と「もうひとつ＝超越性」の関係が焦点となる。

　ベックは2008年の『〈私〉だけの神』で，21世紀初頭の宗教の回帰現象は1970年代まで200年以上続いた「近代化＝世俗化」の通念を破るものだったと述べている。確かにヨーロッパで教会に通う人の割合は減り，大半の国では20％未満である。だが非ヨーロッパ圏ではキリスト教徒人口が増大し，ブラジルやフィリピン（国全体の人口増が進んでいる）などでもそうだが，アフリカでは1965年～2001年にキリスト教徒の割合が25％から46％となり，6分の1以上は改宗による。また，第2次世界大戦後ヨーロッパへの大規模な移民によりムスリムがヨーロッパに増え，2008年当時のドイツでは160以上のモスクが建設・計画中だった（Beck 2008＝2011：31-7, 46）。世界は「世俗化」するどころか，「再魔術化」しているように見える。

自分自身の神

　これはなぜか。ベックはまずこう述べる。「世俗化」は宗教が自然現象を説明したり統治原理を定めたりする役割から解放されることを意味する。宗教は「生の意味」や「不条理や矛盾」に専念すればよく，「宗教以外の何ものでもないもの」になる（ibid.：39）。

　このことは「（制度的）宗教」と「（主体的）信仰」の切り離しを可能にする。ベックは，デュルケームが描いた宗教を「儀礼的なるもの（タブー）をめざす努力」ととらえ直すが，それはある集団に「所属」し，教会や祭儀に集って共同の儀礼を行う「制度」としての宗教だった。これに対して，ヴェーバーが描いたカルヴィニズムは，儀礼的タブーを破壊して，ある集団に「所属」するよりも，「聖なるものをめざす努力」をラディカルに個人化するものだ。集団による儀礼は排除され，個人化された信仰だけが残される（ibid.：206-7）。

　現代は「個人化」がさらに進んだ時代だとベックは指摘する。近代化は前提条件を絶えず変化させ，不確実なリスクに個人を直面させるが，このとき「何ものにも服さぬ自己」が要求される。生まれつき決められたアイデンティティを受け入れるのではなく，さまざまな要素を自分で組み合わせて独自の自我を形成する。個人は自らのアイデンティティを選び，選び直す。自分にはどの信仰がよいか，自分で考えて選び取る。このような宗教の「個人化」が進んでい

くのだ（ibid.：43-5）。

　たとえばヨーロッパでのムスリムの増加は，移民だけでなくヨーロッパ生ま
れの若者たちにもよる。一方でヨーロッパのイスラームは，イスラーム圏の文
化的伝統とは切り離され「個人の決断にのみ立脚する宗教性」（ibid.：49）へと
変容している。そしてそれを，「何ものにも服さぬ自己」が個人の信仰として
選び取る。近代化が進むと組織された宗教共同体は緩んでいくだろう。だが
「既存の宗教組織の解体」は，「個人の宗教性の増大と手に手をとって進んでい
る」（ibid.：58）。それぞれの個人が「自分自身の神」を選び取るのだ。

宗教・寛容・暴力

　世俗化されたはずの世界に，「個人化された信仰」，「私自身が選んだ神」が
広がっていく。このとき世界にどんなことが起きるのだろうか。ベックは次の
アンビヴァレンスを強調する。

　宗教は一方で，社会的ヒエラルヒーや国家への所属，エスニシティなどの境
界線を踏み越え，境界線を引き直す。新約聖書はいう，「神の前ではすべての
人が平等である」。このチャペルは世界の全チャペルとつながっており，神と
の同盟は「すべての人間」に開かれているのだ。「信仰共同体を基礎にした普
遍性」は，これまであった「所属」とは無関係に人々のあいだに橋を架けるだ
ろう（ibid.：80-2）。

　しかし他方，宗教は新しい区別を導入する。集団間・文化間の境界線を無化
する指標は「信仰」である。だから宗教は「信仰者」と「不信仰者」のあいだ
の区別・亀裂をもたらすのだ。「信仰者間の平等という普遍主義」は信仰者に
世界のどこで出会っても平等や尊厳を約束するが，非信仰者からはそれを取り
上げ，「神に敵対する者の悪魔化」を生み出してしまう。同じ信仰をもたない
者を「悪」，さらには「人間でない者」と決めつけることも生じるだろう（ibid.：
80-6）。

　一方で宗教はその普遍主義により境界を撤廃し，「構造的寛容」を生む。他
方で信仰者と不信仰者の新しい溝を作り，制御困難な「暴力ポテンシャル」を
生む（ibid.：106）。たとえば移民二世がホスト社会での孤独からイスラームを
自らの信仰に選んで居場所を見出すが，不信仰者への敵対感情を大きくしてテ

ロリズムに走る，という例に見られるように。宗教は「利己主義者を利他主義者に変えることができるが，他方で寛容な人間を狂信者に変え，盲目的な大量殺人としての自爆行為を演出し実行させることもできる」(ibid.：118-9)。宗教は，寛容と暴力のあいだを揺れ動く。

所属なき信仰

　チャペルと外の空間との関係を考えていくと，こうした難問に行きついてしまうのだろう。それは「宗教」だけでなく，あらゆる「文化」に生じる問題かもしれない。好きな音楽を語り合うことは既存の境界線を引き直し，人々を結びつける。だがともに語り合えない人を排除して，疎外感を生む。

　この難問にどう向き合えばいいのか。ベックは次のように論じる。名詞としての「宗教」と形容詞としての「宗教的な」を区別してはどうだろうか。名詞「宗教」は「兄弟姉妹」が「一人の神」を選び取るもので，他の神を排除する「あれかこれか」の論理をとる。これに対し形容詞「宗教的な」は，特定の集団に属するかどうかではなく，人間が直面する実存的諸問題に対するものの見方であって，「あれもこれも」の論理をとる（ibid.：76）。

　これは「創唱宗教」と「自然宗教」の違いと重なるかもしれない。「自分自身の神」は制度的宗教と個人的信仰を分離し，「宗教」とは別の「宗教的なもの」として「あれもこれも」の論理による寛容を可能にするのではないか。ベックはこうした「混交主義的寛容」が日本で観察できると述べる。日本では「神道の神社に参拝し，結婚はキリスト教式で行い，葬儀は仏教のお坊さんに頼むということが何の問題もなく行われている」(ibid.：96)。これと同じように，個人が神を「あれもこれも」組み合わせ，寛容な「自分自身の信仰」を作ればよいのではないか!?

　だが，これでいいのかどうか，いまの私にはわからない。ベックは，グレース・デイヴィの表現からこれを「所属なき信仰（believing without belonging）」と呼ぶ (ibid.：193-4)。「所属」と切り離された「信仰」。「孤独」な個人が選び取り，自ら組み合わせる「信仰」。それは他の人の宗教に寛容になりうるのだろうか。日本社会はこうした「宗教的なもの」をどう扱うのだろうか。

　さて，このあたりでこの章を閉じよう。チャペルから外に出る。そこには別

の空間が広がっている。この複数の空間はどう関係するのか。——でもあとは
それぞれに考えてもらおう。あなたにとって「宗教」とはなにか。そして，
「所属」と「孤独」とはどんなものだろうか。

 読書案内

橋爪大三郎・大澤真幸，2011，『ふしぎなキリスト教』講談社現代新書。
　日本のもっとも優れた社会学者たちがキリスト教を論じた対談録。宗教について
　なにも知らない地点から考え始めるために（また世にいわれていることを疑うた
　めに），とてもよい手引きとなる。

Willis, Paul E., 1977, *Learning to Labour : How Working Class Kids Get Working Class Jobs,* Saxon House.（＝1996，熊沢誠訳『ハマータウンの野郎ども——
学校への反抗・労働への順応』ちくま学芸文庫。）
　「文化」は人をつなぐとともに，人を区別し分断する。本章で触れられなかった
　「階級」による文化の差異を論じた名著。イギリス労働者階級の反学校の文化を
　生き生きと描き出す。

ロバート・N・ベラー，島薗進，奥村隆編，2014，『宗教とグローバル市民社会——
ロバート・ベラーとの対話』岩波書店。
　本章に登場したベラーが2012年秋に来日し，現代社会での宗教の役割や宗教の起
　源を論じた講演集。翌年彼は86歳で急逝し，日本への直言が「遺言」のように胸
　に突き刺さる。

文献

阿満利麿，1996，『日本人はなぜ無宗教なのか』ちくま新書。

Beck, Ulrich, 2008, *Der eigene Gott : von der Friedensfähigkeit und dem Gewaltpotential der Religionen,* Verlag der Weltreligionen.（＝2011，鈴木直訳『〈私〉だけの神——平和と暴力のはざまにある宗教』岩波書店。）

Bellah, Robert N., 2003, *Imagining Japan : The Japanese Tradition and its Modern Interpretation,* University of California Press.

Bellah, Robert N., 2012, "The Heritage of the Axial Age : Resource or Burden ?", R. N. Bellah and H. Joas eds., *The Axial Age and Its Consequences,* Belknap Press of Harvard University Press, 447-67.

ロバート・N・ベラー，島薗進，奥村隆編，2014，『宗教とグローバル市民社会——
ロバート・ベラーとの対話』岩波書店。

Durkheim, Émile, 1893, *De la division du travail social,* P. U. F（＝1971，田原音和訳『社会分業論』青木書店。）

Durkheim, Émile, 1897, *Le suicide : Étude de sociologie,* Félix Alcan.（＝1985，宮島喬訳『自殺論』中公文庫。）

Durkheim, Émile, 1912, *Les formes élémentaires de la vie religieuse : Le système totémique en Australie,* Félix Alcan.（＝1941-42，古野清人訳『宗教生活の原初形態』（上・下），岩波文庫。）

Fromm, Erich, 1941, *Escape from Freedom,* Farrar and Straus.（＝1951，日高六郎訳『自由からの逃走』東京創元社。）

Goffman, Erving, 1967, *Interaction Ritual : Essays on Face-to-Face Behavior,* Doubleday & Company.（＝1986，広瀬英彦・安江孝司訳『儀礼としての相互行為──対面行動の社会学』法政大学出版局。）

Jaspers, Karl, 1949, *Vom Ursprung und Ziel der Geschichte.*（＝2005，重田英世訳「歴史の起原と目標」『ワイド版世界の大思想Ⅲ-Ⅱ　ヤスパース』河出書房新社，3-264。）

きだみのる，［1948］1981，『気違い部落周游紀行』冨山房。

きだみのる，1967，『にっぽん部落』岩波新書。

丸山眞男，1964，『増補版　現代政治の思想と行動』未來社。

作田啓一，1972，『価値の社会学』岩波書店。

田川建三，2004，『イエスという男　第二版［増補改訂版］』作品社。

Weber, Max, 1904-05, *Die protestantische Ethik und der »Geist« des Kapitalismus.*（＝1989，大塚久雄訳『プロテスタンティズムの倫理と資本主義の精神』岩波文庫。）

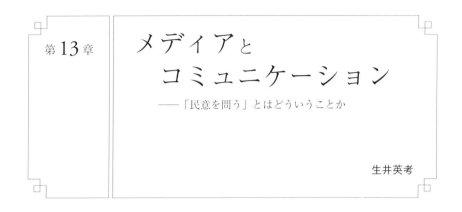

生井英考

1 マスコミュニケーション研究と社会学

ある困難

　メディアとコミュニケーションについて学ぼうとする若者が，往々にして初めに直面する困難がある。これから自分が勉強しようとする対象が，ひとつの学問の枠におとなしく収まってくれない，ということである。たとえば一口に「メディアとコミュニケーション」とはいうものの「メディア論」と「コミュニケーション論」はじつはべつの分野である。また「メディア論」と「メディア史」の場合も，専門書を開くと互いにずいぶん違った見かけをしている。おまけに近年のインターネットの発達で存在感の急増した「情報科学」や「ネットワーク理論」などになると，複雑系にゲーム理論に非線形力学に……とまるで見慣れない単語が頻出して初学者を悩ませるのである。

　加えてもうひとつ厄介なのは，メディアやコミュニケーションについての研究が社会学という学問分野のなかで周縁的な位置に置かれてきたという事情だろう。たとえばイギリスのアンソニー・ギデンズが書いた社会学の分厚い教科書（その名も『社会学』）は，1989年の初版以来，これから社会学を学ぼうとする世界中の学生に広く読まれてきた定番の――そしてたぶん最重量の――入門書だが，じつは第3版より前にメディアに関する独立した章はなく，それ以降もメディアについての章の基本構成はなかなか定まらないまま，2017年刊行の最新版（第8版）でもメディアとポピュラーカルチャー，文化帝国主義，グロ

ーバリゼーション，オーディエンス論，メディア産業の規制と検閲等々の話題がとりとめなく羅列された観を否めない。ギデンズのように百科全書型を自負する社会学者にとってさえ，メディアに関する議論が使い慣れた枠組みにすんなり収まってくれなかったことをうかがわせるのである。

　なぜそんなことになったのだろうか。コミュニケーションといえば意思の疎通であり，人間同士の相互行為の最たるものである以上，社会学にとっては避けては通れない主題のはずである。また現代社会でもっとも影響あるコミュニケーションの形態（の少なくともひとつ）がマスメディアであることも経験的に自明であるに違いない。にもかかわらず，メディアや情報やマスコミュニケーションについての考察は，社会学の中心的な舞台に上がってこなかったというのだろうか。それは一体，どういうことなのだろう。

　結論からいえばそれは，マスコミュニケーションについての研究が，文字通り「大衆（マス）」の意思疎通のあり方を考えるものであったことと関係している。そして社会学の歩みにとって「大衆」の意思を探ることは，必ずしも当初から自明の関心事ではなかったのである。本章ではこの問題を関心の核心に据えながら，メディアとコミュニケーションについての研究の歴史的展開が現在にどうつながっているのか，それを考えてみよう。

「ヨーロッパ種」と「アメリカ種」

　アメリカにおけるマスコミュニケーション研究の創生に少なからず尽力した社会学者のロバート・K・マートンに「知識社会学とマス・コミュニケーション」という文章がある。学術論文というよりちょっとしゃれた知的エッセイとでもいった趣きのこの一文で，彼は，コミュニケーションに関する社会学的研究が「ヨーロッパ種」の知識社会学と「アメリカ種」のマスコミュニケーションの社会学に二分され，お互いがいわば別々の世界に住んでいるも同然の状態にあると指摘したのである（Merton 1957=1961：400）。

　では具体的に，なにがどう「ヨーロッパ種」と「アメリカ種」とで違っているのだろうか。マートンによれば，まず知識社会学とは「知識の社会的根源を掘りだし，知識や思考がその環境をなす社会構造によってどんなふうに影響されるかをひたすら探求する」学問（Merton 1957=1961：401）である。いまふう

にいえば，知識や学問一般を含む総体としての「知」がどのように社会的に拘束されているかを主な関心事とする理論社会学のひとつということになるが，特徴的なのはそこでいう「知識」（knowledge）の担い手が，社会を統治する役割を果たすような立場の人々を指していたことである。要するに知識社会学は元来，それぞれの社会のエリートたちが育む知的な合意とその伝統についての学問なのである。

　一方，マスコミュニケーションの社会学は，経験主義的でプラグマティックなアメリカ社会の風土を反映して，思弁的な議論よりも「事実」はなにか，現実はどうなのかを重視する。そこでいう「事実」とは「一般の知識状態」や「一般大衆の信念」であり，世間では「民意」とか「世論」と呼ばれているものを指す。つまりマスコミュニケーションの社会学は──「大衆（マス）」という言葉が示す通り──大衆社会の大勢や趨勢や傾向を知ることに主たる関心をそそぎ，それらを可視化する技法を磨くことに余念がないのである。

　こうしてマートンは米・欧双方の学理に通じた彼ならではの世界地図を示しながら，人々が自らの知る・思う・考えるところ（＝知識）を交換する行為としてのコミュニケーションをめぐる学問的考察のあり方が，社会学の伝統を生み出したヨーロッパと，独自の社会科学的アプローチを発達させたアメリカとではまったくといってよいほど異なっていることを指摘したのだった。いわく──「知識社会学者が何よりも追及するのは，知識人の視界の社会的決定因であり，どうして知識人がしかじかの観念を抱くようになったかということである。……他方マス・コミュニケーション学者は，殆ど当初から，大衆媒体（マスメディア）が受け手に及ぼす影響をまっ先に取上げてきた。ヨーロッパ種は思考の構造的要因に焦点をおき，アメリカ種は意見伝播の社会的，心理的結果に焦点をおく。前者は源泉に，後者は結果にそれぞれ中心をおくのである」（Ibid.：410-1）。

　さらに，飄々たる調子でこんな冗談を飛ばす。

　「野心満々たるヨーロッパ種は，説明しようとする事実そのものの確定を殆どおろそかにする。問題の諸事実を決定するという仕事は困難で，しばしば苦労の多いものであるが，こういう仕事をなおざりにして，すぐさま仮定された事実の説明にとりかかる知識社会学者は，せいぜいのところ馬の前に馬車をくっつける位がおちであろう」。「視野の狭いアメリカ種は，事実の確定に焦点を

おいているので，それが一度確定されるとそれに理論的な適切さがあるかどう
か，そんなことは余り考えようとしない。ここでは，馬車と馬の位置が転倒し
ているということよりも，むしろ理論の馬車が全くない場合が余りにも多すぎ
るということ，これが問題なのである」(Ibid.: 404-5)。

「ピープル」の意思

　こうしてマートンのエッセイをあらためて読み直してみると，「民意」とい
う名の大衆の意思を探ることが途方もなく斬新な未踏の企てだった時代の名残
りに，なにか新鮮な驚きと感慨がわいてくる。今日，世界中いたるところで
「ポピュリズム」の名の下に煽動された民意の昂揚が政治を揺り動かし，伝統
的なエリート層による統治を民意が拒むかのような姿が繰り返し伝えられてい
るが（2016年の英連邦 EU 離脱国民投票や米大統領選挙の結果などはその一端だ），考
えてみるとマートンがこの文章を書いたころ，世界的に見れば「大衆」が統治
を行う政治形態――すなわち民主政――はまだ現実の端緒に就いてまもなかっ
たのである。

　これについて，少しばかり歴史社会学に寄り道するのは無駄ではないだろう。

　そもそも「民意を探る」という企てが政治的に不可欠なのは，議会制民主主
義を採用した政治体（国家）においての話である。むろん封建領主や絶対君主
にとっても「民の心を知る」ことは名君のあるべき姿とされはしたものの，そ
れは人間的な徳目の話であって制度の要件ではなかった。そしていまからおよ
そ100年前，すなわち第 1 次世界大戦前後の時代，議会制民主主義は世界的に
見てごくわずかな地域にだけ存在する制度だった。

　じっさい，欧米世界に限ってもドイツ帝国やロシア帝国は事実上の専制統治
下にあったし，英米仏においても「普通選挙制度」といいながら女性は除外さ
れ，もっとも早いアメリカでも第 1 次世界大戦後の1920年，フランスやイタリ
アでは第 2 次世界大戦が終わった1945年まで女性参政権の実現は待たねばなら
なかった。大日本帝国の場合も同様で，アジア諸国では普通選挙制度の導入
（1925年）がぬきんでて早かったとはいえ，選挙を通して大衆の意思を統治に反
映させることへの警戒感が強かったことは，普選制導入と併行して思想統制の
ための治安維持法が同時成立されたことを見れば明らかだろう。またこれらの

国々はしばしば海外に植民地を有したが，名目上にせよ植民地に普通選挙制度が敷かれることはめったになく，つまりは世界規模で見たとき，デモクラシーは地球上のごくわずかな地域だけでしか実現されていない制度だったのである。

　とはいえ，デモクラシーの国と自他共に認めるアメリカ合衆国でも民意と統治の関係をめぐる認識は，じつは欧州諸国とさして違ったわけではなかった。──ここは重要だ。現に先に触れたマートンの「ヨーロッパ種 vs. アメリカ種」にしても政治的な意思決定に限って語っているわけではなく，「一般に抱かれている意見」とか「マスメディアが受け手に及ぼす影響」に主たる関心を注ぐのが「アメリカ種」の発想だ，といっているに過ぎない。そして事実，アメリカで真っ先に発達したメディアとマスコミュニケーションの社会学は，政治というより人々の日常的な生活に密着した社会的な要請のもとに登場した。それもたんに「アメリカ種」として生まれたわけではなく，マートンのいう「ヨーロッパ種」と「アメリカ種」がからみ合うなかから創成されたのである。

2　メディア・民意・社会学

「メディアの世紀」

　ここでメディアの発達と従来の研究で定説とされた理論の系譜を見ておこう。マスコミュニケーション論の教科書を開くと，たいてい「弾丸効果論」から「限定効果論」を経て「強力効果論」へと変遷したという説明を見かける。この背景をなすのが20世紀に急成長したマスメディア産業の発達である。

　19世紀までの高級新聞や知識層向けの雑誌に加えて，より現代的で読者層の広い大衆紙誌，さらに映画やラジオまでが出そろったのが20世紀初頭から第1次世界大戦前後のこと。最初期の映画はサイレントで音声のない「動く絵（ムーヴィング・ピクチャー）」だったものの，それがかえって幸いして言葉の違う外国とも自由な輸出入が行われ，映画産業の国際的な基盤が広がった。

　他方，聴覚メディアではトマス・エディソン肝いりの蓄音機がレコード産業の登場を促したのにつづき，軍用のラジオ通信が第1次世界大戦直後から民生用に転換されて普及にはずみがつく。1930年代にはつましい暮らしを営む庶民家庭にもラジオが広く行き渡り，スタジオや劇場からの中継演奏を聴かせる一

方，レコードに録音された音源からヒット曲が生まれるようにもなった。年寄りから子どもたちまで家族そろって同じニュースに耳を傾け，流行の音楽を聴き，連続活劇のラジオドラマに固唾を呑み，コマーシャルソングの陽気なジングルを覚えるといった大衆社会の生活習慣は，こうして定着したのである。

ちなみに映画界では1930年を機にサイレントからトーキー映画へと切り替わったほか，広告産業も出版・放送・映画各界を横断して隆盛の一途をたどってゆく。テレビが本格的に庶民の日常と出逢うのは第2次世界大戦後の話だが，そのころまでに現在あるようなマスコミ産業は制度化され，巨大な影響力を見せる存在として人々に認知されていた。その意味で20世紀はまさに「メディアの世紀」だったのである（Schramm 1949=1967：4-65）。

「あらゆる人々」のメディア

このようなメディアの急速な展開は社会に新たな集団を生み出した。活字媒体の読者，映像媒体の観衆，音響媒体の聴取者などのすべてを含んだ「オーディエンス」と呼ばれるメディア受容者である。

それが従来と異なったのは，伝統的な高級紙の読者のような知識階級に限ることなく，階級や性別や年齢層を縦断し，これまでの社会の伝統的な分節を越え，いわば「あらゆる人々」にまたがって影響力を発揮する可能性を秘めていたところにある。それゆえにこそこれは「大衆伝達媒体」と称されたのである。

インターネット網が世界的に発達普及したこんにちでは，世界中の誰もが等しく同じメディアに接し得るという状態は，さほど奇異な話に聞こえないかもしれない。しかしいまから100年前，普通選挙制度がようやく広まりつつあった時代に，「あらゆる人々」に受容され得る伝達媒体が出現したことはまさに画期的だったし，それ以上に統治にたずさわる階級の人々にとっては大いに恐怖すべきことでもあった。というのもこの媒体の強烈な伝達力の前では，大衆はひとたまりもなく影響を受け，右に左にと妄従させられてしまうに違いないと憂慮されたからである。

この時代，人類史上初めて「世界大戦」という名の総力戦に世界が突入したことを思えば，憂慮はあながち取り越し苦労とばかりもいえなかった。第1次世界大戦は「プロパガンダ」と呼ばれた大衆操作が戦術の一部として採用され

た初めての戦争だったからである。とくにイギリスでは「クルー・ハウス」と通称された宣伝工作機関が「残虐宣伝（atrocity propaganda）」を展開し，ドイツ軍の兵士たちがベルギーなどの中立国で女性や児童を相手に残虐行為を働いたとの虚偽の情報をまことしやかに流布させた。ちなみにクルー・ハウスを率いたのはイギリス初のタブロイド紙「デイリー・メール」を成功させ，爵位を得てノースクリフ子爵を名乗ったアルフレッド・ハームズワースだったから，マスメディアによる大衆操作への警戒心はあながち根拠のないものではなかったのである（生井 2007：26-28）。

ベレルソンの三分類

　ではこうしたマスメディアの抬頭に理論はどうかかわったのだろうか。これについてマスコミュニケーション研究史上の大物のひとりバーナード・ベレルソンは，エッセイ「文化の民主主義をめぐる一大論争」（Berelson 1961）で面白い見方を披露している。

　まず彼は，民主主義という名の価値を政治的・経済的に達成したアメリカが文化的にも民主主義を実践し得ているのかという問題をめぐって「論争」が起こっているという。誰もが読む大部数の国民的雑誌，派手な表紙の文庫や新書，話題の新作映画，毎日の暮らしに欠かせないラジオやテレビ。そういった現代的な「マス・コミュニケーションのシステム」は「アメリカの文化的な洗練」に貢献しているのか。むしろマスメディアは「まがい物の魅惑と引力で現代人を堕落させて」はいないか。つまりメディアは「民主的な土壌の上でみなが求めるもの」を提供すべきか，それとも「しかるべき誰かが倫理的・芸術的な土壌の上で素晴らしいと判断したものを与える」べきなのだろうか──？

　これこそ「マスメディアの悪影響をめぐる古典的論争」なるもので，いまも「テレビゲームは脳に有害か」とか「SNS はユーザーの世界を内向きに閉ざすか」などと姿を変えて繰り返されているわけだが，ベレルソンがこれを書いたころは，10年ほど前に「マッカーシーイズム」という名のデマゴーグ騒動が政界に吹き荒れ，マスメディア全体が巻き込まれて産業界，教育界，はては芸能界までが共産主義者の摘発に狂奔する知識の大混乱に陥ったことの忌まわしい記憶が人々の脳裏に苦々しく残る時代だった。つまりマスメディアが伝達した

偏った情報や歪んだイメージが人々を振り回し，対立させ，社会に深刻なダメージを加えた印象がわだかまっていたのだ。それを背景にベレルソンが列挙した「論争」の３つの類型が，通説化されたマスコミュニケーション理論のそれと重なり合うのである。

　その最初にベレルソンが挙げる類型が「有識派（Academicus）」である。これはメディアの強烈な影響力を懸念する人々で，ラテン語ふうに「アカデミカス（直訳すれば「学窓派」）と命名されているが，日本語の語感なら「有識者」というのに近い。すなわち教育的・道徳的な見地でメディアの威力を警戒し，批判し，必要なら規制もやむなしとする立場である。これがいわゆる「弾丸効果論」や「皮下注射論」に相当する。

　たとえば先に触れた第１次世界大戦下のイギリスの「クルー・ハウス」によるでっち上げ宣伝は，その侮蔑的な仕打ちで敗戦に沈むドイツの国民感情に深い怨嗟を植えつけ，ファシズム抬頭の契機をつくったといわれる。「弾丸効果論」は，こうしたメディアの禍々しい威力とそれに圧倒された大衆社会の姿をまのあたりにした有識者層の大衆社会への懸念を背景に登場したと考えられるのである。

　その主たる唱道者とされるのが，「世論（public opinion）」という概念を世に広めた評論家ウォルター・リップマンや，政治社会学・心理学の開祖といわれる政治学者ハロルド・ラズウェルである。

　リップマンはハーヴァード大学在学中から秀才のほまれ高く，早くから論壇で活躍して1922年に有名な『世論』を出版。メディアの言説が「擬似環境」を生み出すことや，読者・観衆が「ステレオタイプ」に依存して現実を直視しない傾向などを鋭く指摘した。他方，ラズウェルも弱冠16歳でシカゴ大学に入学を許された俊秀で，ローズ奨学金を得て第１次世界大戦直後のイギリスに留学。ふだんは強固な身分制度ゆえに互いを無視するイギリスの上流階級と労働者階級が，ドイツを敵にしてたちまち一致団結するさまに驚きの目をみはり，プロパガンダの手法を調査して博士論文を書き上げた。それが1927年に公刊された『大戦におけるプロパガンダ技術』である。

　ふたりに共通したのはそれまでの知識人のように大衆的なメディアを小馬鹿にして鼻であしらわず，その威力の大きさを率直に認めたことだが，裏返して

いえばオーディエンスとしての大衆をメディアに踊らされやすい無知で蒙昧な群集とみなした，ということでもある。しかしじっさい，1930年代は彼らの理論を裏書きする事態が続出した。たとえばヨーロッパではナチが大衆煽動のプロパガンダで政権を掌握して世界を驚かせたが，アメリカでは若いラジオ・プロデューサーのオーソン・ウェルズが1939年秋に「火星人襲来」を題材としたパロディ版のニュース番組を放送し，これが一部の聴取者を動揺させてパニックとなったと報じられたことでメディアの威力を世間に強烈に印象づけたのである（Cantril 1940=1968）。

報道・広告の「現場」とアカデミズム

　「有識派」につづいてベレルソンが挙げるのが「現業派（Practicus）」である。これは理論ではなく実践を通してメディアにかかわる現場の業界人のことで，彼らが行った反論の特徴は「反論ではなく実践」にあった。メディア産業は有識派の批判をものともせずに一般大衆を魅了し，産業規模を一気に拡大して存在感を確立したのである。

　とはいえ，論壇知識人の権威がいまよりずっと高かったこの時代，有識派の批判をまったく無視することはできない。彼らの言論は政治を動かし，メディアへの法的規制を導く懸念があったからである。それゆえメディア業界はもっとも伝統的なやり方でこれに対抗した。外からの規制に先んじて自主規制をかけること，である。たとえば新聞業界ではアメリカ新聞編集者協会（AANE）が1922年に「ジャーナリズム倫理規範（The Canons of Journalism）」を策定。同年，大衆娯楽の雄に躍り出た映画界でも業界の綱紀粛正を掲げたアメリカ映画協会（MPAA）が発足。会長に前郵政長官の保守政治家ウィル・ヘイズを招請して，自制できる業界であることを示そうとした。さらにもうひとつ見逃せないのが広告業界である。

　そもそも19世紀末まで上流層向けの新聞や出版物で広告は目ざわりなものとされる一方，田舎の新聞には怪しげな薬の広告が山のように掲載され，業界の社会的信用をさらに下げる始末だった。しかし徐々に事情が変化し，全米の流通産業の要として急成長をとげたシカゴで，いち早く広告業界の近代化が開始された。その好例が地元のノースウェスタン大学に広告業界が資金提供して広

告学の講座が常設されたことだろう。主任教授はドイツのライプツィヒ大学で学位を得た心理学者ウォルター・ディル・スコットで，講座は広告業界から大学が資金を得る格好の受け皿となり，これに刺激されてニューヨーク大学などでも実学志向の広告研究をカリキュラムに採用する流れがつくられたのである。(Lynch 1968 : 154-8)

ついでながらスコットがノースウェスタン大の学長として辣腕をふるった時期の教授陣のひとりが，のちに著名な世論調査機関を設立するウィリアム・ギャラップである。ギャラップは広告およびジャーナリズムの教員として新聞の閲読率調査を行い，大衆紙の読者の大半が一面をほとんど読まず，もっぱら写真や挿絵入りの記事とマンガを愛読していることを突き止める。この研究成果が広告業界誌に掲載されて評判を呼び，広告代理店ヤング・アンド・ルビカムから研究員に引き抜かれて転職。以後の16年間で広告の現場に学術的手法を定着させ，1935年にギャラップ社の前身に当たる「アメリカ世論調査研究所」を創設した（Ohmer 2006 : 3-5）。こうして1930年代までに，報道・広告を含む「現業派」はアカデミックな制度のなかにも反論の拠点を着実に築いたのである。

「実証派」社会学の登場

ではこのなかでベレルソンら社会学者はどこにいたのだろうか。彼はコロンビア大学応用調査研究所を拠点にマスコミュニケーション効果の実証的な定量分析を定着させたポール・ラザースフェルドの共同研究者として，有名な『ピープルズ・チョイス』（1944）にも加わった社会学者だから，当然のように自分（たち）を「有識派」にも「現業派」にも含めない。実証的に調査を展開し，科学的に妥当な結論を出す社会科学者（つまり自分たち）を指して「実証派」(Empiricus)と名づけたのである。なんだか我田引水の話のようだが，イデオロギー的に対立する二者を信念よりも方法——すなわち思想ではなく思考——によって調停する立場と考えれば，これぞ近代的なアカデミズムの精神そのものでもある。そしてこの「実証派」の抬頭とともに一躍マスコミュニケーション研究の支配的な枠組みとなったのが「限定効果論」であった。その留意点を以下に列記しよう。

　第一はこの理論が社会学と心理学の接点において編み出されたことである。現に限定効果論の主導者に当たるラザースフェルドは祖国オーストリアでは心理学者として農村の社会調査を手がけており，これを評価したロックフェラー財団の助力で渡米して以降，初めて自分の仕事が社会学者に評価されたことを回想している（Lazarsfeld 1969=1973：213）。本章冒頭で触れたロバート・マートンの問いかけに，はからずもここで答えが出る。マスコミュニケーションの社会学という「アメリカ種」は，もとは異なる学問的土壌に宿った「ヨーロッパ種」だったのである。

　第二は，こうして「アメリカ種」となったマスコミュニケーション研究を主導したラザースフェルドが，故郷ウィーンでは熱烈な青年マルクス主義者だったという歴史の皮肉である。ウィーンは第 1 次世界大戦直後に社会民主党が選挙で多数を得て以来，「赤いウィーン」と呼ばれた政治都市である。ここで先進的なユダヤ系知識人の母親のもとで育ったラザースフェルドは，ウィーン大学で数学を修めた社会改革の闘士だった。しかし街頭に出る活動家タイプではなかったらしく，若い労働者向けの教育事業に携わったことから彼らの職業選択動機の調査に手を染め，やがて統計学と心理学を組み合わせた独自の調査手法を開発する一方，調査の資金稼ぎでアメリカ企業から市場調査を受託してもいる。自身の言葉を借りるとそれは「社会主義勢力への投票行動と石鹸の購買行動とが方法論的には等価」であることを示すものだった。ユーモラスな表現だが，ジョークではない。労働者階級の若者たちに特徴的な購買行動を考察するための「プロレタリア消費者」という概念を立てることで，彼は環境（＝階級）と選好（＝行動）の相関を実証したからである。(Ibid., 194)

　第三はこうして発想された方法論の社会的な影響である。「実証派」の社会学者が拠点としたコロンビア大学の応用社会調査研究所は，ラザースフェルドとマートンの最初の共作となった「ラジオ・映画による宣伝の研究」(1943)をはじめ，フランクリン・ローズヴェルト大統領が 3 選を賭けた1940年大統領選挙における有権者の意思決定を調べた『ピープルズ・チョイス』(1944)，戦時公債キャンペーンのラジオ番組の効果を調べた『大衆説得』(1946)，「コミュニケーションの二段の流れ」仮説で有名な『パーソナル・インフルエンス』(1955) などをはじめとする数々の委託研究を手がけて，若手の育成と研究資

金の確保をともなう学問的貢献を果たしたが，わけても特定の主題に関心のある人々に討論形式で聞き取り調査を行うフォーカス・グループ・インタビューは他の分野にも広く普及した。この手法はラザースフェルドの影響で『大衆説得』の調査を担当・執筆したマートンの考案によるフォーカス・インタビューを翻案したもので，自動車や食品メーカーなど消費者動向に敏感な企業の需要に応えて一気に広まったのである（Merton 1998=2015）。

　その応用事例として「タッパーウェア・パーティ」を紹介しておこう。タッパーウェアは1940年代にアメリカで開発された食品保存容器だが，独自の販売戦略として，モニター役の主婦が自宅のパーティに友人を招いてその場で製品を示しながら販売するという「ダイレクト・マーケティング」で大きな成功を収めた。そこではモニター女性の既存の友人関係をフォーカス・グループとして利用するわけであり，彼女は「コミュニケーションの二段の流れ」仮説でいう「オピニオン・リーダー」に当たることになる（Myers 2008：47）。マートンも指摘するようにフォーカス・インタビューとフォーカス・グループ・インタビューは似て非なるものなのだが，学問的にどうあれ，「大衆の意思を探る」市場の意欲は社会学的な発想と手法を貪欲に吸収し，換骨奪胎したのである（Merton 1998=2015：136-7）。

3　現代のメディアと理論

受容理論の開扉

　1960年代はマスコミュニケーション研究がアメリカ社会学の枢要な一角を占めた時代だった。その成勢を表すと見られたのが，応用社会調査研究所の若手のひとりジョーゼフ・クラッパーが1960年に公刊した博士論文『マス・コミュニケーションの効果』である。それまでのマスコミュニケーション研究の膨大な成果を周到に総括し，次の段階へと大きく議論を進める記念碑的な役割を果たす業績だと評価されたのである。

　しかしその後，この仕事は研究動向に正負両様の影響をおよぼしたといわれるようになる。なぜか。クラッパーの仕事のもっとも重要な論点は①マスメディアの伝達過程には多数の媒介的要因があるため効果が直接発揮されるわけで

はないこと，②そのためマスメディアは受け手の態度を変化させるというより受け手がもっていた既存の態度や考え方を補強する傾向が強くなること，であった（Klapper 1960=1966：24-5）。これらはメディアの送・受者の媒介要因に注目することで受容理論を開扉させる一方，メディア効果研究で重要な課題はやり尽くされてしまったという印象を生んで，後進の研究者の意欲を削ぐ結果をもたらしたのである（竹下 2008：13）。

　だがクラッパーがメディアの受容側への注目を促したことが，新たな次元への進展の契機をもたらしたことは間違いない。たとえばマスメディアは受け手が「なにを考えるべきか」を直接変える力をもたないかもしれないが，「なにについて考えるべきか」を伝達することはできるだろう。――この想定のもとに生まれたのが「議題（アジェンダ）設定機能論（Agenda-setting theory）」と呼ばれる，とくにジャーナリズムの機能についての仮説である。同じころ政治学の分野でも「議題構築機能論（Agenda-building theory）」が提唱されてアジェンダ形成の社会-政治過程論が盛んになるかたわら，ドイツの政治コミュニケーション研究者エリザベート・ノエル゠ノイマンはマスメディアの予想や報道とは反対の動きを選挙結果が示すことなどを事例に「沈黙の螺旋」説を提唱した。これは世間で優勢と見られる意見と同じ立場の人間は饒舌に意見表明をするが，反対の立場だと孤立化を恐れて黙ってしまう――つまりマスメディアの受け手は周囲の環境とのかかわりで態度や行動を変える，とする仮説である（Noelle-Neumann 1993=2013）。

　かつてのマスコミュニケーション研究ではマスメディアが「なにを」伝えるかが関心の的だったが，「議題設定論」では「なにについて」受け手に認知させるのかが問題となり，「沈黙の螺旋」説では「他人がなにを考えているか」を受け手に示唆する機能が焦点となった。いいかえれば争点の特徴についての情報提供と，争点をめぐる趨勢についての情報提供というふたつの経路を通して，マスメディアの効果があらためて検証されたのである（竹下 2008：47）。

強力効果論とテレビの時代

　クラッパー以後のマスコミュニケーション研究のこうした動向は，「強力効果論」と総称されている。直接の効果こそ限定されるかもしれないがマスメデ

ィアは多様な経路を通して世論形成に関与するのであり，その力の総体はやはり強大だと見直されたわけである。この背景には，かつての限定効果論が主にラジオと映画の時代の理論だったのに対して強力効果論の時代がテレビのそれに移行していたことがある。実際，1970年代までに新聞はテレビの伝達力を前に劣勢を見せるようになり，以後，インターネットが本格的に普及する21世紀になるまでマスメディアの代表格はテレビとなったのである。

　20世紀最後の30年間に優勢だったテレビと世論形成についての議論には，いまも示唆的な論点が数多い。たとえばアジェンダ（議題）設定・構築の機能はマスメディアが行う「メディア・アジェンダ」のほかにオーディエンス主体の「公衆アジェンダ」と政策決定者による「政策アジェンダ」があり，この三者間の相互作用全体に対して，最初に伝達される情報内容を取捨選択する「ゲートキーパー」やオーディエンスの周囲との「対人コミュニケーション」の存在が多様に関与すると考えられる。かつてのマスメディア論が（直接的か限定的かにかかわらず）概してマスメディアからオーディエンスへの一方通行的な静態的イメージを描いていたのに対して，テレビが一極的に強大だった最後の時代である1990年代には，オーディエンスの能動性を重視し，アジェンダ設定・構築のあり方をきわめて動態的にとらえようとする「アジェンダ・ダイナミクス」が描かれたのである（竹下 2008：228）。

インターネットとメディアの未来

　21世紀も最初の20年近くが過ぎたいま，私たちの暮らしにもっともなじみ深いメディアがインターネットになっていることはあらためていうまでもない。1990年代にアルバート・ゴア米副大統領が「情報スーパーハイウェイ」構想を謳い上げてから四半世紀たらずのうちに，インターネットは地球規模にまたがって社会生活に不可欠の基盤とまで見なされるようになった。インターネット研究と呼ばれるものも2000年代までは情報科学か文明論がほとんどだったが，ソーシャルネットワーク・サービス（SNS）やブログなど，ネットメディアを簡便に双方向で使いこなせる仕組みが整うにつれて研究の範囲と分野も格段に広がっている。以下，概観を列記しよう。

　第一に，インターネットはマスメディアの世界を大きく揺るがせた。とりわ

け新聞である。18世紀の啓蒙思想時代から新聞はつねに政治言論の受け皿となり，限られた読者層だとしても共和政の理想と現実のあり方を問う公共の舞台として，大衆紙の時代以降も機能してきた。速報性の点ではテレビに座を譲ったとはいえ，民主主義に不可欠の熟議のためのメディアとしての地位をになう点で新聞の正統性が疑われたことはない。ところがインターネットの発達と普及の陰でこの合意が問われている。たんに「紙の新聞」が売れなくなり，新聞社の経営基盤が揺らいでいるといった話ではない。先に触れたようにアジェンダ設定に関するマスメディアの力は大きく，その中核をになうのが新聞なのだが，歴史的に培れたこの信任の仕組みへの疑義がネットの時代に生じているのである。

　これを端的に表すのが2017年に誕生したアメリカのドナルド・トランプ政権の対マスメディア姿勢だろう。そもそも前年の大統領選挙のさなかからマスメディアはこぞって「トランプ劣勢」を報じていたが，これに遺恨を抱くトランプ大統領と政権幹部は就任後もマスメディアへの敵対的な姿勢と挑発を繰り返し，自らに不利な報道を「フェイク（偽）ニュース」，自らの主張を「ポスト・トゥルース（真実無用）」と呼んで異例のふるまいを繰り返している。それをジャーナリズムも議会も制止できないのは，ネットの場に入ったとたん，なにが多数派の声なのか見定めがたいほど混乱した声の渦に巻きこまれてしまうからだ。SNSでのコミュニケーションに顕著な作用のひとつに自分と同じような意見ばかりが周囲に集まって異論をかき消してしまう「エコーチェインバー」や「フィルターバブル」現象があるといわれるが（Sunstein 2001=2003），いまジャーナリズムが直面しているのは社会事象を客観的に認識することをめぐるマックス・ヴェーバー以来の問題なのである（Weber 1904=1988）。

　第二は，したがってインターネットの時代にはあらためて「公衆」や「世論」について問い直す必要がある，ということである。「弾丸理論」の時代にウォルター・リップマンは『世論』（1922）で大衆社会を危惧し，理念的・規範的な「市民」の集合体としての「公衆」の不在を『幻の公衆』（1925）で嘆き，それでもなお「公共の哲学」を希求した。そうした問いかけはユルゲン・ハーバーマスの「公共圏」論やニクラス・ルーマンの「間主観性とメディア」などの現代社会学の問いを引き継ぐことでもあるだろう（遠藤編 2016：16-7）。

第三は，その多くが無料コンテンツとして提供されているインターネット・サービス（とりわけ SNS）が象徴する資本と資本主義の問題である。たとえば Google や Facebook は無料でプラットフォームやサービスを提供するだけで，テレビ局のように番組コンテンツを制作することもなく莫大な収益を挙げているし，Amazon. com も実店舗をもたない小売仲介サービスで抜群の収益を誇っている。表面的な収益構造は各種の広告とアプリの売上げや仲介手数料から成っているが，じつのところこれら企業の最大の資産は無料登録ユーザーに関する個人情報であり，それもたんに氏名や年齢・性別，連絡先などの個人属性でなく，そのユーザーがどの画面を閲覧し，何を購入し，いかに周囲とつながっているかという情報（ソーシャルグラフ属性）をすべて記録していることなのである。その微細だが膨大な記録の累積がいわゆる「ビッグデータ」で，この分析からインターネット時代の社会を観察しようという試みが，いま定量分析型のマスコミュニケーション研究の主流のひとつになりつつある。

　と同時に，しかしより根幹にあるのは，これらの企業が売っているのがモノではなく，情報ですらなく，じつは「イノベーション」だということだろう。「イノベーション」すなわち革新とは，未来に起こるであろう未知の技術や経験や思考などの総体であり，それに対する「期待」である（和田 2016：212-3）。たとえば Apple は株主がなかなか株を手放さず，それゆえ株価の下がりにくい体質をもつ企業として知られるが，その理由は創業者スティーブ・ジョブズが演出した数々の「イノベーション」への期待が彼の死後も依然として色褪せず，いわゆる Apple 神話の生ける資産（すなわち「信用」）となっているからにほかならない。マルクスが，ヴェーバーが，ケインズが取り組んだこの古くて新しい課題がインターネットの時代にあらためて問い直されているのである。

　第四は，インターネットが旧来の年功型の社会秩序に突きつける未知の経験とそのリスクである。たとえば「デジタルネイティブ」とは生まれたときからデジタル情報環境が身近にあるなかで育った世代を指すが，彼らの生活空間を「ネイティブ（生国の地）」と呼ぶならば大人になってデジタル機器に接した人々は「デジタル移民」になる。つまり「デジタルネイティブ」が含意するのは「子供たちが作った世界に大人たちが移住するという，これまでとは逆転の構図」（高橋 2016：26-7）というわけだ。しかしその「ネイティブ」たちの社会

でしばしば問題になるのは，「いじめ」であり「デマ」であり「村八分」であり「デジタル・タトゥー」と呼ばれる「有徴の烙印」という，これまた古くて新しい事態なのである。

　こうしてみるとインターネットの時代に起こっていることの多くは，じつは社会学がその草創期から問うてきたもろもろの課題と明らかにつながっていることがわかる。それはすなわち近代という時代を迎えた人類が，政治的には「市民」，社会的には「大衆」，文化的には「群衆」として重ねてきた諸々の経験と，そこから得られた社会科学的な思考の歩みとに，あらためて学び直すことでもあるに違いない。

 読書案内

McLuhan, Marshal, 1964, *Understanding Media : The Extensions of Man*, Mc-Grow-Hill.（＝1987, 栗原裕・河本仲聖訳『メディア論——人間の拡張の諸相』みすず書房。）
　本文では触れなかったが，おそらく最も有名な「メディア論」（のひとつ）。メディアの進化による感覚と認知の変容を論じた。
梅棹忠夫, 1988,『情報の文明学』中央公論社。
　マクルーハンよりも早い時期に書かれた有名な「情報産業の時代」（1963年）を含む著者独自の生態史観に基づく文明論。情報産業は感覚器官の機能拡充をめざす「外胚葉器官産業」だとする議論が面白い。
Sunstein, Cass R., 2001, *Reblic. Com*, Princeton University Press.（＝2003, 石川幸憲訳『インターネットは民主主義の敵か』毎日新聞社。）
　本文で触れた「エコーチェインバー」概念を提唱したアメリカの憲法学者によるインターネット論。本書ではネットに対して批判的な議論だったが，2009年の改訂版ではブロガーの言論活動の可能性に好意的となった。しかし2017年に出た *Republic : the divided democracy in the age of social media* では，より深い批判的考察が見られる。

文献

Berelson, Bernard, 1961, "The Great Debate On Cultural Democracy," D. Barrett ed., *Values in America*, University of Notre Dame Press, 147-68.
Borchers, Detlef, 1988, "Paul Lazarsfeld : A Marxist on Leave," *Communication*,

Vol. 10: 211-222.

Bryant, Jennings and Mary Beth Oliver, eds., 2009, *Media Effects : Advances in Theory and Research*, Routledge.

Cantril, Hadley, 1940, *The Invasion from Mars : A Study in the Psychology of Panic*, Princeton University Press.（＝1985，斎藤耕二・菊池章夫訳『火星からの侵入──パニックの社会心理学』川島書店。）

Coser, Louis A., 1984, *Refugee Scholars in America : Their Impact and Experiences*, Yale University Press.（＝1988，荒川幾男訳『亡命知識人とアメリカ──その影響とその経験』岩波書店。）

Dennis, Everette E., and Ellen Wartella, eds. 1996, *American Communication Research*, Erlbaum.（＝2005，伊藤康博ほか訳『アメリカ・コミュニケーション研究の源流』春風社。）

遠藤薫編著，2016，『ソーシャルメディアと「世論」形成──間メディアが世界を揺るがす』東京電機大学出版局。

生井英考，2007，「第一次世界大戦下とのプロパガンダ」印刷博物館展覧会図録『モード・オブ・ウォー』印刷博物館，20-29.

Katz, Elihu and Paul F. Lazarsfeld, 1955, *Personal Influence : The Part Played By People in the Flow of Mass Communication*, Free Press.（＝1965，竹内郁郎訳『パーソナル・インフルエンス』培風館。）

Klapper, Joseph T., 1960, *The Effects of Mass Communication*, Free Press.（＝1966，NHK放送学研究室訳『マス・コミュニケーションの効果』日本放送協会。）

Lasswell, Harold D., [1927] 1971, *Propaganda Technique in World War I*, M. I. T. Press.

Lazarsfeld, Paul F., et. al., 1944, 1948, 1968, *The People's Choice : How the Voter Makes Up His Mind in a Presidential Campaign*, Duell, Sloan and Pearce.（＝1987，有吉広介監訳『ピープルズ・チョイス』芦書房。）

Lazarsfeld, Paul F., 1969, "An Episode in the History of Social Research: A Memoir," Donald Fleming and Bernard Bailyn, eds., *The Intellectual Migration, Europe and America, 1930-1960*, Belknap Press.（＝1973，荒川幾男ほか訳「社会調査史におけるひとつのエピソード──メモワール」『亡命の現代史 4　社会科学者・心理学者』みすず書房。）

Lippmann, Walter, 1922, *Public Opinion*, Harcourt, Brace and Co.（＝1987，掛川トミ子訳『世論』（上・下），岩波文庫。）

Lippmann, Walter, 1925, *The Phantom Public*, Transaction Publishers.（＝2007，河崎吉紀訳『幻の公衆』柏書房。）

Lynch, Edmund C., 1968, "Walter Dill Scott: Pioneer Industrial Psychology," *The*

Business History Review, 42(2)：149-170

McCombs, Maxwell E. et. al., 2011, *The News and Public Opinion : Media Effects on Civic Life,* Polity Press.

Merton, Robert K., 1946, *Mass Persuasion : The Social Psychology of a War Bond Drive,* Harper.（＝1973，柳井道夫訳『大衆説得――マスコミュニケーションの社会心理学』桜楓社。）

Merton, Robert K., 1957, *Social Theory and Social Structure,* Free Press.（＝1961，森東吾・森好夫・金沢実・中島竜太郎訳『社会理論と社会構造』みすず書房。）

Merton, Robert K., 1998, "Working with Lazarsfeld: Notes and Contexts," Jacques Lautman and Bernard-Pierre Lécuyer, eds., *Paul Lazarsfeld : La sociologie de Vienne à New York,* L' Hartmattan, 163-253.（＝2015，久慈利武訳「ラザースフェルドと一緒に仕事をして」『東北学院大学教養学部論集』172：131-173。）

Merton, Robert K. with Marjorie Fiske and Patricia L. Kendall, 1999, *The Focused Interview : A Manual of Problems and Procedures,* Free Press.

Meyers, Greg, 2008, *Matters of Opinion : Talking About Public Issues,* Cambridge University Press.

Morrison, David E., 2003, *The Search for a Method : Focus Groups and the Development of Mass Communication Research,* John Libbey & Co..

Morrison, David E., 2006, "The Influences Influencing Personal Influence: Scholarship and Entrepreneurship," *The Annals of the American Academy of Political and Social Science,* 608：51-75.

Noelle-Neumann, Elizabeth, 1993, *The Spiral of Silence : Public Opinion – Our Social Skin,* second edition.（＝2013，池田謙一・安野智子訳『沈黙の螺旋理論――世論形成過程の社会心理学』北大路書房。）

Ohmer, Susan, 2006, *George Gallup in Hollywood,* Columbia University Press.

Schramm, Wilber ed., [1949] 1960, *Mass Communications,* the University of Illinois Press.（＝1967，学習院大学社会学研究室訳『マス・コミュニケーション――マス・メディアの総合的研究』東京創元新社。）

Sunstein, Cass R., 2001, *Republic. Com,* Princeton University Press.（＝2003，石川幸憲訳『インターネットは民主主義の敵か』毎日新聞社）

高橋利枝，2016，『デジタルウィズダムの時代へ――若者とデジタルメディアのエンゲージメント』新曜社。

竹下俊郎，2008，『増補版　メディアの議題設定機能――マスコミ効果研究における理論と実証』学文社。

和田紳一郎，2016，「『新デジタル時代』と新しい資本主義」佐藤卓己編『デジタル情報社会の未来』岩波書店，203-231。

Weber, Max 1904, *Die "Objektivität" sozialwissenschaftlicher und socialpolitischer Erkenntnis.* (=1998, 富永祐治・折原浩訳『社会科学と社会政策にかかわる認識の「客観性」』岩波文庫。)

Wicks, Robert H., 1996, "Joseph Klapper and The Effects of Mass Communication: A Retrospective," *Journal of Broadcasting & Electronic Media,* 40：563-569.

第14章

社会運動とNPO／NGO
——市民は社会を変革できるか

高木恒一

1 社会運動の興隆と理論

社会運動という問い

　この章では市民が現代社会の問題に取り組み，現在よりも望ましい方向への社会変革をめざす活動について考えていく。このような活動には，デモや集会などの抗議活動，署名活動，社会サービスを担うボランティア活動など多様な形態のものがあるが，ここではこれらを包括して「社会運動」と呼ぶことにする。

　市民が社会を変革させるのは手に余ると感じる人も，また，そもそも社会を変革するというのはどういうことなのかイメージがもてないという人もいるだろう。そこで出発点の問いとして「社会運動になにができるのか，どのような可能性があるのか」という問いを設定したい。この問いを第2次世界大戦後の歴史の一端をひもときながら考えていこう。

長い1960年代

　1950年代後半から1970年代前半の時期（「長い1960年代」と呼ばれることもある）は，世界各地で社会運動が激しく展開された時期だった。アメリカでは1950年代後半にアフリカ系アメリカ人の自由と権利を獲得する運動である公民権運動が活発化し，人種差別を行う商業施設での座り込みやバスの占拠，大規模なデモや集会が行われた。1964年に公民権法制定が実現するが，社会的差別の撤廃

を求める運動は激しさを増しながら継続し，反女性差別や同性愛者の権利獲得などの運動も大きく展開されるようになった。また1964年のトンキン湾事件と翌年の北ベトナム爆撃（北爆）開始によりアメリカ軍の介入が本格化するベトナム戦争に対する反対運動も大きく広がるが，その中心にいたのは学生を含む若者たちだった。こうした一連の運動への参加者はやがてアメリカ的価値観や生活様式をも批判するようになり，若者たちはヒッピーに象徴される，旧来の価値に対抗する文化（カウンターカルチャー）を生み出した（有賀 2002）。またヨーロッパでもフランス・西ドイツ・イタリアなどでベトナム反戦運動，大学改革，政治改革を求める運動，さらには既存の社会的価値を問い直す運動などが各国それぞれの状況のもとで激しく展開された。一方，東欧の社会主義諸国ではチェコスロバキアの「プラハの春」に代表される民主化を求める社会運動が生起した（Frei 2008=2012）。

　長い1960年代以前に社会運動の中心を占めていたのは労働運動であり，その担い手は「労働者」として括られる人々だった。これに対してこの時代の社会運動の担い手は若者・大学生，女性，人種‐民族的マイノリティ，性的マイノリティなど，労働者として一括りにされない，あるいは労働者のなかでも周縁的な位置づけの人々であり，掲げられる主張も労働運動とは大きく異なるものだった。こうした運動の同時多発的発生は例を見ないことであり，さまざまな領域にインパクトを与えた。社会学も大きな影響を受けて，ふたつの新たな理論的潮流が生み出されることとなった。

社会運動をとらえる視点

　ひとつはアメリカで提唱された「資源動員論」である。資源動員論が提唱される以前，アメリカでは社会運動は個々人の不満や苦情によって引き起こされるものと認識され，パニック行動の延長上でとらえられていた。これに対して資源動員論は，社会運動を人々が連帯するなかで発生するものとしてとらえ，その展開を資金・人・情報・外部からの支援などのさまざまな資源が運動に動員される過程に着目して検討する枠組みを提示した（塩原 1989）。これにより社会運動は，個々人の不満が非合理的・暴発的に現れたものではなく，日常性・合理性をもつ集合行為として位置づけられるようになったのである。

　もうひとつの理論的潮流はヨーロッパ圏での研究の中から生み出された「新しい社会運動論」である。この潮流は長い1960年代の社会運動はなにが新しいのか，またなぜ生み出されたのかを社会構造との関連のなかでとらえようとした。たとえばクラウス・オッフェはこの時代の社会運動を資本主義が進展し新たな段階に入ったなかで生み出されたものとして位置づける。そしてこの段階に対応した社会運動の新しさを，担い手の多様性（マイノリティや地域性など「階級」によって類型化されない担い手の登場），テーマの多様性（平和，人権，環境など），価値志向（たとえば中央集権的な統制に反対する，自己決定権やアイデンティティを重視するなど），行動様式（対内的には水平的でインフォーマルな関係，対外的には公式化された政治に対する抵抗）の4点にまとめて，古いパラダイム（たとえば経済成長や財の配分をめぐる労働者の運動や大規模組織による政治活動）と対比させながらとらえた（Offe 1985）。

　こんにちの社会運動研究では社会運動の展開を可能にする政治状況を検討する政治機会構造論，あるいは運動が生み出す集合的アイデンティティや動員過程における文化的要素など運動と文化の関係への着目などの多様な視点が導入されている（長谷川・町村 2004）。その一方で，ふたつの潮流を融合することの必要性も提起されている（濱西 2016）。こうしたなかで社会運動研究が獲得してきたのは，社会構造との関連において，市民が価値や文化をいかに共有し，どのように社会運動が展開されるのかをとらえる認識枠組みであるといえる。これを念頭に置いて日本の動向を見ていこう。

2　日本の長い1960年代
──市民運動／住民運動の登場──

起点としての60年安保闘争

　アメリカやヨーロッパと同様，日本もまた長い1960年代は社会運動が興隆した時代だった。起点は1959〜1960年の「60年安保闘争」（日米安全保障条約改定反対闘争）と見ることができる。この運動には労働組合に所属する労働者などの旧来の担い手だけではなく，大学生や文化人，さらにはいわゆる主婦など肩書きをもたない人々が「市民」として加わり，大規模なデモや集会が展開され

た（たとえば日高編 1960）。

　安保条約改定は1960年6月19日に国会で自然承認となった。このことは安保条約改定阻止という目標から見れば敗北であったが，市民が社会運動の担い手になるという経験は「新しい社会運動」の萌芽であった（小熊 2002：12章）。そしてここで萌芽を見せた運動の形態はやがて「市民運動」と呼ばれるようになった。

べ平連の登場

　政治学者の高畠通敏や哲学者の鶴見俊輔らは北爆開始を機に，市民による反ベトナム戦争運動体を立ち上げた。ここで結成されたのが市民運動の本格的な端緒とされる「『ベトナムに平和を！』市民連合」（略称・べ平連。なお，当初の正式名称は「『ベトナムに平和を！』市民・文化団体連合」）である。べ平連は1965年4月24日に東京で最初のベトナム反戦デモを行うが，代表に就いた作家の小田実はその際のパンフレットに次のように記した。

　　　私たちは，ふつうの市民です
　　　ふつうの市民ということは，会社員がいて，小学校の先生がいて，大工さんがいて，おかみさんがいて，新聞記者がいて，花屋さんがいて，小説を書く男がいて，英語を勉強している少年がいて，
　　　つまり，このパンフレットを読むあなたご自身がいて，
　　　その私たちが言いたいことは，ただ一つ，「ベトナムに平和を！」（「ベトナムに平和を！」立教大学共生社会研究センター所蔵資料）

　このパンフレットには，発行者を「『ベトナムに平和を！』市民・文化団体連合，つまり　ふつうの市民」と記されている。ここでべ平連は，自ら市民の運動体であることを高らかに宣言して活動を始めたのであった。

　べ平連の参加者は思想・信条・立場を問わず「ベトナムに平和を」の一点で集まった人々だった。小田は呼びかけ人について「一見してよく言えば多士済々，悪く言えば，いや，ことの実態に即して正直に言えば無秩序のゴタマゼ」（小田 1995：27）と評している。呼びかけ人に限らず，べ平連には多様な

246

社会的背景をもつ市民がひとつのイッシューに賛同することで，緩やかにつながっていた。そしてその活動は多彩で定例デモ，アメリカの反戦運動家を招いての国際会議の開催，『ワシントンポスト』紙への意見広告掲載，アメリカ軍基地内の反戦運動支援，脱走兵の受け入れと海外脱出の援助などを展開した（たとえば吉川 1991；小田 1995；高橋 2007）。

住民運動の興隆

　長い1960年代にもうひとつ注目されたのが，地域で発生するさまざまな社会問題に対して，地域住民が中心的な担い手となって展開される運動である。こうした運動は市民運動と区別して住民運動と呼ばれるが「市民」と「住民」の境界はあいまいで流動的である。

　住民運動の主要なイッシューのひとつは公害であった。長い1960年代は高度経済成長の時代でもあるが，この時期には熊本県水俣市を中心とする地域で発生した水俣病など全国各地で公害問題が深刻化する。これに対して公害原因物質の排出差し止め，被害者の救済，公害の原因となる工場建設や公共事業への反対などのイッシューを掲げた運動が展開された（宮本 2014）。こうした運動は，国による経済的・物質的ゆたかさを優先して経済成長を重視する政策とこれを自明視する価値観に対して，生命・環境・暮らしを重視する価値観を対置した。そしてそれは社会の「あたりまえ」とはなにかを問う視点を提起するものだった。ここで問われた「あたりまえ」のひとつに公共性がある。たとえば横浜市の住宅地を貫く鉄道路線新設に反対する横浜新貨物線反対運動を主導した宮崎省吾は次のように主張した。

　　いったい，関係住民を犠牲にする「公共性」とは何なのか。住民運動はいっさいの「公共性」を拒否するのか。「公共の福祉」と「地域エゴ」を対立させて考える限り，突破口はない。

　　それよりも，この両者が対立させられてきたこと自体がおかしい，と考えた方が素直ではないか。そもそも，「公共の福祉」が，住民それぞれが住んでいる地域が良くなる，あるいは悪くなるのを防ぐということと矛盾し，対立すること自体がおかしいのである。

誤解を恐れずにいえば，住民の生活を守る「地域エゴ」こそすべての前
　提にならなければならず，「公共の福祉」は「地域エゴ」の積重ね，もし
　くは延長上に位置づけられなければならないのではなかろうか。(宮崎
　[1975] 2005：139，強調は原文)

　ここでは「公共性」が国や地方自治体によって規定されるものとしてとらえ
ることを否定して，「地域エゴ」として軽視される住民の生活こそを公共性の
基礎にするべきであることが主張されている。栗原彬はこうした主張を「お上
が主張する公共性に対して，その公共性をひっくり返して生活防衛が図られ
る」ものであるとして「公共性の逆構造転換」と呼んだ（栗原 2005：149）。
　住民運動は政策にも一定の影響を及ぼした。1960年代から1970年代前半にか
けて，全国の自治体首長選挙で反公害・福祉優先を掲げる革新系候補が保守系
の候補を破り革新自治体が誕生するが，住民運動はこれを支えた柱のひとつだ
った。そして革新自治体が先導した環境や福祉にかかわる政策は，国の政策に
も大きな影響を与えた（宮本 1999）。

冬の時代？

　ベ平連は1973年のベトナム戦争終結のためのパリ和平協定調印を受けて1974
年に解散する。また，各地の住民運動も掲げたイッシューに区切りがついた段
階で収束していき，これとともに革新自治体も減少していった。こうした状況
について，社会運動は「冬の時代」を迎えたと言われるようになった（道場
2015）。しかしベ平連の担い手たちは1980年発足の「日本はこれでいいのか市
民連合」（小田ほか，1982）や1988年発足の「市民の意見30の会」（「市民の意見30
の会・東京」HP）などの市民運動団体を立ち上げるなどして運動を継続した。
また住民運動も，たとえば大阪市西淀川区の反大気汚染運動が裁判闘争終結後
に地域の環境問題や地域再生へと活動を拡大・転化したように（除本・林編
2013），組織形態や活動内容を変化させつつ継続している事例は多数見られる。
これらの事例からは「冬の時代」でも社会運動は決して消滅したわけではなく，
社会状況の変化に対応し，取り組むイッシューや運動形態を変化させながら展
開されていたということができる。

3　阪神・淡路大震災と社会運動
—— ボランティア元年と NPO ／ NGO ——

阪神・淡路大震災とボランティア

　1995年 1 月17日に発生した阪神・淡路大震災では神戸市を中心に死者6000名以上，全壊住宅10万棟以上などの甚大な被害が発生した（内閣府 HP）。災害直後から被災地には続々とボランティアが入り，活動を始めた。兵庫県の推計によれば，災害直後の 1 ヶ月では 1 日平均 2 万人がボランティアに参加し，2000年 3 月までの累計ではその数は210万人以上に達した（兵庫県 HP）。ボランティアの活動領域は，医療や建物被災状況調査など高い専門性が求められるものだけではなく，炊き出し，がれき撤去，子どもの遊び相手など，必ずしも専門性を必要としないものも多数あった。こうした大規模かつ多様なボランティア活動の実践と有効性に大きな注目が集まり，ボランティア活動に対する社会的認知が高まったことから1995年は「ボランティア元年」と呼ばれることもある。

　しかしボランティア活動は1995年に突然出現したわけではない。すでに触れた通り長い1960年代が終焉した後，社会運動は形態を変えつつ展開していたが，その際にはデモや集会などの抗議活動よりも，平和，環境，人権，まちづくりなどの領域で見出された課題に持続的に取り組むものが多くなる。こうした活動は「市民活動」と呼ばれるが，「冬の時代」までに長い歴史を刻んでいた社会福祉などの領域に加えて，幅広い領域での市民活動がボランティア活動と位置づけられて着実に社会のなかに徐々に根を下ろしていた。その延長上にボランティア元年が位置づくのである。

NPO ／ NGO への注目と NPO 法

　ボランティア元年に先立つ1980年代後半ごろから注目されたのが NPO ／ NGO である。NPO は non-profit organization の略で，「民間非営利組織」と訳される。これは，政府（国や地方自治体）ではないという意味での民間団体・組織のうち，企業のような営利追求をしないものを指す名称である。アメリカでは病院や学校なども含む広い概念として用いられるが，日本では公益法人

（学校法人，医療法人，社会福祉法人など）を除いた比較的小規模の団体を指すのに用いられるのが一般的である。また NGO は non-governmental organization（非政府組織）の略である。NPO と NGO との違いはあいまいなもので，また時により区分の仕方も異なる。活動内容をどのように規定するかは議論があるが，NPO／NGO の考え方が広がることによって，市民活動が社会に定着するための具体的な組織形態が示された意義は大きかった。

　阪神・淡路大震災を契機に市民活動の重要性に対する認知が広まるなかで，市民の活動を担う組織としての NPO に法的な位置づけを付与する「特定非営利活動促進法」（通称 NPO 法）が1998年に制定された。この法律の制定そのものが，社会運動の成果だった。市民活動の社会的基盤整備に関心をもっていた団体は，1990年代前半から市民活動団体の法的位置づけを求める研究会をいくつも立ち上げ，法制度整備の運動を始めた。運動開始時点では必ずしも十分な展望はなかったが，阪神・淡路大震災を経て1995年2月に当時の自民党・社民党・新党さきがけの与党3党が「NPO プロジェクト」を立ち上げたことで情勢が変化した。推進派議員と市民団体は法案の検討をすすめ，関係省庁や反対派議員と精力的な交渉と議論を行い，「市民＝議員立法（市民立法）」（松原1998）として NPO 法の成立にこぎつけたのである（認定 NPO まちぽっと HP；原田2018）。この法律制定にいたる一連の動きは，社会運動団体が個々のイッシューにかかわる活動を展開しつつ政策提言やロビー活動を展開するなど，状況に応じてその目標や活動形態が変化させる事例として，また社会運動が政策や法制度に大きな影響を与えた事例として見ることができるだろう。

NPO の抱える課題

　2017年5月末時点で NPO 法人格を取得した団体は5万を超えており（内閣府 NPO HP），その存在は日本社会のなかに定着したものとみていいだろう。ただし NPO に代表される市民活動団体の社会的・制度的定着の背景にある社会的条件には注意が必要である。1980年代以降新自由主義的な政策志向が強まるなかで，政府は自らが担う社会サービスの領域を縮小させて，民間に任せるようになった。この傾向はバブル経済が崩壊し，政府の歳入不足が深刻化する1990年代中葉には顕著なものとなる。ここで浮上したのが増大する社会サービ

スを誰が担うのかという問題である。とくに高齢者支援など社会福祉の領域は利潤を上げることが難しいために企業の参入には困難が多かった。この状況下で，政府が撤退し企業の参入が困難な領域の社会サービスを担う主体として市民活動が注目されたのである。

　市民活動団体は NPO 法人格を取得した場合でも組織運営や財政基盤が脆弱なことが多く，政府の委託事業や補助金を頼りにせざるを得ない場合も多い。また政府は市民活動を，自らが撤退した社会サービスを担う「下請け」として位置づける傾向にあることが指摘されている。そのため市民活動団体が政府に対して自律性を確保することと，この自律性を確保するためのマネジメントを強化することが課題となっている（原田ほか 2010）。

4　ポスト3.11の社会運動
──ボランティア活動の展開と反原発・反安保の社会運動──

東日本大震災とボランティア

　2011年3月11日に発生した東日本大震災では，東北地方を中心に最大震度7の大きな揺れと大津波により死者・行方不明者約2万2000人以上，全壊住宅12万棟以上などの甚大な被害が生じた（消防庁 HP）。

　この未曾有の大災害に対しては，発生直後からボランティアによる支援が動き出し，2017年9月現在も活動は続けられている。全国社会福祉協議会の集計によると岩手県・宮城県・福島県の各市町村社会福祉協議会に設置された災害ボランティアセンターを経由して活動したボランティアの数は，2011年3月から2018年1月までに約154万人にのぼる（全社協 HP）。この活動の検証が始まっている。たとえば山下祐介はボランティア活動の体系性・効率性・効果性，また長期的・広域的な支援ネットワークの持続を実現したことを「95年の時からすれば夢のような鮮やかさがあり，動員資源の厚さ・広さも明確だった」と評価する一方で，その活動が「ただ災害救援の一機構になってしまって」いたのではないかという疑問を提示している（山下 2014：67）。この指摘では阪神・淡路大震災とそれ以降の災害時のボランティア活動の経験の蓄積が市民活動をゆたかにし，その意義が再確認される一方で，こうした活動が行政機構に組み

込まれ，その特質を失うことが危惧されている。ここでも市民活動の自律性が問われているのである。

福島第一原発事故と反原発運動

　東日本大震災は福島第一原子力発電所も襲い，原子炉3機が爆発・損傷して大量の放射性物質が拡散するというきわめて深刻な事故が発生した。この事故を受けて当時の菅直人首相は5月に中部電力浜岡原発の稼働停止を要請し，中部電力はこれを受け入れた。さらに全国の原発は法定の定期点検のために順々に運転が停止され，2012年5月には稼働する原発がない状況が生み出された。しかし2012年6月，当時の野田佳彦内閣は関西電力大飯原発3号機・4号機を再稼働させる方針を決定して再稼働への道を開き，その後の安倍晋三内閣も再稼働推進の方針をとっている。こうした状況のなかで原発再稼働反対・原発廃止・原発事故対応などのイッシューを掲げる運動（ここではこれらを一括して反原発運動と呼ぶ）が隆起した（小熊 2016）。

　福島第一原発事故以前の反原発運動は，原発の立地予定地における建設反対運動や建設後の監視や増設反対運動が展開されてきた。また，1979年のスリーマイル島原発事故や1986年のチェルノブイリ原発事故を契機として東京・大阪など都市部での運動も広がった（本田 2005）。福島第一原発事故以後もこれらの運動の流れをくむ団体や個人が活発に活動している一方で，この事故発生以後には新たな反原発運動団体も生まれている。これらの団体が取り組むテーマは原発への反対やエネルギーシフトにとどまらず，被災地支援，健康リスク問題，原発被害対応などに広がりを見せている（町村・佐藤編 2016）。

新しい運動形態の登場

　福島第一原発事故を受けた東京での反原発運動のなかでいち早く注目されたのは，2011年4月10日に「素人の乱」が杉並区高円寺で主催し，1万5000人が参加した反原発デモである（小熊 2016）。ここで展開されたのは，サウンドカーやドラム隊による音楽に合わせてポップなコールを行う「サウンドデモ」だった（五野井 2012）。このデモの形態は1999年のシアトルでの反WTO運動など反グローバリズム運動（野宮・西城戸編 2016）のなかで取り入れられ，若者

の社会運動の主要な形態として世界中に広まったものである。日本においてサウンドデモは2003年に世界中で同時展開された反イラク戦争運動の際に東京都内の渋谷駅周辺や芝公園で行われたのを皮切りに繰り返し実施されていた（毛利 2009）。ここではグローバル化の進展のなかで運動が国境を越えて問題を共有し，活動形態を相互参照する傾向を見ることができる。

　首都圏の反原発運動諸団体は2011年10月に「反原発首都圏連合」を結成し2012年3月からはほぼ毎週金曜日に首相官邸前での抗議活動を行うようになる。当初の参加者は300人程度であったが，参加者は拡大し，大飯原発の再稼働方針が発表された直後の2012年6月29日には主催者発表で20万人が集まった。この活動は参加者が減少するものの継続し，2017年6月には250回に到達し，2017年12月現在も継続中である（反原発首都圏連合HP）。

　こうした一連の反原発運動のなかで2011年9月11日，「素人の乱」が主催した「9.11新宿　原発やめろデモ!!!!」街頭集会で哲学者の柄谷行人は次のようなスピーチを行った。

　　私はデモに行くようになってから，デモに関していろいろ質問を受けるようになりました。それらはほとんど否定的な疑問です。たとえば，「デモをして社会を変えられるのか」というような質問です。それに対して，私はこのように答えます。デモをすることによって社会を変えることは，確実にできる。なぜなら，デモをすることによって，日本の社会は，人がデモをする社会に変わるからです。（associations.jp HP）

　ここで柄谷は，運動の内容だけでなく，社会運動を実践し継続することに意味と意義を見出しているといえるだろう。

安全保障関連法案反対運動

　柄谷が提起した「デモをする社会」を体現する社会運動が2015年に生起した。この年の春から秋にかけて安全保障関連法案が国政の大きなイッシューとなった。安倍内閣は憲法解釈を閣議決定により変更し，集団的自衛権を行使可能としたうえで，自衛隊の海外での武器使用条件の大幅な緩和など安全保障のあり

かたを根本から変更する一連の法案を国会に提出した。これに対して法案反対，解釈改憲反対，さらにはこの一連の手続きが立憲主義・民主主義を破壊するものであるとして立憲主義・民主主義を守ることを掲げた運動が発生したのである。

　この運動の中心となったのが SEALDs（シールズ）である。SEALDs は Students Emergency Action for Liberal Democracy-s の略で，大学生を中心とした若者が担い手となって2015年5月に正式始動した運動体である（奥田 2016）。SEALDs は2015年6月5日から毎週金曜日に国会正門前で抗議活動を始めた。この活動ではラップ調のリズムに乗せて「民主主義って何だ」「集団的自衛権はいらない」「戦争したくなくて震える」などのコールが行われた。そしてコールの合間には SEALDs のメンバーが交代でスピーチを行ったが，それは安保法案に反対する理由，民主主義や平和への思い，政治へのかかわりかたなどを語るもので，ネット上で拡散されて反響を呼んだ。たとえば次のようなスピーチがある。

　　家に帰ったらご飯を作って待っているお母さんがいる幸せを，ベビーカーに乗っている赤ちゃんが，私を見て，まだ歯の生えない口を開いて笑ってくれる幸せを，仕送りしてくれたお祖母ちゃんに「ありがとう」と電話して伝える幸せを，好きな人に教えてもらった音楽を帰りの電車の中で聞く幸せを，私はこういう小さな幸せを「平和」と呼ぶし，こういう毎日を守りたいんです。（IWJ web Journal HP）

　　水着とかマツエク〔まつげエクステンション〕をいつ着けるとかで悩んでいる人間が，政治について口を開くことはスタンダードであるべきだと思うし，スタンダードにしたいから，スタンダードになるまで繰り返し声を上げ続けなくてはいけないんだと思って，ここに立っています。（SEALDs 編 2015：13，〔 〕は引用者による）

　ここに現れているのは，日常性を起点として「平和」や「政治」などの意味を問い直す視点であり，住民運動が提起した公共性の逆構造転換と同じ指向性

を見ることができるだろう。

　安全保障関連法制反対運動は2015年夏に入ると大きな広がりを見せ「安全保障法案に反対する学者の会」「安保関連法案に反対するママの会」「戦争させない・9条壊すな！総がかり行動実行委員会」などの運動体が活動をはじめる。これらの団体は連携して大規模集会やデモを実施した。そのなかで最大のものは2015年8月30日に開催された「戦争法案廃案！安倍政権退陣！8・30国会10万人・全国100万人大行動」で，国会周辺だけでも主催者発表で12万人が集まった（「東京新聞」2015年8月31日朝刊）。

　安全保障関連法は2015年9月19日未明に参議院で可決・成立したが，その後も各団体は活動を継続し，デモや集会が断続的に実施される。そして同年12月には SEALDs など5つの呼びかけ団体が中心となり「安保法制の廃止と立憲主義の回復を求める市民連合」（市民連合）が結成された。市民連合は，安保法制廃止・改憲反対の立場を取る野党の共闘を強く求めた。2016年7月の参議院選挙において，民進党・共産党などの安保法制反対の立場を取る野党は32の1人区すべてで統一候補を立てることとなったが，その実現にあたり市民連合は大きな影響力を発揮した（「東京新聞」2016年6月19日朝刊）。選挙では改憲勢力が3分2の議席を獲得するという状況の中で1人区の統一候補は11選挙区で勝利するという結果を出した（選挙ドットコム HP「第24回参議院選挙2016」）。これは社会運動が国政に直接的な影響を及ぼした事例としてみることができるだろう。

5　社会運動の可能性

　本章の問いは「社会運動になにができるのか，どのような可能性があるのか」であった。ここまでの議論からはこの問いに対して3つ答えを挙げることができる。

　第一の答えは，それぞれの運動体が掲げるイッシューにかかわる。運動体はどのような場合でも特定のイッシューを取り上げ，目標を掲げて活動する。したがって目標を達成すれば運動は社会の「変革」を達成する具体的成果を上げたということができるだろう。しかし達成されるのが目標の一部ということも

あるし，NPO／NGO が担う活動では，継続的に社会サービスを展開しているなかで，目標が達成されたかどうかを判断しづらいこともしばしばある。こうした点からすれば，掲げた目標のみを基準として社会運動の成果や可能性をとらえようとすると困難な場合も多い。

第二の答えは新たな価値の提示である。1節で見たアメリカの長い1960年代におけるカウンターカルチャーの登場，また2節で見た住民運動が提起する公共性の逆構造転換，さらには4節で取り上げた SEALDs メンバーのスピーチなどでは，個別の運動のイッシューにとどまらず，既存の社会のありかたや「あたりまえ」とされている価値や視点の問い直しが提起されている。この側面では，個々の運動体が取り上げたイッシューにとどまらない，広汎な問題の提起や価値の転換・創出が行われる可能性が示唆される。

第三の側面は社会運動が継続することにかかわる。たとえば2節・3節で見たように60年安保から市民運動へ，あるいは住民運動から市民活動へというように，社会運動は形態を変えながら継続されてきた。その継続の成果を4節で紹介した柄谷行人の発言になぞらえれば，社会運動をすることで社会運動ができる社会が作られる，といえる。

以上の3つの答えからは，社会運動は個々の運動体が個別のイッシューへの取り組みを超えて広く社会に影響を与え，「あたりまえ」を問い直すことを通して社会を変革する可能性が見出せるだろう。そしてこうした活動が継続した先にある社会は，市民がなんらかの問題を認識した際に，自らが声を上げたり行動したりすることでその問題の解決を図りうる社会であるとともに，多様な立場の市民が声を上げ，行動することが保障される社会である。

 読書案内

Crossley, N., 2002, *Making Sense of Social Movements,* Open University Press（＝2009, 西原和久・郭基煥・阿部純一郎訳『社会運動とは何か──理論の源流から反グローバリズム運動まで』新泉社。）
　　資源動員論，新しい社会運動論をはじめとした社会運動に関する多様な学説を系統的に紹介・検討している。
中村紀一編, ［1976］2005, 『住民運動"私"論──実践者から見た自治の思想』創

土社。

　　住民運動の担い手が，自らの運動経験を踏まえながら住民運動がなにを問題とし，
　　どのように運動を展開したのかを語る論文集。運動当事者の声に耳を傾け，資料
　　を読み込むことが社会運動研究の第一歩。なお立教大学共生社会研究センター
　　（http://www.rikkyo.ac.jp/research/laboratory/RCCCS/）は，本章で取り上げ
　　たべ平連や横浜新貨物線反対運動などに関する多くの資料を所蔵・公開している。

笠井潔・野間易道，2016，『3.11後の叛乱——反原連・しばき隊・SEALDs』集英
社新書。

　　ポスト3.11の社会運動の担い手のひとりである野間と，長らく社会運動につい
　　ての考察を続けてきた笠井の往復エッセイ集。この時期の運動の新しさとその意味
　　をめぐる議論が展開されている。

文献

有賀夏紀，2002，『アメリカの20世紀——1945年～2000年』（下），中央公論新社。

associations.jp「デモが日本を変える——柄谷行人氏『9・11原発やめろデモ』での
　　スピーチ（http://associations.jp/archives/437，最終閲覧2017年12月25日）

Frei, Norbert., 2008, *1968 : Jugendrevolte und globaler Protest*, Deutscher
　　Taschenbuch Verlag GmbH & Co. KG.（＝2012，下村由一訳『1968年——反
　　乱のグローバリズム』みすず書房。）

五野井郁夫，2012，『「デモ」とは何か——変貌する直接民主主義』NHK出版。

濱西栄司，2016，『トゥレーヌ社会学と新しい社会運動理論』新泉社。

反原発首都圏連合（http://coalitionagainstnukes.jp，最終閲覧2017年12月25日）

原田晃樹・藤井敦史・松井真理子，2010，『NPO再構築への道——パートナーシップ
　　を支える仕組み』勁草書房。

原田峻，2018，「NPO法制定過程における自立法運動の組織間連携——分野内／分野
　　間の連携に着目して」『ノンプロフィット・レビュー』17(2)：77-87。

長谷川公一・町村敬志，2004，「社会運動と社会運動論の現在」曽良中清司・長谷川
　　公一・町村敬志・樋口直人編『社会運動という公共空間——理論と方法のフロン
　　ティア』成文堂，1-24。

日高六郎編，1960，『1960年5月19日』岩波書店。

本田宏，2005，『反原子力の運動と政治——日本のエネルギー政策の転換は可能か』
　　北海道大学図書刊行会。

兵庫県「阪神・淡路大震災一般ボランティア活動者数推計」（http://web.pref.hyo-
　　go.lg.jp/kk41/documents/000036198.pdf，最終閲覧2017年12月25日）

IWJ Independent Web Journal「【スピーチ全文掲載】女子大生から安倍総理へ手紙

　　『あなたの一切の言動に，知性や思いやりのかけらを感じたことがないし，一国
　　民としてナメられている気がしてなりません』SEALDs 芝田万奈さん」（http://
　　iwj.co.jp/wj/open/archives/254835，最終閲覧2017年12月25日）

栗原彬，2005，『「存在の現れ」の政治──水俣病の思想』以文社。

町村敬志・佐藤圭一編，2016，『脱原発を目指す市民運動──3.11社会運動の社会学』
　　新曜社。

松原明，1998，「NPO 法成立の過程と問題点」『軍縮問題資料』213：4-9。

道場親信，2015，「戦後日本の社会運動」大津透・桜井英治・藤井讓治・吉田裕・李
　　成市編『岩波講座日本歴史19　近現代5』岩波書店，115-148

宮本憲一，1999，『都市政策の思想と現実』有斐閣。

宮本憲一，2014，『戦後日本公害史論』岩波書店。

宮崎省吾，［1975］2005，『いま，「公共性」を撃つ──［ドキュメント］横浜新貨物
　　線反対運動』創土社。

毛利嘉孝，2009，『ストリートの思想──転換期としての1990年代』NHK 出版。

内閣府 NPO ホームページ（https://www.npo-homepage.go.jp，最終閲覧2017年7
　　月9日）

内閣府「阪神・淡路大震災の概要」（http://www.bousai.go.jp/kyoiku/kyokun/han-
　　shin_awaji/earthquake，最終閲覧2017年12月25日）

認定 NPO まちぽっと「NPO 法制度制定過程の概略」（http://machi-pot.org/mod-
　　ules/npolaw/index.php?content_id=2，最終閲覧2017年12月25日）

野宮大志郎・西城戸誠編，2016，『サミット・プロテスト──グローバル化時代の社
　　会運動』新泉社。

小田実，1995，『「ベ平連」・回顧録でない回顧』第三書館。

小田実・藤井治夫ほか，1982，『日本はこれでいいのか市民連合』講談社。

Offe, Claus, 1985, "New Social Movements: Challenging the Boundaries of Institu-
　　tional Politics", *Social Research*, 52(4)：817-868.

奥田愛基，2016，『変える』河出書房新社。

小熊英二，2002，『〈民主〉と〈愛国〉──戦後日本のナショナリズムと公共性』新曜
　　社。

小熊英二，2016，「波が寄せれば岩は沈む──福島原発事故後における社会運動の社
　　会学的分析」『現代思想』44(7)：206-233。

SEALDs 編，2015，『SEALDs 民主主義ってこれだ！』大月書店。

選挙ドットコム「第24回参議院選挙2016」（http://go2senkyo.com/sangiin-2016，最
　　終閲覧2017年12月25日）。

塩原勉，1989，「資源動員論と集合行動論の関係」塩原勉編『資源動員と組織戦略
　　──運動論の新パラダイム』新曜社：3-10。

市民の意見30の会・東京ホームページ（http://www1.jca.apc.org/iken30/new/
　　new_iken30/iken30_what's_30nokai.html#labelryakusi，最終閲覧2017年12月25
　　日）

消防庁「平成28年 3 月 8 日　平成23年（2011年）東北地方太平洋沖地震（東日本大震災）
　　について（第159報）」（http://www.fdma.go.jp/disaster/info/items/375b695e13
　　b6868a4a24f9ff5643ded603b68dc6.pdf，最終閲覧2020年 3 月19日）

高橋武智，2007，『私たちは，脱走アメリカ兵を越境させた──べ平連／ジャテック，
　　最後の密出国作戦の回想』作品社。

山下祐介，2014，「ボランティア・市民活動をめぐる阪神・淡路大震災と東日本大震
　　災──福島第一原発事故の支援と復興を問い直すことから」『社会学年報』43：
　　65-74。

吉川勇一，1991，『市民運動の宿題──ベトナム反戦から未来へ』思想の科学社。

除本理史・林美帆編，2013，『西淀川公害の40年──維持可能な環境都市をめざして』
　　ミネルヴァ書房。

全社協　被災地支援・災害ボランティア情報「東日本大震災　岩手県・宮城県・福島
　　県のボランティア活動者数」（https://www.saigaivc.com/2017/02/24/ 東日本大
　　震災ボランティア活動者数の推移 /，最終閲覧2020年 3 月19日）

第15章　国家・権力・公共性

——パラリンピックはなにを夢見るのか

深田耕一郎

1　オリンピック・戦争・パラリンピック

国立競技場のふたつの行進

　みなさんは東京渋谷の国立競技場に行ったことはあるだろうか。選手として，観客としてこの競技場を訪れたことがある人は少なくないだろう。全国のサッカー選手やラグビー選手にとっては憧れの地であり，訪れたことがない人でも「コクリツ」という単語がもつ特別な響きにどこかで触れたことがあるのではないか。

　国立競技場は「日本人」の物語を刻んできた。そのひとつに1964年の東京オリンピックがある。この大会のメイン会場に使用されたのが国立競技場だった。10月10日の開会式は雲ひとつない秋晴れとなり，93ヶ国5152人の選手がここを行進した。上空には自衛隊機が飛行し空に五輪マークを描いた。東京オリンピックは日本の敗戦からの復興を告げる一大国家プロジェクトであり，国立競技場はそれを上演する絶好の舞台だった。2020年の東京オリンピックを機に建て替えが決まったが，64年当時の聖火台が新しい国立競技場に再設置されるなど，64年大会のレガシー（遺産）はこんにちにも引き継がれている。

　64年の東京大会から遡ること21年。もうひとつ記憶に刻み込まれた日本人の物語がある。それは1943年10月21日の出陣学徒・壮行会だ。太平洋戦争の戦局の悪化にともない，徴兵を猶予されていた大学生が戦場に送られることになり，その壮行会が国立競技場で開かれたのだ。男子学生2万5000人が行進し女子学

生6万5000人が彼らを見守った。この日は激しい雨だったが傘をさす者は誰もいなかった。当時，学徒兵を見送った作家の杉本苑子は後年，オリンピックと壮行会を重ねながら，「同じ競技場，同じ若者の祭典なのに，あの雨の日となんという違いか」と書いている（杉本 2000：344）。学徒出陣を取材したNHKによれば，行進した学生のうち3000人が戦死したという（NHK 2010）。

　国立競技場のふたつの行進が端的に示すように，オリンピックと戦争は一大国家プロジェクトとして重なる。杉本同様，ふたつの出来事を重ねる人は少なくない。2016年に94歳で亡くなった社会学者の作田啓一は，東京オリンピックが開催される直前の1964年7月に次の文章を残している。

　　東京オリンピックが近づいている。オリンピックは国際的なコンテストであるという点で，戦争と重なる。それにもかかわらず，あたかも戦争がなかったような顔をしてオリンピックが行われようとしている。ところがじつは，20年前に死んでいった日本人とよく似た選手や観衆がスタディアムにあらわれるだろう。その状況は日本民族の哀しい側面を浮き上がらせるであろうから，そしてその哀しい側面に愛着があるから，オリンピックは日本ではなく，どこか遠いところでやってほしい。（作田 1964：13）

　1922年生まれの作田は学徒兵として徴用され出撃を目前にして敗戦を迎えている。戦後，社会学者としての彼の仕事は戦争で死んでいった人々への深い負債の念をモチーフにした。国家に抗うことができず死んでいった多くの日本人。国民全体が破滅へと突き進んだあの戦争。そんな絶望的な死を前にして生き残った者はなにができるのか。この短いエッセイからもその思いがわかる。ここで作田はオリンピックに戦争を見て64年の東京大会に静かに反対している。なぜまた戦争みたいなことをするんだ。そう憤っている。

　「平和の祭典」といわれるオリンピックが戦争と重なる。これはどういうことだろう。作田の先のエッセイのタイトルは「高校野球と精神主義」といった。彼は高校生が無邪気に野球する姿が好きで高校野球のファンだった。しかし戦争を境にするころから高校野球には「国家のため，母校のために勝つ」という「精神主義」が強まった。日本社会はスポーツのような遊びにさえ「精神」や

「主義」を強要する。オリンピックにはこの精神主義が色濃く反映されるからこそ，作田はそこに戦争へと連なる「哀しい側面」を見た。

　国立競技場はオリンピックと戦争という国家イベントの舞台だった。戦争が「殺す権力」だとすればオリンピックは「生かす権力」だ。しかし，対極に見えるこのふたつの出来事の根っこは同じだ。つまり，人々を翻弄する国家権力がそこにあらわれる。本章ではオリンピックと戦争を主題にして，国家権力がどのようなものであり，私たちはいかにしてそれにのみこまれていくかを考えよう。

パラリンピックのユニークさ

　ところで，パラリンピックも国家権力だろうか。パラリンピックとはオリンピックと同年・同都市に開催される障害者スポーツの大会だ。この大会にはオリンピックとは異なる障害者スポーツ特有のユニークさがある。本章はそのユニークさにも注目しよう。もっとも，オリンピックがそうだったようにパラリンピックにも戦争と地続きなところがある。しかし，戦争とは決定的に異なる点も少なくない。では，パラリンピックがオリンピックとも戦争とも異なってもつユニークさとはなにか。私は，そのユニークさが国家権力に抗うための力になりうると思う。国家に抗ったり，権力をすり抜けたりするようなユニークさ。作田がいう「哀しみ」を吹き飛ばすような自由さ。本章はパラリンピックが描く夢にそれを見ようというわけだ。

　では，パラリンピックの夢とはなにか。そのことを考えるためにまずオリンピックと戦争の関係を踏まえ，次に従来の議論を参考にしながら，国家権力のなにがそれらの出来事を生むのかを考えよう。それからパラリンピックのユニークさについて考える。このプロセスは私たちの知る「公共性」概念を新しく書き換えることにもつながるだろう。

2　オリンピックは戦争型権力か

オリンピックと戦争

　オリンピックと戦争は深く結びついている。どちらも国家の強大な権力によ

って生み出されるプロジェクトだが，オリンピック＝戦争型の権力とはどのようなものだろうか。

　オリンピックの歴史を紐解くと，1936年の第11回ドイツ・ベルリン大会はオリンピックと戦争が結託したプロジェクトとしてよく知られている。この大会は第2次世界大戦（1939年）が勃発するわずか3年前に，ヒトラーを党首とするナチス政権が治めるドイツで開催された。1933年に政権を奪取したナチスはオリンピックを国威発揚のためのプロパガンダとして利用した。プロパガンダとは人々の意識を方向づける情報統制や広報戦略をいうが，ベルリン大会はまさにナチスによるプロパガンダであり，戦争への道を開く大会だった。

　ベルリン大会ではオリンピック史上はじめて聖火リレー，国家元首の立ち会う開会式・表彰式，巨大スタジアムなどが発明された（小澤 2015：6）。聖火リレーはいまでこそオリンピックの「伝統」のように思われるが，ナチスが自民族の正統性を誇示するためにわざわざ聖地アテネからのルートを開拓し「創造」したものだった（このルートは後にバルカン半島侵攻に利用されたという）。大会は映画作家レニ・リーフェンシュタールによって記録され，映画『民族の祭典』は世界中で上映された。メダル獲得数はドイツが最多であり，ナチスにとってベルリン大会は「アーリア民族の優秀性」を示す絶好の機会となった。

　大会直前，アメリカやイギリスはナチスの人種差別政策を批判し大会ボイコットを呼びかけていた。だが，ナチスは期間中に迫害を隠蔽し，結局ボイコットした国はなかった。大会後，ニューヨークタイムズは「ドイツ人，大会により再び各国の仲間に」，「再び人間らしく」と伝え，第1次世界大戦からのドイツの復興を象徴するものと受けとめた。訪れた人々はドイツ人の温かいもてなしと秩序に称賛の声を送ったという。各国はこのプロパガンダに酔いしれ，人類史上類のない悪の暴走を食い止める機会を失ったのだ（Large 2007=2008）。

　敗戦からの復興と国際社会への復帰という点で，36年ベルリン大会は64年東京大会とよく似ている。いずれも敗戦後，オリンピックを利用して国家のアイデンティティを回復しようとした。ドイツはふたたび戦争へと突き進んだわけだが，これはオリンピックと戦争が国家の見せる表の顔と裏の顔であることを示している。国家権力には表情がある。

平和と暴力

　オリンピックは平和，戦争は暴力というように対比させて考えることができる。平和と暴力は表裏一体だ。このことは国家の成り立ちを考えるとわかる。マックス・ヴェーバーによれば，「国家とは，ある一定の領域の内部で――この『領域』という点が特徴なのだが――正当な物理的暴力行使の独占を（実効的に）要求する人間共同体である」という（Weber 1919=1980：9）。これは国家の「暴力独占」と呼ばれる考え方で，たとえば警察や軍隊の保有がそれにあたる。誰かを傷つけたりモノを盗んだりすることは暴力に違いない。それが各人の恣意にまかせてなされる限りは不当な暴力だ。しかし，同じ暴力でも正当な暴力がある。不当な暴力を取り締まったり処罰したりする暴力である。警察や軍隊が行使する暴力は正当な暴力だと認められている。国家はこうした正当な暴力を独占する機構なのだ。

　だからヴェーバーにいわせると，ある地域が平和や安全に見えるのは，その背景に国家の暴力独占があるからなのだ。いいかえると，私たちは平和に暮らそうとすれば根源的に暴力を手放すことができない。このことは，そもそも国家がどのように形成されたかを考えるとき，いっそうよくわかる。アメリカの社会学者チャールズ・ティリーは「戦争が国家をつくった」とまでいう（Tilly 1985：170）。つまり，国家が生まれて暴力を独占するようになったのではない。暴力を独占する必要に迫られて国家は生まれたのだ。戦争のための武器や軍隊，それを支える財源を調達する必要性から国家は誕生したというわけだ。たとえば中世ヨーロッパでは，君主は戦争のために兵士を雇い武器を備えなければならなかった。その必要から軍隊を養う財源の調達が求められた。結果，徴税制度が整備されることになる。だから，「戦争で優位に立つことの必要から，暴力を独占し，多額の財源を安定的・継続的に調達できるような『合理的』な行政機構をもった強力な『国家』が生まれた」のだといえる（佐藤 2014：67）。

　徴税を担う合理的な行政機構は官僚制と呼ばれる。ヴェーバーが「権力政治に起因する常備軍の創設と，これに伴う財政の発展と，この両者に由来する色々な必要とが，多くの場合，官僚制化の方向にはたらいたのである」と述べるように，軍隊とその財政を管理するために官僚制は生まれた（Weber 1947=2012：252）。官僚制とは正確，迅速な指揮系統をもった組織形態をいうが，

税の徴収とその分配は官僚制が機能しないことには成り立たない。軍隊の管理にとどまらず，官僚制は国家の運営を支え，国民の生活に安定をもたらす。

　しかし，忘れてならないのは，官僚制の背景には暴力独占があり，平和を支えているのは暴力だという逆説である。だから，官僚制は戦争準備を目的として機能するとさえいえる。官僚制を備えた平和国家とは戦争準備国家だといってもいい。

国民国家とナショナリズム

　国家は強力な暴力＝軍隊を備えたより強い国家であるために国民をひとつにまとめあげる。「戦争が国家を生んだ」という言葉通り，そもそも国家は戦争による土地の奪い合いの結果，形成された。その過程で国境として領土に境界線が引かれた。ということは，その土地の住民が最初からその国家の国民であったわけではない。形成された国家に統合されることで「国民」となったのだ。国家は国のシンボルとして国歌や国旗を創造したり，国家的な祭典や儀礼に国民を参加させたりして国民意識を醸成する。すると，一度も会ったことのない者同士が互いにつながりあうイメージをもち「わが同胞」という連帯感を抱くようになる。「国民＝ネーション」が共通の歴史や文化をもつ共同体だと信じ込まされていく。アメリカの歴史学者ベネディクト・アンダーソンはこれを「想像の共同体」と呼び（Anderson 1983=1987），国家と国民が一致する「国民国家（nation state）」の誕生を論じている。

　国民国家はさまざまなしかけを用いて国民に愛国心や愛国主義を涵養しようとする。こうしたイデオロギーはナショナリズムと呼ばれるが，オリンピックは，ベルリン大会や東京大会に見られたように，まさにナショナリズムをかき立て，国民を統合するプロジェクトだった。だから，オリンピックが開催できるほどに国民が統合された国家は，同時に戦争を首尾よく遂行することができる国家でもある。オリンピックのような国家イベントを用いてナショナリズムを加熱させ，それによって国民の戦争への動員を可能にするタイプの国家権力を，オリンピック＝戦争型権力と呼ぶことができるだろう。

3　パラリンピックは戦争型権力か

パラリンピックと戦争

　では，パラリンピックはどうだろう。じつはパラリンピックはもっと直接的に戦争と結びついている。この大会はもともと戦争で障害を負った負傷兵のリハビリの一環として始まったからである。1948年 7 月にロンドン郊外のストーク・マンデビル病院で開催されたスポーツ大会がパラリンピックの原点といわれる。この病院は第 2 次世界大戦で脊髄に損傷を負った元軍人のためのリハビリ病院であり，脊髄損傷者の治療・回復にスポーツを活用したグッドマン博士がこの大会を創設した（彼はユダヤ系ドイツ人でナチスの迫害を逃れてイギリスに移住した医師だ）。いわば戦争がパラリンピックを生んだのだ。

　戦後に始まったパラリンピックには国家の回復と人間の回復が重ね合わせられていただろう。1964年のパラリンピック東京大会は，「パラリンピック」という名称が用いられた初めての大会であり，参加した選手53名のなかには第 2 次世界大戦の負傷兵が含まれていたという。パラリンピックにはその後も戦争が影を落とし続ける。70年代にはベトナム戦争による負傷兵のリハビリとしてスキーやクロスカントリーが注目された。2001年の同時多発テロとその後の紛争以降，アメリカ，イギリスのパラリンピック選手には負傷兵が増えているという。NHK の取材によれば，アメリカは心身の障害を訴える負傷兵の保障に国家予算 1 兆4700億円を投じており，負傷兵の社会復帰を促すために（つまり社会保障費を抑制するために），パラリンピックをはじめとするスポーツの利用を積極的に働きかけている（NHK 2016）。じっさいにスポーツで機能回復を果たした負傷兵のうち 2 割がふたたび戦場に戻っているといわれ，パラリンピックは戦場復帰のサイクルの一部に組み込まれている。このように近年，パラリンピックと戦争はますます結びつきを強めている。戦争がパラリンピック選手を生むだけでなく，戦争はパラリンピックを活用しているとさえいえるのだ。

　国家は戦争で負傷した国民の生活を保障する。国民の生活を守ることが国家の義務だからだ。しかし，パラリンピックの事例が示すように，それは戦争に貢献する国民を作り出すこととも等しい。国家による国民の生活保障は戦争が

できる国民を生み出し国力を強めることでもある。ここでも平和維持と戦争準備が表裏の関係にある。

福祉国家と生‐権力

　こうした国民の「生」に積極的に働きかける権力を，フランスの社会理論家ミシェル・フーコーは「生‐権力 (bio-pouvoir)」と呼んだ。フーコーによれば，近代以前の国家において国王の権力は臣民の生殺与奪を握る「支配」の権力だった。それに対し「生‐権力」は人々の生に介入し，人々を生かす型の権力だ。たとえば，健康や出生率・死亡率を管理し人口全体の維持・増大をめざす。公共物の建造から貧困対策にいたるまで，国民の生活のあらゆる面を管理することで国力の増強に努める。

　近代国家は国民の健康に配慮し国民を生きる方向に導く。医療や年金などの福祉政策はその具体的な方策だ。こうした国民の生に介入する国家は福祉国家と呼ばれ，「よき生」を国民に求め「健康」を管理する。この福祉国家は私たちの生に配慮するように見えて国家の求める優良な身体に国民を画一化していく。たとえば，ナチスドイツは世界で初めて禁煙政策やがん対策を打ち出し，国民の健康に配慮した政策を実施したが，同時に数万人の知的・精神障害者を虐殺しもした（Proctor 1999=2003）。これは優良な身体・生に価値を置き，不良な身体・生を排除する優生思想にもとづくのであり，福祉国家の本質的な危うさを示している。パラリンピックが負傷兵への福祉型リハビリとして始まり，戦争との結びつきを強めている現状は，「よき生」への回復・復帰に価値を置く優生思想と無縁ではない。パラリンピック＝戦争型とでも呼びうる権力に私たちはからめとられていく恐れがある。

近代国家と規律訓練

　フーコーはさらに私たちの日常で作用するミクロな権力にも注意を向ける。従来，権力とは支配者が被支配者に一方的に振るうものと理解されてきた。たとえば，ヴェーバーの権力の定義は「ある社会的関係の内部で，自らの意志をたとえ抵抗に反してでも貫徹することのできるすべての可能性」である（Weber 1922=1972：86）。相手の抵抗に逆らってでも自分のいうことをきかせる力が

権力なのだ。しかし，権力は強権的なものばかりではない。人々の日常に入り込み支配関係を巧妙にかたちづくっていく権力もある。

フーコーはこうした権力のあり方を『監獄の誕生──監視と処罰』で示している（Foucault 1975=1977）。彼はこの本で罪を犯した受刑者への処罰のあり方が変化していった事実を描き出す。つまり，かつての残虐な身体刑は19世紀に拘束・拘禁という精神刑へと変化し，受刑者を拘束し監視する独特の監獄システムが誕生した。それが「一望監視施設＝パノプティコン」である。これは円形の建物の中心に監視塔があり，周縁に受刑者の部屋が置かれた建築物で，受刑者は中央の監視者からは見られるものの，監視者を見ることはできない。すると受刑者は自分がつねに見張られているかもしれないという不安から自分で自分を監視するようになる。自動的に自己を監視し律する「主体」へと変貌するのだ。フーコーはこれを「主体化（assujetussement）」と呼び，主体化とはなにかへの従属化を意味することを示した。

フーコーは人間を主体化＝従属化する権力を「規律訓練（discipline）」と呼んだ。規律訓練型の権力は監獄だけでなく，近代社会のあらゆる組織・施設に見られる。たとえば，軍隊，工場，学校がそうだ。いずれも人間の内面に自己監視の仕組みを叩き込んでいく権力構造をもつ。近代国家はこうした権力を巧みに利用して国民を自ら服従する主体へと作り上げた。

オリンピックと同じように，パラリンピックも戦争と深く結びついていた。平和の祭典とされるイベントが，「国家のため」というナショナリズムを喚起する装置として機能し，戦争への道を開く。また，国民の生活を保障する福祉政策が戦争に貢献する国民を作り上げる権力と密接にかかわる。しかも国家に貢献する国民は，学校や軍隊における規律訓練を通して身体の水準から主体化＝従属化していく。ここに，私たちをのみこみ，翻弄していく国家権力のメカニズムを見て取ることができるだろう。

だが，本章の目的はオリンピック・パラリンピックと戦争が地続きであると論じることではなかった。オリンピック＝戦争型の権力から距離をとり，国家の暴力から身を引き剝がす可能性をパラリンピックに見ようとしたのだ。ここからはその可能性を探っていこう。

4　人々の公共性と参加の平等性

国家のイデオロギー装置と運動会

　パラリンピックは障害者スポーツの大会だ。そこにユニークさがあり，国家の権力を相対化する可能性があると述べた。では，なにがユニークなのか。それは国家が「望ましい」とする「よき身体」や「よき生」から自由だということではないか。国家に容易にのみこまれず，権力の網の目をすり抜けていく自由さ。そうした国家の権力から逃れ出る身体に子どもの身体がある。子どもの身体はコントロール困難だ。だから国家は子どもを規律訓練の対象にする。しかし，たえず権力から逸脱する自由さをもつ。たとえば，学校の運動会にそれがいえる。少し迂回するが，ここで近代国家と運動会の関係に焦点をあてよう。

　近代国家は国民を規律訓練するために学校という制度を用いる。フランスの社会理論家ルイ・アルチュセールは家族や学校，宗教，スポーツなどの諸制度・諸組織は，国家の支配的な道徳や規則を国民に教え込む装置として機能すると述べた。それは軍隊や警察といった公的で抑圧的な「国家装置」ではなく，私的な領域に入りこみ私たちの実践を決定づけていく装置だという。彼はそれを「国家のイデオロギー装置」と呼んだ（Althusser 1995=2010）。

　近代日本では明治政府がまさに学校を国家のイデオロギー装置として利用した。国語や体育は子どもに愛国心や身体規則を叩き込み，近代的な主体へと規律訓練する教科だった。そこで取り入れられたのが軍隊の教授法だ。軍隊は画一的・均質的な規律訓練を行い，戦争に貢献する兵士の身体を構築する。その具体的な装置として運動会があった。明治政府が創始した運動会は兵式体操や軍隊の行軍を取り入れ，子ども版の軍事演習として始まった。

　明治時代，運動会は日本中に浸透した。ところが，運動会は国家が思い描いたような姿には広がらなかった。国家の思惑とはまったく異なる文脈で人気を博したのだ。いくつかの証言を引こう。文芸評論家の小宮豊隆は「二十世紀が進むにつれ，中学校の運動会は体育面よりも，その学校の楽しい祭典という様相を呈するようになってきた」と書いている（小宮編 1955）。学校行事研究で知られる山本信良らも，大正期の運動会が祭礼化した事実を数多く報告してい

る。たとえば，運動会は「村をあげての祭典で，近隣の親戚を招待してなかなかの盛会であった。……一か月も前から練習や準備にかかり，中でも仮装行列は各部落ともなかなか力を入れた」とか，「競技場の人がきの外や校門のそばには，あめやせんべい，飲み物を売る店も出て，祭りを思わせるような風景も見られ，なんとなくうきうきした気分でいちにちを過ごした」と当時の語りを紹介している（山本・今野 1977）。こうした運動会の受容について社会学者の吉見俊哉は「兵式体操を重視する国家の教育政策と，江戸時代から受け継がれてきた児童の集団的な遊戯の伝統が，この催しの定義を曖昧にしたまま接合されながら，運動会は列島の子どもたちの生活に浸透していった」と説明している（吉見 1999：9）。運動会は規律訓練的な権力，いわば「調教」の装置だったはずだ。しかし，それが「楽しい祭典」や「うきうきした気分」の「村祭り＝遊び」へと変容しながら受容されていく。ここにはなにがあるのか。

人々の公共性

　吉見は，運動会が「国家的な擬制の構造からたえず逃れていく子どもたちの流動する身体性を包含せざるをえなかった」と述べて，国家権力が捕え損なう子どもたちの身体に言及している。「明治国家はくりかえしこうした身体性を排除し，運動会を国家的な規律・訓練の枠組みのなかに押し込めようとしたが，じっさいの運動会は，しばしばそうした国家的な演出の地平を平気で逸脱してしまったのである」（吉見 1999：39-40）。つまり，子どもの身体は国家権力を軽々とすり抜ける流動性をもっていたがために，村では自分たちで勝手に「楽しみ」を見出し，運動会をお祭りに変えた。

　明治期の運動会ではすでに玉入れや大玉転がし，綱引き，二人三脚などが行われた。玉入れや大玉転がしは軍隊的な規律訓練ではないし，卓越した身体性を競い合うスポーツでもない。これらはどんな小さな子どもでも参加できる，子どもの身体を中心に置いて考えだされた遊びだろう。また，運動会で「仮装行列」まで行われ村人も参加した。仮装行列は規律訓練であるはずもなくただの遊びだ。このように運動会がお祭り化＝祝祭化したことは，世代や能力にかかわらず誰もが参加し楽しむことのできる遊びへと運動会が変容したことを意味する。ここに国家の規律訓練的な権力やイデオロギー装置としての機能は見

られない。子どもという流動的な身体を中心に置くことは，結果的に国家のイデオロギーを無力化し，人々が権力からするりと身をかわしていくことにつながった。

　子どもの身体を中心に置いたとき「誰もが参加できる」という参加の平等性が生まれている。これはオリンピックもそうだ。近年では聞かれることが少なくなったが，近代オリンピックの理念は「参加することに意義がある」だった。1964年の東京大会のころには盛んにそのことが子どもたちに喧伝されたという。このオリンピックの理念も人々は別のかたちに組み換えて受容した。たとえば，三波春夫の「東京五輪音頭」だ（東京五輪，大阪万博という国家イベントに浪曲師として関与した三波春夫の驚異については平岡（1996））。「音頭」は誰もが簡便な身振りで参加できるダンスミュージックであり，東京五輪音頭は人々に熱烈に受け入れられ日本中の盆踊りで踊られた。ここでも町内のみんなが参加できることに価値が置かれ，お祭りが生まれている。参加の平等性はオリンピックを町内の盆踊りと等価にした。

　参加の平等性は身体の卓越性や審美性を求める価値とは別のものだ。そこでは「みんなで身体を動かすことの楽しさ」と「みんながそう万能に身体を動かすことはできないままならなさ」のバランスが絶妙に図られているだろう。玉入れや綱引きや音頭はその具体的表現だ。興味深いことに，参加の平等性を取り入れた運動会やオリンピックは緩やかで穏やかなお祭りになる。参加の平等性は国家権力から人々を解き放ち，イデオロギー装置を祝祭に変える。ここで重要なのは，子どものような流動的な身体を中心に置いて考えるということ，そしてたんに平等というだけではなく，そこに「楽しみ」や「遊び」を追求するということだ。

　こうした，みんなが参加し楽しむことができる空間を「公共圏」あるいは，それを実現するための知恵や工夫を「公共性」というのではないか。政治学者の齋藤純一は，公共性・公共圏（public）に official, common, open の3つの意味を見出している（齋藤2000）。3つに共通する価値は，特定の誰かにではなく，集団のすべての人にかかわり，誰に対しても開かれているというものだ。子どもの身体を中心に置いて考えるということは，この意味での「公共性」を実現することに適っている。これを「人々の公共性」と呼ぶことができる。

養護学校と運動会

　とはいえ，みんなが参加し楽しむことができる公共空間を人々自身の手で作ることには限界がある。パラリンピックに引きつけて考えるならば，たとえば障害児はどうか。障害児は運動会に参加できただろうか。そもそも日本では1979年まで障害児の就学は「義務」ではなく，「猶予」され，「普通学校」に通うことさえできなかった。たとえ，普通学校に通っても「特殊学級」という別の教室で授業を受けさせられた。作家の角岡伸彦が，自身も介護者としてかかわった青い芝の会（脳性まひ者の当事者団体）のノンフィクション『カニは横に歩く』のなかで，1950年代当時の学校の現状を描いている。特殊学級に通う障害児はひどい差別を受け，たとえば正門から登下校することが許されず，裏門から出入りしなければならなかった。こうしたあからさまな差別に苦しんだ親たちは養護学校の設置運動を始めた。その結果，各地に養護学校が開設されるようになる。ある母親は当時を振り返って「差別が激しかった。先生から差別されよったもん。養護学校ができた時にねえ，小学校の校長先生が『片輪が出て行ってすっとした』て言わはった」と回想している（角岡 2010：32）。この母親は開校したばかりの養護学校で初めて開かれた運動会が忘れられないという。「前の日に親たちは子供がケガせんように運動場の石ころを拾った。草も引いて。おしゃべりしながら。校長先生も一緒にするねん。翌日の運動会は，みんなで玉入れした。機能訓練の成果で，寝たきりやった子が地面に座ってでも玉を入れれるようになった。その時はね，先生も生徒も親も泣いた。嬉しいて，みんな泣いた」（角岡 2010：33）。

　養護学校の運動会には生徒も先生も親も一緒になって参加した。「寝たきりやった子」も地面に座って玉入れに加わった。ここには，みんなで楽しむことができる参加の平等性が見られる。しかし，障害児は普通学校からは排除された。国家装置である普通学校の運動会に障害児は参加できなかった。これはいいかえれば，障害児は国家を構成する「国民」として位置づけられなかったことを意味する。近代国家の運動会が，子どものような流動的な身体を中心に置いたといっても，そこに障害児のような「寝たきりの身体」までは包摂されてこなかったのだ。だが，国家が権力を用いて守らなければならないのは，本来この最も弱い流動的な身体ではないか。私たちは「寝たきりの身体」を中心に

置いて，国家や公共性を考えることはできないだろうか。

5 パラリンピックが見る夢

パラリンピックの運動会性

　国際パラリンピック委員会（IPC）はパラリンピックの理念を「Courage（勇気）」「Determination（強い意志）」「Inspiration（インスピレーション）」「Equality（公平）」としている。Courage や Determination からは，障害を負った人が不屈の精神で障害を克服し健常者に劣らない身体能力を発揮するアスリート像が思い浮かぶ。こうしたイメージは，健常者が好意的に消費しやすい物語にすぎないとして近年「感動ポルノ」と批判されることが増えた。これはアメリカ型の福祉国家が戦争負傷者をパラリンピックを通してふたたび戦場へと送り返すのと同じように，障害を「克服する」ことに価値を置く論理と似ている。こうした論理に従属しては，近代国家的なオリンピック＝戦争型の権力をパラリンピックが再強化することになってしまうだろう。

　障害者スポーツの研究者である藤田紀昭は近代スポーツが「効率化，身体の再編，他者との差異化，相対的評価」を特徴とするのに対し，障害者スポーツは「非効率的，スポーツの再編，個人化，絶対的評価」を特徴にもつと述べる。そもそもスポーツには「より速く，より高く，より強いことや美しくあること」だけでは表現しきれない価値があり，その楽しみ方を障害者スポーツは教えてくれる。パラリンピックの「Inspiration」という理念にはそのような意味が込められているだろう。だから，障害者スポーツは近代スポーツがもつ価値に同調するのではなく，独特の価値をもつべきなのだ。

　ここで再度，1964年のパラリンピック東京大会に目を移そう。パラリンピック研究を精力的に行っている小倉和夫は，64年東京大会をこう振り返っている。この大会ではリハビリ訓練から競技性をもったスポーツへという転換が見られ，国内で障害者スポーツの認知が広がるきっかけになった。それだけでなくパラリンピック特有のユニークさがあったという。小倉によれば「身障者スポーツ大会の原点である『参加に意味がある』という理念，友情の醸成といった精神が，今日にくらべれば，顕著に発揮された大会」だった。それは「運動会的な

『ほのぼのとした』空気があちこちに見られた」からだ。たとえば，車いすバスケットでは，日本チームはどの国と対戦しても60対 6 くらいで惨敗してしまう。すると「日本がシュートに失敗すると，『ワンモア』と相手のアメリカチームがもう一度シュートさせてくれる」のだった（小倉 2015）。「スラローム」という車いすで旗門を通過する陸上競技でも，競技中なのに「日本選手にイタリアの選手が，旗門の上手な抜け方を教えていた」（小倉 2015）。こうした「運動会的なほのぼのとした空気」は障害者スポーツ特有のものであり，パラリンピックの精神の再認識に役立ったという。

　車いすバスケットでシュートが決まらないと敵チームがもう一度，投げさせてくれる。門の上手なくぐり方を相手が教えてくれる。それはまるで運動会のようだという。ここには勝ち負けが基準ではなく，できない身体，動かない身体とゲームを楽しもうというアイデアがある。パラリンピックの理念に「Equality」があった。パラリンピックの可能性はここにある。

寝たきりの公共性

　たとえば，ボッチャというパラリンピック種目がある。これは重度の障害者でも参加できるスポーツとして考案された。ボッチャは，どれだけ多くのボールを「ジャックボール」という目標球に近づけられるかを競う競技だ。選手は，手や足，補助具を使ってボールを投げたり転がしたりする。重度の障害のため自分でボールを投げることが難しい選手は「ランプ」というすべり台のような補助具を使ってボールを転がす。このときアシスタントがそばについて選手をサポートする。ボッチャは寝たきりの人でも参加できる競技なのだ（日本障がい者スポーツ協会 2015：33）。

　「寝たきり」は障害者運動の領域では古くから積極的な意味でとらえられてきた。脳性まひ者のグループ「青い芝の会」のリーダーだった横塚晃一は，障害者が生み出す価値に触れて，「『寝たっきりの重症者』がオムツを替えて貰う時，腰をうかせようと一生懸命やることがその人にとって即ち重労働としてみられるべきなのです」と語り，それが認められる社会を追求した（横塚 1975＝2007：56）。劇団「態変」を主宰する脳性まひ者で舞踊家の金満里は，自身の身体表現を「どこまでも果てしなく転がり続く，寝たきり身障の水平の世界」と

説明する（金 2008：82）。金は寝たきりということが人間にとってもっとも大事だといい，「車椅子に乗ったり，介助者に助けられながら移動するが，地面に体をつけるしかないのが障害者。体こそが地面，寝たきりということが一番重要だ」と述べ，大地に直接つながっている寝たきりの身体を全肯定している。

　では寝たきりの身体になにがあるのか。寝たきりの身体にはあらゆる権力やイデオロギーを相対化する力があるということではないか。私は脳性まひや筋ジストロフィーの当事者の介助をしているが，そんな感覚がある。厚生労働省で官僚と制度政策の議論で対峙しているときでも，急に筋ジスの人が介助者に「痰の吸引して」とか脳性まひの人が介助者に「おしっこ」という。緊迫している場面なので「え！　いま？」と思うが，24時間全介助が必要なので「黙ってひとりで行って来い」ともいえない。そのため小声で「ちょっとおしっこ」といって席を外す。すると張り詰めていた相手の表情が少し和らぐ。小休止となり緊張した空気が緩和する。トイレから帰ってきた脳性まひの人に官僚が「おかえりなさい」と迎えたりもする。もちろんすぐまた喧々諤々の議論に戻るが，先ほどまでの敵対的な空気がなにか友好的な空気に変化したようにも感じられる。イデオロギーや主義主張だけではない，身体の自然に配慮した関係が生まれたともいえる。寝たきりの身体はそのような空間の形成を可能にする。とてもあたりまえでシンプルなことだが，私たちは国家やイデオロギーのために生きているのではないことを教えてくれる。イデオロギーにからめとられず，私たちがただ，いまを「生きている」ことに気づかせてくれる。このように，寝たきりの人は私たちみんなを同じ地平に立たせてくれる公共性をもつ。

平等に生きられる社会へ

　冒頭で取り上げたエッセイで作田啓一は戦前の軍隊とスポーツの連続性に警鐘を鳴らしていた。作田は「国家のために，母校や郷土の栄誉のために」戦う選手が「負けて泣くほど勝利を希求」してしまう圧力にさらされる日本社会，「権力と道徳がつねに結びついてきた」この社会に，戦争に連なる「哀しみ」を見た（作田 1964=1967）。彼自身はその哀しみが十分にわかり，それに抗いがたく同調する誘惑にかられることを告白している。そういう自分が嫌だから，オリンピックは「どこか遠いところでやってほしい」とささやくように書く。

　だから，パラリンピックが大事なのだ。国家は「よき生」を国民に強要し規律訓練によって主体化する。そうやって国民に働きかけるイデオロギー装置が学校やオリンピックだ。国家が行う国民の「生の管理」が行きつく先は戦争だった。私たちはそうした国家権力に抗う力をパラリンピックに見ようとした。この大会には寝たきりの人が参加する。寝たきりの身体は究極的に流動的な身体だ。そのため権力やイデオロギーから人間を解放する。すると近代国家的な価値とは別の基準で生きることを純粋に楽しむ可能性が広がる。パラリンピックが見る夢とは，もっとも動かない身体，寝たきりの身体を中心に置いて人々の参加を考える社会を実現することだろう。寝たきりの身体の水準から人々の参加の平等を保障すること。それは運動会や盆踊りがそうだったように，権力を相対化するだけでなく，みんなが参加し楽しむことができる公共空間の形成を保障することにつながる。パラリンピックは国家権力を遊ぶように手なづけて，みんなが平等に生きられる社会を夢見ている。「人々の公共性」が試される舞台はパラリンピックだ。

 読書案内

Proctor, Robert N., 1999, *The Nazi War on Cancer*, Princeton University Press.
（＝2003，宮崎尊訳『健康帝国ナチス』草思社。）
　　強大で強力な，国民国家＝福祉国家が私たちの生を保障するとともに脅かす危険を詳細な事実をもとに教えてくれる。
佐藤成基，2014，『国家の社会学』青弓社。
　　国家ほど私たちにとって遠く・近い存在は無い。そんな国家をめぐって考えを深めさせてくれる15章。
横塚晃一，［1975］2007，『母よ！殺すな（増補版）』生活書院。
　　本章で紹介した「寝たきりの身体」を中心に置いて考える社会の可能性を追求した，日本の障害者運動のリーダーの書。

文献

Althusser, Louis, 1995, *Sur La Reproduction*, Presses Universitaires de France.
　　（＝2010，西川長夫ほか訳『再生産について――イデオロギーと国家のイデオロギー諸装置』（下）平凡社。）

Anderson, Benedict, 1983, *Imagined Communities : Reflections on the Origin and Spread of Nationalism*, 1991 Revised and Expanded Edition, Verso.（＝[1987] 2007 白石隆・白石さや訳『定本 想像の共同体――ナショナリズムの期限と流行』書籍工房早山。

Foucault, Michel, 1975, *Surveiller et punir : Naissance de la prison*, Gallimard.（＝1977，田村俶訳『監獄の誕生――監視と処罰』新潮社。）

藤田紀昭，1999，「スポーツと福祉社会――障害者スポーツをめぐって」井上俊・亀山佳明編『スポーツ文化を学ぶ人のために』世界思想社，283-298。

平岡正明，1996，『三波春夫という永久革命』作品社。

小宮豊隆編，1955，『明治文化史10 趣味娯楽編』洋々社，550。

小倉和夫，2015，「1964東京パラリンピックが残したもの」『日本財団パラリンピック研究会紀要』1：5-23。

角岡伸彦，2010，『カニは横に歩く――自立障害者たちの半世紀』講談社。

金満里，2008，「ケアされる身体」上野千鶴子ほか編『ケアされること』岩波書店，71-82。

Large, David Clay, 2007, *Nazi Games : The Olympics of 1936*, W W Norton & Co Inc.（＝2008，高儀進訳『ベルリン・オリンピック1936――ナチの競技』白水社。）

NHK，2010，「雨の神宮外苑 学徒出陣56年目の証言」（2000年8月14日放送）。

NHKクローズアップ現代，2016，「"戦場の悪夢"と金メダル――兵士とパラリンピック」No. 3860（2016年9月12日放送）。

日本障がい者スポーツ協会，2015，「ボッチャ」『まるわかり！パラリンピック 限界をこえる！夏の競技③――陸上競技・ボッチャほか』文研出版，30-33。

小澤考人，2015，「はじめに――オリンピックの熱狂と『スポーツとナショナリズム』再考」石坂友司・小澤考人編『オリンピックが生み出す愛国心――スポーツ・ナショナリズムの視点』かもがわ出版，5-16。

Proctor, Robert N., 1999, *The Nazi War on Cancer*, Princeton University Press.（＝2003，宮崎尊訳『健康帝国ナチス』草思社。）

齋藤純一，2000，『公共性』岩波書店。

作田啓一，1964，「高校野球の社会学」『思想の科学』5⑳：8-13（＝1967，「高校野球と精神主義」『恥の文化再考』筑摩書房，257-267。）

佐藤成基，2014，『国家の社会学』青弓社。

杉本苑子，2000，「学徒出陣」『私たちが生きた20世紀 上』文芸春秋，343-347。

Tilly, Charles, 1985, "War Making and State Making as Organized Crime", Peter B. Evens et al, *Bringing the State Back in*, Cambridge University Press, 169-191.

Weber, Max, 1919, *Politik als Beruf.*（＝1980，脇圭平訳『職業としての政治』岩波書店。）

Weber, Max, 1922, "Soziologische Grundbegriffe", *Wirtschaft und Gesellschaft*, J. C. B. Mohr.（＝1972，清水幾太郎訳『社会学の根本概念』岩波書店。）

Weber, Max., 1947, "Typen der Herrschaft", Ester Teil, Kap. III u. Dritter Teil, Kap. I-VI. Wirtschaft und Gesellschaft, Grundriss der Sozialökonomik, III. Avteilung, J. C. B. Mohr, Tübingen, 3. Aufl.（＝2012，濱嶋朗訳『権力と支配』講談社。）

横塚晃一，［1975］2007，『母よ！殺すな（増補版）』生活書院。

山本信良・今野敏彦，1977，『大正・昭和教育の天皇制イデオロギー 2』新泉社。

吉見俊哉，1999，「ネーションの儀礼としての運動会」吉見俊哉ほか『運動会と日本近代』青弓社，7-53。

人名索引

事項索引

《執筆者紹介》（執筆順，＊は編著者）

＊**奥村 隆**（おくむら・たかし）**第1章・第12章**

　　　1961年　徳島県生まれ
　　　1990年　東京大学大学院社会学研究科博士課程単位取得退学，博士（社会学）
　　　現　在　関西学院大学社会学部教授
　　　主　著　『社会学の歴史Ⅰ──社会という謎の系譜』有斐閣，2014年。
　　　　　　　『社会はどこにあるか──根源性の社会学』ミネルヴァ書房，2017年。

岡崎宏樹（おかざき・ひろき）**第2章**

　　　1968年　兵庫県生まれ
　　　1997年　京都大学大学院文学研究科博士後期課程単位取得退学，博士（文学）
　　　現　在　神戸学院大学現代社会学部教授
　　　主　著　「人間の聖性について──バタイユとアガンベン」『Becoming』20号，BC出版，2007年。
　　　　　　　『作田啓一 vs. 見田宗介』（共著）弘文堂，2016年。

土屋 葉（つちや・よう）**第3章**

　　　1973年　岐阜県生まれ
　　　2001年　お茶の水女子大学大学院人間文化研究科博士後期課程修了，博士（社会科学）
　　　現　在　愛知大学文学部准教授
　　　主　著　『障害者家族を生きる』勁草書房，2002年。
　　　　　　　『被災経験の聴きとりから考える』（仮）（共著）生活書院，近刊。

吉澤夏子（よしざわ・なつこ）**第4章**

　　　1955年　東京都生まれ
　　　1983年　慶應義塾大学大学院社会学研究科博士課程単位取得退学，博士（社会学）
　　　現　在　立教大学社会学部教授
　　　主　著　『フェミニズムの困難──どういう社会が平等な社会か』勁草書房，1993年。
　　　　　　　『「個人的なもの」と想像力』勁草書房，2012年。

杉浦浩美（すぎうら・ひろみ）**第5章**

　　　1961年　東京都生まれ
　　　2008年　立教大学大学院社会学研究科社会学専攻博士課程後期課程修了，博士（社会学）
　　　現　在　埼玉学園大学人間学部准教授
　　　主　著　『働く女性とマタニティ・ハラスメント──「労働する身体」と「産む身体」を生きる』大月書店，2009年。
　　　　　　　『なぜ女性は仕事を辞めるのか──5155人の軌跡から読み解く』（共著）青弓社，2015年。

関　礼子 （せき・れいこ） 第 6 章

　1966年　北海道生まれ
　1997年　東京都立大学社会科学研究科社会学専攻博士課程単位取得退学，博士（社会学）
　現　在　立教大学社会学部教授
　主　著　『環境の社会学』（共著）有斐閣，2009年。
　　　　　『"生きる"時間のパラダイム──被災現地から描く原発事故後の世界』（編著）日本評論
　　　　　社，2015年。

三井さよ （みつい・さよ） 第 7 章

　1973年　石川県生まれ
　2003年　東京大学大学院人文社会系研究科博士課程修了，博士（社会学）
　現　在　法政大学社会学部教授
　主　著　『ケアの社会学──臨床現場との対話』勁草書房，2004年。
　　　　　『看護とケア──心揺り動かされる仕事とは』角川学芸出版，2010年。

工藤保則 （くどう・やすのり） 第 8 章

　1967年　徳島県生まれ
　1999年　甲南大学大学院人文科学研究科博士後期課程単位取得退学，博士（社会学）
　現　在　龍谷大学社会学部教授
　主　著　『カワイイ社会・学──成熟の先をデザインする』関西学院大学出版会，2015年。
　　　　　『〈オトコの育児〉の社会学──家族をめぐる喜びととまどい』（共編著）ミネルヴァ書房，
　　　　　2016年。

岩間暁子 （いわま・あきこ） 第 9 章

　1968年　北海道生まれ
　1996年　北海道大学大学院文学研究科博士課程単位取得退学，博士（文学）
　現　在　立教大学社会学部教授
　主　著　『マイノリティとは何か──概念と政策の比較社会学』（共編著）ミネルヴァ書房，2007
　　　　　年。
　　　　　『女性の就業と家族のゆくえ──格差社会のなかの変容』東京大学出版会，2008年。

小川伸彦 （おがわ・のぶひこ） 第10章

　1962年　京都府生まれ
　1992年　京都大学大学院文学研究科社会学専攻博士後期課程単位取得満期退学
　現　在　奈良女子大学研究院人文科学系教授
　主　著　『現代文化の社会学 入門』（共編著）ミネルヴァ書房，2007年。
　　　　　「言葉としての『震災遺構』──東日本大震災の被災構造物保存問題の文化社会学」『奈
　　　　　良女子大学文学部研究教育年報』12号，2015年。

水上徹男（みずかみ・てつお）第11章

1958年　福井県生まれ
1998年　Department of Anthropology and Sociology, Monash University, Doctor of Philosophy 修了，Ph. D.（社会学）
現　在　立教大学社会学部教授
主　著　『移民政策と多文化コミュニティへの道のり―― APFS の外国人住民支援活動の軌跡』（共編著）現代人文社，2018年。
　　　　Creating Social Cohesion in an Interdependent World : Experiences of Australia and Japan.（共編著）Palgrave Macmillan，2016年。

生井英考（いくい・えいこう）第13章

1954年　福岡市生まれ
1978年　慶應義塾大学文学部卒業
現　在　立教大学社会学部教授
主　著　『ジャングル・クルーズにうってつけの日――ヴェトナム戦争の文化とイメージ』筑摩書房，1987年（改訂文庫版：岩波現代文庫，2016年）。
　　　　『空の帝国　アメリカの20世紀』講談社，2006年。

高木恒一（たかぎ・こういち）第14章

1963年　東京都生まれ
1996年　東京都立大学社会科学研究科社会学専攻博士課程単位取得退学，博士（社会学）
現　在　立教大学社会学部教授
主　著　『都市住宅政策と社会-空間構造――東京圏を事例として』立教大学出版会，2012年。
　　　　『"生きる"時間のパラダイム――被災現地から描く原発事故後の世界』（共著）日本評論社，2015年。

深田耕一郎（ふかだ・こういちろう）第15章

1981年　兵庫県生まれ
2012年　立教大学大学院社会学研究科博士課程後期課程修了，博士（社会学）
現　在　女子栄養大学栄養学部准教授
主　著　『福祉と贈与――全身性障害者・新田勲と介護者たち』生活書院，2013年。
　　　　「ケアと貨幣――障害者自立生活運動における介護労働の意味」『福祉社会学研究』13，2016年。

はじまりの社会学
――問いつづけるためのレッスン――

| 2018年5月10日　初版第1刷発行 | 〈検印省略〉 |
| 2020年4月20日　初版第2刷発行 | |

定価はカバーに
表示しています

編 著 者	奥　村　　　隆
発 行 者	杉　田　啓　三
印 刷 者	江　戸　孝　典

発行所　株式会社　ミネルヴァ書房
607-8494 京都市山科区日ノ岡堤谷町1
電話代表　(075)581-5191
振替口座　01020-0-8076

© 奥村隆, 2018　　　　　　　共同印刷工業・清水製本

ISBN978-4-623-08141-7

Printed in Japan

社 会 学 入 門	盛山和夫ほか編著	本体二八〇〇円 A5判三六八頁
テ キ ス ト 現 代 社 会 学	松 田 健 著	本体二八〇〇円 A5判四〇〇頁
新・社会調査へのアプローチ	大谷信介ほか編著	本体二五〇〇円 A5判四一二頁
よ く わ か る 社 会 学	宇都宮京子 編著	本体二四二〇円 B5判二五〇頁
よくわかる質的社会調査 プロセス編	谷 富 夫 山 本 努 編著	本体二五〇〇円 B5判二二四頁
よくわかる質的社会調査 技法編	谷 富 夫 芦 田 徹 郎 編著	本体二五〇〇円 B5判二三二頁

━━━ ミネルヴァ書房 ━━━

https://www.minervashobo.co.jp/